JN123999

聖霊の炎

リバイバルの真髄を明かす

献辞

本書を親愛なる友、信仰の父であるレナード・レーヴェンヒルに捧げるいま生きている私たちは六〇年以上に亘ってリバイバルにために彼が流した涙の報いを収穫することになるだろう。

From Holy Laughter
to Holy Fire
America on the Edge of Revival
Michael L. Brown

ICN Ministries
8600 Hwy 98W
Pensacola, FL 32506

「聖なる炎」／目次

※注　本文中の聖書からの引用は、明記されていない場合は、「新改訳」(日本聖書刊行会)からの引用で、その他の引用の場合は、「口語訳」「新共同訳」などと引用末尾に明記しています。

序文

神はご自分の民のところをもう一度訪れて下さるのか?

二〇世紀の終わりに生き、そして次の世紀を目前にしてリバイバルというものがもう一度人々の心と思索を捉えています。おかしなことが多くの教会でまた起こっています。

マイケル・ブラウン（リバイバルおよび多くの分野の研究書の著者）は例外的な人物です。彼は自分が生まれ育った街中の、物騒な通りで生き抜く術を知っていますし、一方で眠っている教会を揺り動かす働きもします。「多く赦された者は多く愛する」とある通りです。彼はいつも紳士で（しかし宗教的罪に関しては例外ですが）しかも学者（しかし彼の書くことは分かりやすいものばかり）です。彼はその働きを祈りと御言葉（みことば）の学びと教会史にどっぷりと浸からせる数少ない人の一人です。彼は正真正銘のユダヤ人でしかも預言者の心を持っていますので、二重に危険な人と思われませんか。そしてA・W・トーザーのいう預言者の心を持っている人を知る基準、つまり「あなたは彼といると居心地が悪いか？」にぴったりとはまるのです。

この本にはリバイバルの時の祝福とそのような訪れがあったときの危険な側面が記されています。マイケル・ブラウンはリバイバルというものが月曜から金曜までの集会を意味しているのではないと思っています。本文には聖霊が歴史上でおこなわれた働きを学んでいる真面目な学生の賞賛を受けるであろう内容が詰まっていますが、それ以上に私たちの時代の文化に、神が取り扱いの手を伸ばしておられるということを学びます。西洋諸国の教会にまた何かが起ころうとしているのです。

イエスが通り過ぎられる

イエスさまはご自分の民をもう一度訪れようとされています。生まれながらにして目の見えなかった男のように（彼は救い主にお会いする前にまず奇跡を見たのです）、もう一つの収穫の世代が光の主のもとにやってくるのです。この盲目の人は宗教的な背景を全く持っていませんでしたし、彼の身に起こったことに対する神学的説明は受けませんでした。彼のもとの友人や隣人たちは彼のことを信じてはくれませんでしたし、両親にも受け入れては貰えませんでした。そして最後には彼の時代の宗教指導者たちにも明確に拒絶されたのでした。彼らはこの人を排除したのでした。しかし彼は人を土塊から造った方の手により新しい目をいただき、主を見ることになったのです。

その時なされた業を、イエスは今もおこなわれるのです。マイケルのこの時を得た本は今の時代に新たに主の御手に触れられて開眼しながらも、何が自分の身に起こったのかわからずにいる人々のためにあるのです。

ウィンキー・プラットニー

はじめに

本書は、一九九五年にハンティングトン・ハウスから出版されたHight-Voltage Christianityの改訂版です。初版の際、リバイバルという主題は論争の焦点でした。今はその主題が身近になったと言えるでしょう。私たちが待ち望んでいた日が来たのです。リバイバルはもうそこまで来ています。私たちはどのように対応すればよいのでしょうか。

今日のアメリカの教会は非常に賑わっていて、信仰が引き上げられ、新たな期待が生まれ、急激な霊的変化を求める願いが起こされ、神の訪れの重要性を感じています。牧師たちは長期に亘るリニューアルの集会を開き、会衆に祈りと断食の呼びかけをし、本当の注ぎかけを受けるためにますます古い慣習を投げ出そうとしているのです。そしてその多くが主に触れられ、祝福を受けています。これは全国レベルの真の覚醒の始まりとなるのでしょうか。

神さまは、主権を持ってリバイバルという主題を、もう一度ご自分の民の間に浮上させておられるように思います。指導者たちは、過去のアメリカにおける主の訪れについての著書を確信をもってひもとき、著者という著者（現在生きている著者たちも含めて）はジョナサン・エドワーズのリバイバルについての見解を引用しています。何年か前に私自身も読み、書き下ろしたいくつかの解しがたい凡例が、今はあちこちで（インターネット上でも）目にすることができます。そうです。リバイバルは今、最もホットな話題なのです。

しかし、神の訪れとは自動的に来るものではありませんし、私たちがリフレッシュメントからリバイバルへ移行するという保証などどこにもないのです。私たちは障害を取り除いていかなくてはなりません。現在、リバイバルという名のもとに様々な種類の事柄、馬鹿馬鹿しいものから聖なるものまで、そしてうわべだけのものから聖いものまでが氾濫しています。また、それへの対応も同じように様々です。

現在、北アメリカで興っている「リニューアル」という働きに対する三つの共通した反応は、好意的なものと、警戒しているものと、批判的なものです。好意的な反応をする場合、ほとんど何も見分けることなく受け入れているようです。もしそのことについて聞くならば、「祝福についてなぜ論争しなくてはならないのか？」という返答と共に、彼らは流れの中にわき目もふらずに飛び込み、努力して大切にしなければならないものをしばしば軽んじてしまいます。警戒する人たちは主が働いておられることを信じたいと願っており、放漫で裁こうという態度で見据えているのです。しかし、それでも彼らは多くの現れと、それについてのメッセージに頭を悩ませています。この人たちは海岸線に立っているのです。時には打ち寄せる波に濡れながらも、果たして水の中に飛び込んで泳ぎ出すべきかどうか迷っているのです。批判的な人々は、このムーブメント全体を、悪霊の仕業か肉的なもの、もしくは両方だとして完全に排除します。「これは天から来たものではない」と断定的に宣言します。この流れの中に神はおられることを完全に否定するのです。彼らは、およそ水際に行くことさえしないのです。事態を調査する必要さえありません。なぜなら、彼らの言うことは「正しい」からです。「ミニストリー」をしているかのように見せかけて、神のされる新しいことは何でも批評するのです。そして、その得意とすることはまるで、赤ちゃんがベビーバスに入っているのに、そのお湯と一緒に赤ちゃんを捨ててしまうという類（たぐい）のことなのです。

この本は好意的な人々と批判的な人々の双方のためにあり、また、警戒している人々を励ますためにあります。最近の動向の中には注意しなければならないものもあります。しかし、喜ぶべきこともたくさんあるのです。大いなる注ぎかけの日もあるのです！　アメリカは我が国がかつて見たこともない、偉大なリバイバルを目前にしています。しかし、それには私たちの献身を深め、説教を聖め、今までにない神との関わりを持ち、私たちの人生を福音のために差し出し、もう私たちに明日はないというほど祈り、従わなくてはなりません。栄光が降りてくるか、国がだめになるかのどちらかです。これは単純なことです。気休めのための興奮剤など、神のご臨在の前にありはしないのです。

アメリカは芯まで腐っています。教会は機会を逃してきましたし、今の世代は揺れています。政治的な方法では、現代の様々な問題を解決できません。どんな人間的な「キリスト教」の手段をもってしても治療を提供することはできません。リバイバルが私たちの唯一の望みです。このリバイバルへの望みがあるではありませんか！　今こそ信じる時なのです。

しかし、私たちは「訪れ」がどのようなものなのか本当にわかっているのでしょうか。私たちの計画や、立てたプログラムに祝福を足していただくことを単に願っているだけではないでしょうか。私たちはリバイバルを、ただ教会が成長し、ミニストリーが盛んになることだと思ってはいないでしょうか。リバイバルは津波のようなものだとわかっているでしょうか。「訪れ」というものは、急激な経過を伴ってやって来るということを知っているでしょうか。国全体を巻き込む覚醒の時、御霊がどんなに深く働かれるか想像できるでしょうか。私たちには準備ができているのでしょうか。

一九八二年以来(そしてある意味では一九七〇年代の、私が主にお会いした最初の日から)、私の人生の要ともいうべきものは悔い改めのメッセージとリバイバルへの望みでした。主が聖徒の間で力強くあがめられるのを見る願いほど私の心を占めるものはありません。私たちのこの時代に、本物の主の訪れをどれほど見たいと願ったかしれません。ハイテク機器を駆使して、かっこよさで人々を捕らえる表面的な類のものではなく、天から送られた潮の流れです。それが私たちの国を覆い尽くすことを願って！　そして私たちが計り知れない収穫の時を迎えることができ、後に来る厳しい時代に備えることができますように！

私たちの時代にリバイバルを見ることを目的としてこの本は書かれ、執筆中は御霊の深い重荷が与えられ続けていました。私の心は燃え、多くの祈りを御座に捧げることになりました。そしてこのメッセージが、多くの人の人生にとってリバイバルの発火点の役割を果たすことができるように祈りました。この本を読み進めるとき、主があなたを突き動かされますように！

この新しく改訂された版は次の追加の章を含みます。「一三年目の預言者たち」（一九九六年五月と六月、イギリスのチェルトンハンとフロリダのペンサコーラで書いたもの）、「神は私のすべてを求められる」（これも一九九六年六月執筆）、「裁くべきかそれとも裁かざるべきか？」（一九九四年秋執筆）、長ったらしい詩の「現代教会員の詩」（一九九四年秋執筆開始）

その他の章にもいくつかの引用や段落が追加されていますが、小さな編集上の改訂を除けば本文は同じものです。

この本をレナード・レーヴェンヒルに献呈したのは、私たちの時代に起こるどのような霊的覚醒も、彼の流した涙とその砕かれた心に負うところがあると確信するからです。一九八二年から一九八三年の間、彼の著書は私に深い感銘を与えました。そして一九八九年には彼の霊的息子とされ、一九九四年に主のもとへ召されるまで、彼の祈りと影響力の受け皿になれたことは本当に光栄でした。また、夫人のマーサさんが彼らの労苦が無駄でなかったことを知って慰められますように。

私の愛する妻ナンシーも、何年もの間リバイバルを求めてきました。涙をもって待ち望んだ、栄光に満ちた訪れはもうすぐそこまで来ていると彼女も信じています。私たちの世代が、この国が神の栄光で覆い尽くされるのを見ることができますように。私の子供たちが神の潮の流れの中に捕えられますように。主よ来て下さい！　時は来ています。

マイケル・ブラウン

一九九六年八月

現代教会員の詩

それは玄関先で起こった
ある日曜の朝
やつれた教会員が
しょんぼりと座り込んだ

そして、やおら彼は立ち上がり
渇いた信者を見つけた
彼はその人の手を取り、奥へ行き
はっきりとこう言った

「君は聖書を読んだ
あの本をよく知っている
約束は明解だ

しかし生きておられる神を見たか？
ここで彼を見いだしたか？

聖なる炎を経験したのか？
主の御力を持った御霊を
大いなる波を
激しい風を
焼き尽くす炎を見たのか？

君は何かもっと探し求めているものがあるのか？
あんなに高く、あんなに広く、あんなに深いものを
欲求不満になることもあるのか？
教会はつまらないか？

それならよく聞いてくれ、君はもう備えができている
私の話をしてあげよう
これは君にも起こることだ
起こりうることなのだ

私は三〇年間教会に通ってきた
上手い芝居を見ているようだったよ
しかし今度は神に会わなくちゃならない
君はどこに行けばいいか知っているかい？

私はつまらない礼拝にウンザリしている
讃美は冷たくなってしまったし
説教は干からびて埃がかかっているようだ
教えは硬くカビが生えちまってる

礼拝は毎回同じ繰り返しだ
歌もみんな同じに聞こえる
預言は白々しくて
主の御名にふさわしいはずもない！

言葉、言葉、言葉？　そこら中にあふれている
臭いがしてくるようだ！

言葉、言葉、言葉？　そこら中にあふれている
どれも心を撃ちはしない！

われわれには天の臨在がかけている
型にはまっていることは見ればわかる
私はリバイバルを渇望している
この内側は燃えている

私はイエスを恋い慕っている
主を求めてやまない
ただ救い主だけを
神は私がこんなに退屈していることを知っておられる！

誰か私を助けてくれる人はいないのか？
天からの声を聞いたものは
神からの言葉を携えてこないのか？
心燃やされた預言者はいないのか？

熱心なしもべはいないのか？
あふれるばかりに油注がれ、
この時代のために選ばれた者はいないのか？

御霊の与える重荷を彼らは背負っているのか？
神の息を吐いているのか？
彼らは切り離され、聖く保たれているのか？
死に至るまで忠実なのか？

主人の声が聞こえる
「私に従いなさい」と彼は言われた
クリスチャンたちが彼らの思う道を行くのなら
私は主とともにある道を選ぶのだ！

お願いだ、決して私のようにならないでくれ
あんなに多くの年月を無駄にしないでくれ
何カ月も何カ月も待ち続けるのは止めてくれ
動き出せ！　恐れをはねのけるのだ！

「信仰の十二のステップ」なんてものは忘れてくれ
セミナーは何も起こしはしない
君は天からの手を必要としているのだ
その手は君を満たしてくれる

君の生き方には変化が必要だ
本当の神さまの働きが
すり切れた決まり文句にだまされてはいけない
悪魔に奪い取られてはならないのだ!

神の臨在を逃してはならない
その時をただ過ごしてはならない
渇いた心を止めてはならない
泥沼から抜け出すのだ!

親愛なる友よ、君はおかしくなんかない
親愛なる聖徒よ、君は狂っちゃいない

本当に問題がそこにあるのだ
本当だとも、君も持っていたものだ

もっとあるのだ！　もっとあるのだ！　信じるのだ！
あそこまでたどり着けば
聖なる訪れはそこにある
踏みいるべき新しい歩みがある

君は旅人のように立ち上がれるだろうか
よりよい道を探し求めて
探求の道を歩み始めるだろうか
たとえ人がどのように言っても

今すぐ出ていって主にお会いするのだ
群衆は後ろに残して
死んでしまった伝統など捨てて
イエスがそこにおられると知っているなら君は行くのか？

別の集会に行っても無駄なことだ
うまく設定された時間
また何も起こらない礼拝
天の力に欠けている

別の教えを受けても同じだ
少しのことで頭をいっぱいにする
御言葉はいつも生きている
しかし人の教えは死んでしまっている！

われわれは神の霊が送られることを必要としている
完全な支配を受け
全ての人が変えられる
満たされる

人間のつくった宗教なんてまっぴらだ
この世的な計画はごめんだ
新しいプログラムもウンザリだ

人間の手でつくられているのだから

牧師は自分の召命を難なくやりこなす
なぜならおきまりの仕事をするだけだから
そのうち彼も冷えていく

その教会員は心動かされて
牧師の服を摑んだ
そして牧師の魂までも摑んだ
牧師はその時震え上がった

牧師先生、祈りの部屋に入って
その中に閉じこもり
競争心を捨てて
あなたのプライドを十字架につけるのです！

聖なる訪れのために祈りなさい
主とあなただけの時を持つのです

天からの幻に浸り
そこから全てを始めるのです！

使徒だけがそうだったのではありません
主は祝福し、送り出されます
あなたの魂を満たされます
あなたが拒まないならば

だから立ち上がって彼を慕い求めるのです
イエスこそがあなたの真の友なのです！
彼は献身を受けるにふさわしいお方です
終わりまで忠実なお方です！

なぜ干からびたパンのために飢え渇くのですか
なぜそのためにあがくのですか
救い主はあなたの命の泉だというのに
彼を捜し求め、喜びで満ちあふれるのです！

あなたの人生を新しくし
前に進み、しっかりと立ち、祈りきるのです
先にするべきものを先におき、神をあなたのゴールとしなさい
他に何かするべきことがあるのですか？

聖書学校があなたの情熱を奪い取り
教会生活があなたを枯渇させた
あなたには子供の信仰があったではないか
今は教会予算があなたの目を捕らえている！

あんなに燃えていたあなたが
あんなに素直で自由だったあなたが
職業人となってしまった
今は良い給料のために説教している！

あなたのゴールをより高いところに置き
札束のためではなく
裁きの時が来るのを忘れずに

野心はあなたを滅ぼすからです！

イエスがあなたの日々を導くのです
主がおられることを見留めなさい
そうすればすぐに主は来て
あなたの口を讃美の歌で満たされるでしょう！

単純明解なのがあなたのスタイルとなり
主への献身が新しい目標となり
主との交わりがあなたの目的となり
神のいのちがあなたの魂を満たすでしょう！

ああ、数字からあなたの目を離し
神にあなたの心を砕いていただくのです
十字架を掲げ、己を拒むのです
彼の御心だけがなるように

目覚めなさい

強く、真実でありなさい
今日こそは御声を聞くのです！
スケジュールは横に置いて
神をまず求めるのです

あなたの計画の内に主がおられるのではなく
教会が鍵になるのではないのです
主を見いだすのはあなたの魂が心からこう叫ぶとき
「もっと何かあるはずだ！」

資金を集めるよりも大切な何かが
深夜まで続く集会よりも
指導者たちとの終わることのない話し合いで
誰が正しいかを論じるよりも大切なことがあるはずだ

なぜか私にはわかっていた
学んだやり方がうまくいかないことが
幹部になることに召されたのではなく

聖職者になるべきでもなかった！

私は神の人となるべきだった
御霊に導かれる人に
病人と足の不自由な人をいやすものに
そしていつの日か死人をよみがえらせるものに！

そして叫びとともに新しいいのちが立ち上がり
あなたの心は復興する
天の光があなたからあふれ
あなたは拒まれることがない！

教会員は違うところに目をやり
人間を見るのを止めた
雨を降らせる主を、
洪水をもたらす主を仰ぎ見た

主よ、今日こそは私たちの声を聞いてください

あなたの御霊を注ぎかけ
渇いた地を潤してください
霊的日照りを終わらせてください！

あなたの臨在で満たしてください
天から私たちを新しくしてください
あなたの御名で呼ばれる群に触れてください
あなたの愛で私たちを満たしてください！

私たちのこの時代に
かつてない大いなる業をなしてください
あなたの全き雨を降り注ぎ
あなたの御子に栄光を！

その年老いた教会員はそれ以上何も言わなかった
その時もう一つの声が聞こえた
しかしその声は人のものではなかった
それは天の父の声だった

いま、あなたがじっと耳を傾けるならば
この詩の向こうに
はっきりとあの方がこう語られるのが聞こえるでしょう
「愛する子よ、その時が来たのだ」

第1章　つまずきの石を取り除け！

神さまは働いておられます。聖霊が地上のあちこちに注がれ、多くの人々が神の王国に迎え入れられています。おびただしい収穫がなされ、花嫁は仕度を整えています。アメリカにおいてさえ、聖なる審判や、混乱や、悪しきものの追放のただ中にあってさえ、リバイバルの徴(しるし)が身近に見られます。

今は目覚めの時です。今は飛び込むべき時です。今は、神さまの汚れなく聖なるお働きの道に置かれたあらゆる妨げ、あらゆる障害物、あらゆる柵を取り除くべき時です。それ以外の選択肢があるでしょうか。私たちの世代にリバイバルの大波が興らなければ、アメリカにはもはや望みはほとんど、いや、全くないことになるでしょう。

もし主が、ロシア、中国、スーダン、アルゼンチン、インド、そして地球上の他の国々には訪ねられながら、アメリカ合衆国を迂回されるとしたら、なんと悲劇的なことでしょうか。もし、歴史上他のどの国よりも多くの宣教師を送り出し、また、資金的な援助もしてきたこのアメリカという国が取り残されたとしたら、なんと悲劇的なことでしょうか。もし、私たちのひどい不従順の実が積み重なって、私たちの信仰のすべての実をしのぎ、覆ってしまうとしたら、なんと悲劇的なことでしょうか。けれども、この通りになると決まったわけではありません。私たちの世代は神さまのご栄光を体験することになるかもしれません。これが力を新たにする時となるかもしれないのです。

もちろん、私たちは自分を欺くべきではありません。アメリカは解決不能に思われる困難の中にあり、もし神さまが、一年に三千万件以上の中絶や二万件もの殺人、また、あらゆる種類の性的倒錯、そして物質主義やむさぼりという偶像崇拝、偽宗教やカルトの絶えざる発生の流れ、といったことのゆえに私たちを厳しく裁かれないとしたら、もはや神さまは神さまでなくなってしまいます。それでは神さまが、今日のほとんどの裁判所において判決を下している堕落した判事たちと変わらないということになってしまいます。

そのようなことは断じてありません。神さまは間違いなく私たちの国に御怒りを注がれ、私たちを徹底的に揺さぶられます。預言者と呼ばれる人々が、「アメリカは主の正義と聖なる怒りによる厳しい罰を免れるだろう」と語るのに耳を傾けてはなりません。しかし、何日も何週間も何年も忠実に叫び求める何千何万もの聖徒たちの祈りに応えて、そして、その御愛とお情けの深さのゆえに、神さまは御怒りの中にあってもあわれみを思い出して下さることでしょう（ハバクク三・2）。激流の時は迫っています。リバイバルの奔流がほとばしるのです。

すでにもう、最初の数滴がしたたり始めており、リニューアルされる教会が出てきています。すでにもう、個人的なリバイバルを経験しているクリスチャンが数多く見られ、そうした人々の人生は超自然的に変えられています。けれども、すでに混同が見られるグループもあります。天からのものとハリウッドからのものが混じり合ってしまっているのです。神さまのすばらしいご臨在と、偉大な有名人が競合するなどということが頻繁に起こっています。人間の器は目立たないべきであるのに、器の方が高く上げられています。

悲しむべきことですが、事実であるのは、豊かで有名な、いわばスーパースター的な牧師たち、巨大教会や世俗的に成功した説教者の上に訪れるこうした「聖霊の油注ぎ」の中には、急激かつ継続的な変化をもたらさないものがあるということです。未だに犠牲よりも成功に、忍耐強く捧げることよりも興奮するような徴に重点が置かれています。そこでは徴が現れては、消費されています。古い革袋（あるいは、偽の革袋という場合もままあります）は古いままです。そのようなものはリバイバルなどではありません。

全能なる神さまは洪水を送ることを望んでおられます。ご自身のご栄光を示されたいと思っておられます。また、御子があがめられるよう望んでおられます。そして、ご自身のために、へりくだって、聖く、急進的で、リバイバルされ、打ち勝っていく、従順な人々を手に入れたいと思っておられます。私たちはまだ何も見ていないような状態ですが、といって、何かもっと見られるという保証もありません。そのためにはまず、つまずきの岩を取り除き、道を整えなければならないのです。肉の世のショーは終わりにしなければなりません。必要なのは、天からの純粋な働きなのです。

一方で、この剣は両刃であることを忘れてはなりません。肉的なものだけが問題になるわけではありません。それどころか、「信心深い人々」の方が、肉的な人々よりも、リバイバルを止め、脇道にそらせてしまうことが多いのです。主が御力を持って働き始められるやいなや、主の「リーダー」たちがブレーキをかけてしまいます。リバイバルはリーダーたちにとって、形の整ったものではないからです。これは彼らの神学には結びつきませんし、彼らの教派の枠にも当てはまらず、来るだろうと思われたところにも来ないで、、期待した時にもやって来ず、期待した形でもやってきませんし、期待した人物を通してもやってきません。だから神からのものであるはずがない、と言うのです。

彼らは、視野があまりにも限られてしまっているため、また、即座に出来事全体を裁きの目で見て価値のないことに違いないと見なしてしまうため、神さまがなさっていることを見ることができません。彼らは、赤ん坊がまだとても小さいこともしばしばであるのに、風呂の水と一緒に流してしまいます。そして、彼らの教会は生気がなくなり、一方で彼らが批判している人々が祝福されることになります。霊的に硬直してしまうとはなんと恐ろしいことでしょうか。石のように硬くなった説教者たちにとっては、リバイバルが復活を意味する場合さえあることでしょう。

初期の過激な行動や極端な状態に対して反応する、誠実で、聖霊に満たされたリーダーたちについては、神さまは、その心をご覧になります。そして、それが御目に純粋であれば、彼らが忘れ去られることはありません。彼らは、最初に満ちてきた波の中にある汚染によって傷つけられるかもしれませんが、聖なる波が来るときには必ず飛び込むことでしょう(聖なる波の一部はすでにここまで来ています）。

そして完全な一致と安定が訪れるのでしょうか。それにはまだ早いのです。洪水の波が来たときでさえ、ただパーティをすることばかり望んでいる肉的なクリスチャンは信じられないほどいるでしょうし、不機嫌に批判ばかりしているクリスチャンもあり余っていることでしょう。人は極端に走りやすいものなのです。

私たちはどのようにして、信仰的に硬直化したり信心ぶって窒息状態になることなく、霊的愚かさや肉的霊性に陥ることを避けたらよいのでしょうか。私たちはどのようにすれば、偽りの炎に魅せられたり真の炎をさげすんだりすることなく、主がこの時代になさろうとされていることのすべてを見ることができるのでしょうか。答えは、いつもながら単純であり、また、高くつくものです。けれどももし、従順で飢え渇き、教えを乞う心で神さまの御元に近づくとき、私たちは必ず御声を聞くことでしょう。

そして、神さまが語られるときには、あなたは守りの姿勢を捨てなければなりません。神さまを拒まないでください。神さまがおっしゃることを行なってください。そうすればあなたは祝福されます。リバイバルがあなたのところに来ることを止めるものは何もありません。ですから、つまずきの岩を取り除いていきましょう。

これは私たちの時代が必要としていることなのであって、単純に感動を呼ぶようなメッセージではないし、聞き手が心の中ですっかり気分の良くなるような類のものでもなく、逆に、大いに心をかき乱すものである。私たちはこれまで、人々の心をかき乱すことに対する恐れが強すぎたが、聖霊さまは、不安を与えることを恐れるメッセージや牧師と何の関わりも持たれなくなる。今日の人類の魂の悲劇的な状況に対し、やわらかくやさしい言葉を与えてほしいと聖霊さまに期待するとすれば、それは外科医を、甘い味の薬を使って治療することができるというやぶ医者に代えたいと言うのと変わりない。カルバリの丘は決して見たいと思うようなものではなく、血に浸された木の柱であり、あざだらけで血の流れる体であり、目に喜ばしいものではなかった。けれども、そこでイエスさまは良いものを取り扱っておられたわけではないのである。イエスさまが取り扱っておられたのは世界の罪であり、またそれこそが私たちが今日召され、取り組むように言われているものなのである。やわらかくやさしい言葉、やわらかなペダルの踏み具合では、必要を満たせないのである。

（ロバート・バー師の言葉、ダンカン・キャンベル「The Price and Power of revivalリバイバルの代償と力」）

残念ながら、説教者たちはこれまで、目覚めさせるよりも喜ばせることに熱心であったようである。あるいは、彼らはもっと深い働きができたはずだと言うべきかもしれない。

（ジョン・ウェスレー、日記、一七七四年一〇月十二日、英国スウォンジー近郊での自分のミニスト

リーを振り返って）

「神さま、私たちをもう一度変えてください」

つまり、「私たちの囚われの状態を変えてください」というよりむしろ、「私たちを変えてください」と言う方が良い。なぜなら、私たちが正しければ、すべてがうまくいくものだからである。主がご自分の民を変えられるときには、その状況も続いてお変えになるのである。

（チャールズ・スポルジョン、詩編八〇・3についての注解）

第2章　第一三年の預言者たち

ヨシヤは八歳で王となり、エルサレムで三十一年間、王であった。彼は主の目にかなうことを行なって、先祖ダビデの道に歩み、右にも左にもそれなかった。彼の治世の第八年に、彼はまだ若かったが、その先祖ダビデの神に求め始め、第十二年に、ユダとエルサレムをきよめ始めて、高き所、アシェラ像、刻んだ像、および、鋳物の像を除いた。（第二歴代誌、三四・1〜3）

この年代記をよく注意して見てください。ヨシヤは八歳で国を治めるようになりました。統治を始めて八年目、一六歳の時に、彼は主を熱心に求め始めます。そして、その四年後、治世第十二年目の二〇歳で彼は行動し始め、ユダとエルサレムに力強い改革をもたらします。そして、そのようにして旧約聖書の歴史の中でも最大のリバイバルの一つが生まれました。それがヨシヤの治世第十二年だったのです。

しかし、それよりさらに重大なことが、彼の治世一三年目に始まっています。

ベニヤミンの地アナトテにいた祭司のひとり、ヒルキヤの子エレミヤのことば。……ヨシヤの時代、その治世の第十三年に、エレミヤに主のことばがあった。（エレミヤ一・1〜2）

エレミヤの預言者としての働きはヨシヤの改革の一年目に始まっていたのです。すばらしいことではありませんか。国のリバイバルのまさに揺籃期に、リニューアルの働きの大波の生まれるちょうどその時に、悔い改めの説教者、裁きと回復の涙の預言者、新約聖書の大使であるエレミヤが召命を受けたのです。これは今日の教会を振り返るとき、危機感を与えるものです。私たちのヨシヤの第一三年に語り始める預言者はどこにいるのでしょうか。このリニューアルとリバイバルの揺籃期であるこの時に、悔い改めを迫る説教者はどこにいるのでしょうか。

国際的な覚醒が、数え切れないほど始まるところまで私たちが来ていることは疑うべくもありません。一九八〇年代と一九九〇年代初頭の祈りのムーブメントは、一九九〇年代中期の聖霊の傾注と働きに道を開きました。訪れはドアの外まで来ています。しかし、エレミヤたちはどこにいるのでしょうか。私たちにより深く進むように命じ、生ぬるい奉仕から抜け出すよう求め、手心を加えずに神さまご自身からの勧告をもって私たちに迫り、そして、命をもって、あるいは死をもって聖なる奉仕をするよう召し出す人々はどこにいるのでしょうか。私たちを動揺させる声はどこにあるのでしょうか。

私たちがこのように分極化してしまっているのは非常に残念なことです。物事の表面を見て何かを叫び求める人々は、肉的なものや軽々しい言動が混ざり合っているために、聖霊さまのなさることを何から何まで拒否しがちです。一方で、神さまが実際にリニューアルの中で用いられている人々は、並外れた実を見てきているため、どのような形であっても、建設的な批判を退けてしまいます。私たちにはその両方が必要なのです。私たちには嘆き悲しむ人も必要ですし、積極的な人も必要です。状況を見つめ涙する人も必要ですし、同時に飛び込んで喜ぶ人も必要です。私たちは元気を回復することも必要ですし、悔い改めも必要です。賜物に加えて矯正、力を与えられることに加えて聖め、祝福に加えて重荷、油注ぎに加えてもだえ苦しむことも必要なのです。そうでなければ(ここは特に注意していただきたいのですが)、私たちは、生きているというより死にかかった「正しい」宗教と、パチパチ音を立てて、よどみ、しまいには臭い始めるような、消えかかった「リニューアル」とのどちらかを選ぶことになってしまうことでしょう。

ヨシヤとエレミヤは二人とも主の召命を受けました。それればかりか、ヨシヤの働きとエレミヤのメッセージは両方とも悔い改めに土台を置いていました。けれどもこの預言者は、人々をもっと深いところへ招きました。ヨシヤは、裁きの来るのを遅らせる役割を果たし、エレミヤはいずれ必ず訪れる裁きのために人々を備えました。私たちは過去の教訓から学ばなければなりません。私たちには第一三年の預言者が必要なのです。改革とリニューアルのただ中で、主はエレミヤを通してこう語られました。「**ユダは、心を尽くしてわたしに帰らず、ただ偽っていたにすぎなかった**」(エレミ

ヤ三・10）

今日、私たち自身が心を尽くして主に帰ろうとしているでしょうか、それとも最新の、大きな聖霊現象に興奮しているだけなのでしょうか。

「ジーザス・ピープル運動」（訳注・一九六〇年代から、ヒッピーたちが回心し始まった運動）は、国をまたがる神さまのお働きでしたが、一九七〇年代初めの教会には大きく欠けているものがあったために、その実は次第に減っていきました。カリスマ的リニューアルもまた、本物の聖霊さまのお働きでしたが、多くの人々にとって、神さまよりも賜物の方がその経験の中心となってしまいました。ですから、神さまを中心に置いていれば起きていたはずの偉大な出来事は起こらなかったのです。こうした聖霊さまの働きの他にも、過去には真の影響を与えた本物のリバイバルがありましたが、じきに炎は薄れ、新しいぶどう酒は気が抜け、そして力を持って進み続ける人々が数少なくなる中で、他の人々は思い出に生きるようになってしまいました。そのようなことが私たちには起こらないように祈ります。これぞ私たちが待ち望んでいた時です。今こそまさにその時です。私は「本物」を狂おしいほどにまで求めています。

今日多くの人々が言っていることに反して、「これ」はまだ「それ」ではありません。私たちはまだ、一度のメッセージで三千人が回心して御体に加えられるところを見たことはありません（使徒二章）。私たちはまだ、公の場での奇跡が都市全体をゆるがすのを見たことはありません（使徒三章）。本当の迫害が始まるのを見たこともありませんし（使徒四章）、アナニヤとサッピラのような夫婦が欺きの罪のために、礼拝の最中に倒れて死ぬのを見たこともありませんし（使徒五章）、ステパノのような人が、証(あかし)をしたために石で打たれて死ぬのを見たこともありません(使徒六〜七章)。しかし私たちはそういうところへ向かっているのです。アメリカのいくつかの教会では、今「これ」(「まさにこれだ!」というときの「これ」)を目にしているのであり、それは「それ」(「これこそまさにそれだ!」というときの「それ」)になる可能性があると私は信じています。神さまが、最近のリニューアルを「修正」するように招いておられると感じる人々は、まず自分の心を省みることが賢明です。

一、聖霊さまの現在のお働きを拒否することは、その初期の段階においてさえ、実に大きな間違いになり得ます。預言者ゼカリヤの有名な言葉に、「**だれが、その日を小さな事としてさげすんだのか**」(ゼカリヤ四・10)というものがあります。もし小さなことを軽視するなら、決して大きなものを見ることはできないでしょう。否定するよりもむしろ育てましょう。

二、過去を過大視するのは危険です(伝道者七・10参照)。これは現在の状況を弁解するのと同じくらい悪いことです。今は、過去も現在も未来についても、現実を直視するべき時です。神さまは過去において働いてこられ、神さまは今働いておられ、神さまは働き続けられます。そのお働きがどれだけ幅広く深いものになるかは、私たちの、謙遜で祈りに満ち、心を尽くした応答にかかっているのです。

三、私たちは、皮肉で不満に満ちた態度から身を守らなければなりません。ちょろちょろした流れが来ると、こうした態度は「こんなのは川には程遠い」と言います。そして川が来ると、「こんなのは洪水には程遠い」と言い、いざ洪水が来ると、「洪水は危険だ」と言うのです。

四、「正統派」の批評家は、戦いを止めるか、黙るかするべきです。物事を建て上げるのではなく破壊してしまう、抽象的神学的「真理」は全く役に立ちません。ヤコブの手紙二章一八節には、「行ないのないあなたの信仰を、私に見せてください。私は、行ないによって、私の信仰をあなたに見せてあげます」とあります。あるいは、伝道者の書には、「犬でも、生きていれば、死んだ獅子よりましだ」(伝道者の書／コヘレトの言葉九・4、新共同訳)とあります。あなたの「正統派」の信仰の実を、あなたのミニストリーで、教会で、そして世界中で見てみましょう。福音は生命を与えます。

それでもまだ、この「ヨシヤ王の一三年」には深刻な課題があります。これを探し出して、主があなたに何かを語られようとしておられるのかどうかを見極めましょう。取り組まずにすますことのできない問題というものがあるものです。

一、クリチャンの生活の中で、個人的罪の問題にどれだけ重点を置いていますか。アンドリュー・マーレーは、「リバイバルが求められる時には、いつも過去の堕落が指摘され、そして過去の堕落は必ず罪から来ていました。[ですから]屈辱と悔い改めはつねにリバイバルの必要条件になっています」(注1)と書いています。私たちが悔い改めを説くのは、リバイバルが必要だからです。私たちにリバイバルが必要なのは、堕落してしまっているからです。そして、私たちが堕落しているのは、罪を犯したからなのです。アメリカのクリスチャンの多くを妥協させたり、この世的にしたり、あるいは自己中心的にしたり、怠惰にしたり、また宗教家ぶらせたり、頑固にしたりしてきた罪とは何でしょうか。そうした罪は取り扱われなければなりませんし、またそこから一人ひとりの悔い改めが始まらなければなりません。そうすればリバイバル（単なる刷新やリニューアルではなく）が興ります。狙い定めた説教は的を射抜きます。

二、多くの人が、問題と直面する代わりに、恵みの経験を選んでいます。自分に都合よく始まったものは（「夕べは本当に恵まれました。ますますイエスさまを愛するようになりました」といったように）、すぐに道を外れてしまいます（「もう一度恵みが必要です。また満たしていただかないと」）。神さまご自身を求める飢え渇きほど、満ち足りた状態を長続きさせないものはありません。

三、過去のリバイバルにおける周辺的要素が、ここではしばしば中心的要素になっています。過去のリバイバルにおける徴は説教の結果導かれたものでしたが、今日においては徴そのものの多くが集会の目的になり、教えの焦点となり、祈りの力の証となり、そして礼拝の目玉商品となっています。悔い改めて倒れることと聖霊さまの力の元に倒れることには違いがあり、また、解放されることと霊に酔っていることとは違います。ですから、比較を行う場合には注意が必要です。

四、ジョン・ウェスレーは、「天に最も聖さをもたらす者は、天で最も幸福な者となるだろう」と言っています。最近のリニューアルにおいては、多くの人々が主にあって幸福となり、聖い生活に導かれます。しかし、その幸福感がとぎれたときには何が起こるでしょう。陶酔が醒めたらどうなるでしょうか。聖書は、聖さが幸福を導くこと(言い換えれば、悔い改めが回復をもたらすこと)にもっと重点を置いているはずです。そうすれば両方が長続きします。もちろん悔い改めの鍵は、新しく、回復を導く天からの手ですが、天からの突き刺すような言葉もまたセットの一部であることを私たちはすっかり忘れてしまいがちです。

五、国中の牧師がリバイバルに向けて燃え始めています。牧師たちは、これまで教会の活動や仕事をこなすことで手一杯でした。そして今、聖なる訪れを渇望しています。しかし、彼らは聖なる訪問者ご自身を待ち望んでいるでしょうか。主は今も焼き尽くす炎です。主は今も精錬する火です。あなたはこの主ご自身を求めておられるでしょうか。

六、「あなたの履き物を脱ぎなさい」と言う、聖なる神さまの臨在はどこにあるのでしょうか。威厳ある神さまがそれほど近くにおられるのなら、なぜそんなにうわついていられるのでしょうか。

七、「主よ、もっと恵みを」と祈る人は非常に多いのに、「主よ、もっと深い重荷を」と祈る人はいません。人々の幻は、霊的な楽しみとゲームの範囲に留まっているようです。このことを、子供の遊び歌「ばらのまわりをまわろうよ(Ring Around the Rosy)」の節に乗せて表してみると、多くの人が抱いているリバイバルのイメージがこんなものでしかないということがわかると思います。

祭壇に並んで
笑ったり、よろけたり
「アッシャー！　アッシャー！」
みんな倒れる

だけどこの教会の祭壇から遠く
国々は震えよろけ
飢えた少年たちは死にかけ
家のない女の子たちは泣いてる
そして宣教師たちはうめいてる

そして聖徒たちは牢屋で嘆き
中東が煮え立つうちに
アメリカは崩壊
道徳は堕落し
胎児の頭が吸い出され
その小さな臓器がていねいに引き出され
ゲイたちが通りをはね回っているとき
私たちは修養会をする……
そう、世界はおかしくなっていく
でも私たちは大丈夫　そう、私たちは喜ぶ
だって今はお祭りの時だから、
クリスチャンは並んで！
「アッシャー！　アッシャー！」
みんな倒れる

　私は、人々が聖霊さまの力で倒されたり、超自然的に触れられたりすることを絶対的に、断固として、無条件に信じます。そういうことは私自身も経験しましたし、私たちが祈った何千もの人々にも起こりました。私たちは、人々がよろめき、くずおれ、震え、すすり泣き、また笑うのを見てきました。そのこと自体は問題ありません。それよりも、私たちの動機や方法には何かが欠けています。私たちは成長しなければならないのです。

八、このように外面的、身体的な徴（しるし）に重点を置いている場合、徴が消えたとき、何が起こるのかと聞いてみたくなるのも当然でしょう。誰が谷間に神さまを求め、滅びゆく魂のために砂漠で断食をするでしょうか。私たちにはどれほどの深さがあるでしょうか。徴は栄光に満ちていることが多いものですが、それよりも成熟こそが目的なのです。

九、最近のリニューアルの多くは、「私に関係あることかどうか」という私たちの気楽な心理に迎合しています。私たちは、与えるために力を得ることよりも、受けるために力を得ることを望んでいます。偉大な宣教師、ジョナサン・ゴーフォースは、このような質問をしています。イエスさまは飢えた五千人の人々に与えるために魚とパンを増やされましたが、このとき、もしも使徒たちが前の数列に座っている人々にばかり繰り返し与え続けていたならば、どうなったでしょうか。神さまは、もし私たちが与えられた恵みを他の人々に注がないなら、恵みを注ぎ続けられるでしょうか。

一〇、神さまの新しいぶどう酒に「酔う」ことに重点を置くことは、新約聖書のキリスト教信仰の心と魂を反映しているでしょうか。問題は、神さまがご自分の民を聖霊の満たしによって圧倒し、私たちが酔っていると非難されることがあるかどうかではありません。氾濫は来るがままにしておいたらよいし、批評家にはわめかせておけばよいのです。問題は、私たちの側がペテロのように「この人たちは酔っているのではありません」と語らず、またペテロのように、冷ややかに見守る人々と心に罪を示された人々の両方に対して、彼らをひるませるような言葉を語ることをせず、代わりに、あざける人々の「彼らは酔っているのだ」などといった言葉に基づいて私たちの神学を打ち立てるのかどうか、ということにあります。新約聖書は私たちに、注意怠りなく、しらふで、警戒しているようにと勧めているではありませんか。もちろん、私たちは決して主の喜びを味わいすぎるということはあり得ませんし(私にはあり得ません)、聖霊さまを受け取りすぎて困るといったこともありません。ところが、私たちは往々にして、内側ではなく、外に現れた現象を重視してしまう危険性があります。御言葉の核心から外れてしまうことがあるのです。

なぜ、酔うことではなく満たされることに重点を置かないのでしょうか。問題は、徴の性質にはあまり関わりありません。問題は、私たちの強調点にあります。私たちはあっと言わせるようなものにスポットライトを当て、普通と異なるものを強調し、そのうえで、どうして人々はイエスさまに焦点を当てないのだろうと考えます。結論は、現代の教会はこれ以上愚かなことをする必要はないということです。満たされることは良いのですが、愚かさはいりません。喜びは良いが、馬鹿騒ぎはいりません。私たちは、この世に出て行って弟子を作るために招かれているのです。酔っぱらいを作るためではありません。

十一、教会は、国々に対する預言の声をまだほとんど、あるいは全く上げていません。聖霊の満たしがメディアの注目を集めているのは確かですし、ある程度はこの世も触れられてきています。後戻りした人々が主に立ち返り、罪人が救われてきています。しかし、教会全体の声はまだかすかです。誰かがラッパを吹き鳴らさなければなりません。目覚めた者が目覚めさせる者にならなければなりません。誰が私たちの国に責任を問うのでしょうか。

十二、中には「恵み」が呪いになる人々もいます（「リニューアル」にすっかりのめり込んだ教会の中には、すでに深刻な堕落に陥っているところもあります。危険です）。神さまが、私たちが聖霊さまを見せ物にし、聖なる興奮をハリウッドの娯楽物にすり替えるのを禁じられるよう祈ります。主ご自身よりも笑いに、救い主よりも震えに集中する人々は覚悟しておく方がよいでしょう。そういう人は、望みの物を得ることになります。彼らは、聖霊さまとともに高く引き上げられるのではなく、聖霊さまにあって泣き言を言うことになるでしょう。彼らは「浸されて」いるのではなく、沈んでいます。そのようにならないよう、注意が必要です。

実は、今でも世界中の指導者の中には「ここからどこへ行けばいいのだろうか」と言っている人々がいます。「これこそまさにそれなのだろうか」と尋ねるクリスチャンもいます。それに対して聖霊さまは、「もっと深く掘りなさい。もっと大きなことが起こると信じなさい。これはまだ始まりにすぎない。新しい日が始まろうとしている時なのだ」と言っておられるのではないでしょうか。

私自身は、チャンスを逃したくないと思っています。あなたはどうでしょうか。

ジョージ・フォックスとウィリアム・ペンの時代の人々は、彼らの生き方を極端に嫌悪していた。人々の反応は、ひどい憎しみであり、また血なまぐさい迫害であった……。野蛮で乱暴な熱狂(つまり、狂信)である、とその時代の人々は言い、危険なものであると考えていた。しかし今日、私たちは、それには多くの奇妙な要素が混じり合っていたにもかかわらず、聖霊さまの力強いお働きであると考えている。

(W・ニッチの言葉、W・J・ホレンウェーガー著「The Pentecostalsペンテコステ派」)

あなたは自分の心の中に、(あの)ユダヤ人のようなものがあることに気づかないだろうか。メシヤの到来を祈り、切望しながら、いざ来られると、自分たちの思いこみによる期待に反する形で来られたために、メシヤを拒絶し、十字架に架けてしまった、その心である。

(ジェームス・ローブの言葉、アーサー・ウォリス著「In the Day of Thy Power御力の日に」)

一般的に、人は偏見や疑いや不信仰の側に誤ってついてしまう傾向がある。そして新約聖書のどこにもこうした態度を支持する部分はない。疑いの代わりに、神が、御業の真の性質を現されるのを待ち望む忍耐をおいて下さるように。なぜなら、木はその実によって知られるものであるからだ。すべての人々が心に留めて考えることができるように祈る。もし私たちが性急な批判ばかり気にしているなら、私たちは聖霊さまに反することを語っていることになるかもしれない。もし私たちが反対するなら、私たちは「神さまに戦いを挑んでさえいることに気がつく」ようになるかもしれない。

（アーサー・ウォリス著「In the Day of Thy Power御力の日に」）

「上からではなく、下から」（一九〇七年のベルリン宣言より）

この中で、ドイツの福音主義教会の指導者たちは、現代のペンテコステ運動を、悪魔に吹き込まれたものだとして拒絶した。

「偽物……あざけり、真実のものをパロディ化し神を冒瀆するもの」

（ピーター・プライス、指導的なウェールズの牧師、一九〇四年のリバイバルに対して）

第3章　あなたは「宗教的」か？

宗教という言葉は良くもあり悪くもあります。新約聖書のヤコブは、この言葉を真に神さまに従った生き方という意味で使いました（ヤコブ一・26～27参照）。そのような種類の宗教は良いのです。しかし、「宗教的な」人々はたいてい神さまに対する妨げとなります。イエスさまの例を見ればわかります。イエスさまを拒絶し、反対し、誤解し、死刑にするために引き渡したのは宗教的な指導者たちでした。罪人たちはイエスさまの教えを聞き、元気づけられましたが、宗教的な人々はイエスさまの話を聞いて怒りました。人々はイエスさまを王位につけたいと思いましたが、宗教的な指導者たちは十字架に架けたいと考えました。

今日この時代でも全く違いはありません。「宗教的な」人々は、イエスさまが送られた方、すなわち聖霊さまが好きではありません。この人たちは外側の形式は備えていますが、内なる炎は退けます。彼らは外見上は敬虔ですが、内面は尊大です。「宗教的な」人々は偽善者です。あなたは「宗教的な」人でしょうか。

マタイの福音書に驚くべき聖句がいくつかあります。まず、マタイの福音書一四章三四節から一五章二節を見てみましょう。

彼らは湖を渡ってゲネサレの地に着いた。すると、その地の人々は、イエスと気がついて、付近の地域にくまなく知らせ、病人という病人をみな、みもとに連れてきた。そして、せめて彼らに、着物のふさにでもさわらせてやってくださいと、イエスにお願いした。そして、さわった人々はみな、いやされた。そのころ、パリサイ人や律法学者たちが、エルサレムからイエスのところに来て、言った。あなたの弟子たちは、なぜ昔の先祖たちの言い伝えを犯すのですか。パンを食べるときに手を洗っていないではありませんか。

おわかりだと思います。神の子であるイエスさまは病人たちをいやしました。長く待ち望まれていたメシヤは囚われた者に解放をもたらし、虐げられた者を解き放ちました。神さまに栄光と誉れがあるように祈ります。成就の時は近づいています。イスラエルの祈りはついに応えられたのです。イスラエルの苦しみの長い夜に終わりが来ています。救い主イエスがここにおられます。主はご自分の民を訪れようとしておられます。

このシーンは言葉にはできないほどの喜びに満ちています。足の不自由だった男が喜びに飛び跳ね、踊り、スキップし、笑っています。父親が腕に子供たちを抱え、押さえきれない涙にむせんでいます。その見えなかった目が開かれたからです。何年もの間見ることのできなかった大切な子供たちの顔を見ることができるようになったのです。別の男は、「聖くなった、聖くなった」と叫んでいます。彼のハンセン病が一瞬にして消えたのです。若い母親がひざまずいて礼拝しています。死にかけていた娘が元気になったからです。約束された解放者が来られたのです。

しかし、パリサイ人はこうしたものを見てはいませんでした。イエスが自分たちの宗教的伝統を破っていると考えたのです。「あなたの弟子たちは、食べる前に手を洗っていないではありませんか」

奇跡などかまうものか。聖霊の偉大な働きなどかまうものか。神の力の具体的な現れがどうだというのか。絶望的だった人々が触れられたことなどとるに足らない。それより彼は我々の習慣を破っている。そんな者が神からのはずがない。我々の伝統は代々受け継がれてきたものだ。いったい自分を何様だと思っているのか。

これこそが偽善的で宗教的な考え方なのです。

次に、マタイの福音書一九章二から三節を見てみましょう。

するとと、大ぜいの群衆がついて来たので、そこで彼らをおいやしになった。パリサイ人たちがみもとにやって来て、イエスを試みて、こう言った。「何か理由があれば、妻を離別することは律法にかなっているでしょうか」

これが宗教的精神構造です。「これまで、我々のうちの誰一人としてこのようなあわれみと慈悲の現れを見たことがない、などということはどうでもいいことだ。群衆がいやされたなどということもどうでもよい。それよりも、重要なのはただ一つ、議論となる枝葉の問題について、イエスの教理上の立場がどうかということだ。我々が気になるのはそれだけなのだ」

極端なことを言っているとお考えになるでしょうか。確かにその通りですが、こういったことは非常に一般的なのです。聖霊さまが全会衆の上に劇的に注がれ、何百もの人々が触れられ変えられたのに、宗教的なクリスチャンたちは腹を立てることがあります。なぜでしょうか。それは、彼らの聖なる伝統が破壊されたからです。説教者が欽定訳聖書を使わなかった（あるいは、グループによっては逆に欽定訳聖書を使ったことが罪になりました）。会衆が飛び跳ねた、倒れた、笑った、泣いた、あの人たちはうるさすぎる、逆に、あの人たちは静かすぎる。病人がメッセージの前に祈ってもらった（あるいは、メッセージがなかったということさえあるかもしれません）。「うちの教会ではそんな仕方はしませ ん」と言って反対するのです。

自分たちならもう少し常識がある、とお考えになるかもしれません。あるグループでは、男女が集会にスーツやワンピースを着てきたといって裁かれます。別のグループではジーンズやスニーカーをはいて着たといって裁かれます。また、もし聖霊さまが、こうした服装規定を守らないグループの中に働かれることがあると、「神さまからのはずがない」と断定してしまいます。

「あの牧師はネクタイをしていなかった」

あるいは逆に、「あの牧師はネクタイをしていた」

実は私たちは、こうした愚かな裁きを無意識のうちにしており、ミニストリーを拒絶する瞬間には、それが本当の理由であることに気がつきません。主が私たちの成長を助けて下さるように祈ります。

誇張していると思われるでしょうか。決してそのようなことはありません。私が知っているある運動の中で、客員牧師のミニストリーが拒絶され、祭壇に集まった何百もの飢え渇いた魂が救われることが妨げられたことがあります。問題は何だったのでしょうか。その牧師が正装しており(教会側はカジュアルでした)、古い古典的な讃美歌を歌うことを好み(教会側は現代的なコーラスを好みました)、説教するときに叫んだり感情的になったりしたことでした(その教会の指導者は説教をするというよりも教えるタイプで、会衆はリラックスして聞いていました)。結局、この教会での彼のミニストリーは短縮されてしまったのですが、彼をそこへ送り、その教会のために奉仕するよう油注がれたのは神さまだったのです(もちろん、この宗教的頑迷の全く反対のケースも見たことがあります。それには私自身も責任があったと思っています)。

イエスさまが教会のうちの一つのグループで高く上げられていると、私たちは、それを感情的だとか、悪魔的だとして拒絶し、その件について神さまの側の考えを充分に聞くこともなく、たいていはうわさ、つまり、また聞きの話や不確かな話に自分の立場の基礎を置いてしまいます。どうしてそのように確信を持てるのでしょうか。それはそのグループが私たちの終末論に同意しないからです。イエスさまが艱難の前に再臨されると彼らが言うため(あるいは、艱難の後だと言うため、あるいは、はっきりした七年間の艱難というものはないと言うため)、あるいはいやしについての考え方が異なるため、彼らに聖霊さまが注がれるということはあり得ないというわけです。それならば、彼らの教義に立てば、私たちの方こそ聖霊さまを注がれることがないのではないか、と考えてみたことがあるでしょうか。神さまが私たちを宗教的偏狭さから解放して下さるように祈ります。

フィニーはこのことについてはっきりと述べています。

「今や驚くべきことに、私の知る限り、教会が当初から祝福された大きなリバイバルの興隆はすべて崩壊し、教会組織や分派の争いと、教会とかつて聖徒たちに伝えられた信仰の純粋さと自分たちが呼ぶものを守るために、リバイバルの影響は無視されている。私は、聖職者たち全体が、常にリバイバルを衰えさせる原因となってきたというのは事実であると考える。聖職者自身の分派主義や功名心や偏見によって、説教し争い、教会会議や評議会や他の教会関係の会議に走り、最初は痛みを受け、物事のこうした傾向からショックさえ受けていた教会が、彼ら聖職者の見方を取り入れるようになり、その魂に同化し、そして神さまから完全に遠くなってしまうのである[注1]」

ちょうどこれは、ある地域がリバイバルのチャンスを逃したことについて、「あのとき、肉による批判ではなく、祈りに満ちた共感が示されていたならば、確かにリバイバルが○○に来ていたはずであると私は信じている[注2]」と、ある神の人が語っていたことと同じです。

そして一九四九年にルイス島に覚醒が訪れたとき、ダンカン・キャンベルは全く同じことが起こったと語っています。批評家たちはすぐに、このリバイバルは教義上の誤りを生み出しているといううわさを信じました。「(以前の) ケースのように、ルイス島においても、批評家たちはうわさを根拠とし、決して賢いとはいえない手順を踏んでいました。もし反対していた人たちが自分で行なって聞いていたなら、今日、話は全く違ったものになっていたことでしょう(注3)」

このことをよく思い出していただきたいと思います。ジョナサン・エドワーズは忠実なカルヴァン主義者で、チャールズ・フィニーは献身的なアルミニウス主義者でしたが、神さまは私たちの国でのリバイバルで、この二人を大いに用いられました。それでも、カルヴァン主義者の一部がフィニーをみくびり、アルミニウス主義者の中にエドワーズをそしる者が出ることは避けられませんでしたが。また、もしアルミニウス主義者(あるいはカルバン主義者)が神さまの玉座に座ってリバイバルをコントロールしたらどうなるだろうか、と立ち止まって考えてみたことがおありでしょうか。これら神の人の一人が(もしくはどちらも)用いられることはなかったことでしょう。というのは、彼らがこのように言うだろうと考えられるからです。「悪いですね、あなたを祝福することはできません。あなたの教義は私たちのとは合いませんから」(もちろん、私たちの教義は誤りがなく完全です。私たちはすべてを持っているのです)。

イギリスの偉大な一八世紀のリバイバルの中の、二人の傑出した人物と言いばジョン・ウェスレーとジョージ・ホイットフィールドでした。人生のある時点では親しい友人であったこの二人は、アルミニウス主義とカルヴァン主義の教義上の違いのために、完全に決裂してしまいました。けれども教会の歴史の中で、この二人以上に影響力のあるリバイバルの器を二人挙げることなどできるでしょうか。もし主が今日私たちに、千人のウェスレーとホイットフィールドとエドワーズとフィニーのような人々を与えて下さったら、どんなにすばらしいことでしょうか。私たちはこの人たちからすべてを受け取ることができるでしょうか（おそらく神さまは非常に多くの異なった使者を遣わしていらっしゃるのだと思います。主は、私たちが特定の種類の人からしか受け止めないことをご存じだからです）。

ペンテコステ派とカリスマ派は、一九〇四年から一九〇五年のウェールズのリバイバルと一九四九年から一九五〇年のヘブリディーズのリバイバルにおいて、聖霊さまの偉大で深いお働きがあったこと、しかし事実上、異言については全く強調されなかったことを思い出す必要があります。しかし、非ペンテコステ派、非カリスマ派の人々は、近年世界中で起こっている聖霊さまの傾注においては（たとえば南アメリカや中国で）、常に異言や徴や不思議や奇跡が特徴となっていることを認める必要があります。(注4)

神さまの働きを、関係者の教義によってせっかちに裁かないようにしましょう。

聖霊さまが何百万の人々を神の王国に引き寄せようとなさっている一方で、自称、主の「真理の見張り番」の何人かが気楽に並んで座り、「これは神さまからではない。これは早すぎる、大きすぎる、多すぎる」と言っています。神さまはこうした人たちを見て、「おまえが祝福を受ける方法を知らないのは残念なことだ」とおっしゃいます。天の窓は大きく開かれていますが、未来の天の住人の心は閉じられていることがあまりにも多いのです。

もちろん、教義は致命的に重要であり、キリストの体の長期的な健康のためには特に大切です。欠陥のある基礎は不安定な構造を生み出します。しかし、私たちは教義の違いのために真のリバイバルを見失ってはならないのです。神さまは、私たちと意見の異なるあのクリスチャンたちをも愛しておられ、その祈りに応えられるのではないでしょうか。神さまは、彼らを本当に心にかけておられ、恵みの雨を降らせられるのではないでしょうか。それならば、彼らに、あるいは彼らを通してリバイバルがもたらされることはないとどうして言えるのでしょうか。

リバイバルのミニストリーを何年も続けた後、フィニーはこう言っています。

「今日巨大な悪を生み出す原因のもう一つは、教会において分派主義が生じていることである。これまで宗教のリバイバルを進めることにもっとも熱心で成功してきた主要な教派が過去一〇年の間に、霊的にまた様々な基準において非常に分派主義が強くなってきている。

これは間違いなく大きな悪である。そして、それを打ち消す働きがなければ、影響が確実に教会に及ぶことになる。聖職者たちが分派主義を止めない限り、あのような口論や言葉によるいさかいを止めない限り、偏見を作り出すのを止めない限り、うわさ狩りや教会組織としての野心による運営全般を止めない限り、そして兄弟愛と、罪人の回心と聖徒の聖めとを教会の中で調和させることに没頭していかなければ、宗教のリバイバルが存在し、聖めと力において前進するということはあり得ないのである(注5)」

私たちが今日進めているものは何でしょうか。私たちのミニストリーのパターンはどちらへ向かっているのでしょうか。私たちの中にはあまりに静かになってしまい、熟睡してしまっているところさえあります。

言うまでもなく、教義上の大きな誤りを見過ごすことはできません。私たちは妥協せずに真実に立ち、信仰を否定するものを露わにしていかなければなりません。私たちはうわさに立ち向かわなければならず、後へ引いてはなりません。絶対に欠くことのできないものがあるのです。聖霊さまによる霊感を取り扱うこと、神さまのご性質、イエスさまの人となり、処女による誕生、贖いの死、復活、キリストのみを通して救われること、救われた者たちと失われた者たちの復活、少し例を挙げればこういったものがありますが、それは譲ることのできない事柄です。神さまは、ご自分の教会を刷新なさるために悪臭を放つ異端者を用いられることはありません。

神さまがお用いになる本当のクリスチャンはどうかと言えば、彼らもまだ完全ではありません。「力ある神の人」でさえ盲点があり、聖霊の傾注があれば正確さが保証されるとは限りません。もちろん、私たちが部分的にメッセージに反対であることが許されないとか、聖職者の方法や方式と違ってはいけないということは決してありませんが、私たちは赤ん坊を湯船から投げ捨ててしまわないよう、充分に注意する必要があります。もし神さまが送られたものであるなら、たとえ聖めたり、ほこりを落としたり、微調整する必要があったにしても、それは良いものなのです。

用いられている器は、もしかするといささか未熟かもしれません。その人は今後、さらに霊的「スクーリング」を必要とするかもしれませんし、御言葉によるトレーニングが必要かもしれません。それでもなお、リバイバルにおいて大きく用いられる可能性はあります。その人は、信仰が強く、熱心で、油注ぎを強く受けていながらも、経験が足りないかもしれません。しかし、明らかに多くの実を結び、人々の魂に徹底的な影響を与えている主のしもべを不適切なものと見なし、拒否してはなりません。彼はまだ「到達」していないからです。聖霊さまがこの人を通してなさっていることを受け取り、同時に彼の成長と成熟を助けていきましょう。

エバン・ロバーツが二六歳の頃、ミニストリーの中で全く誤りを犯さなかったということがあるでしょうか。それでも彼は中心人物であり、神の爆薬であり、神さまご自身がお選びになった人であり、明らかに、一九〇四年のウェールズにおける畏るべき霊的爆発の背景にいました。また、ミニストリーに携わっている私たち以外の者に、失敗がないなどということがあるでしょうか。私たちの語り口やスタイルはどの程度完璧でしょうか。私たちは常に、イエスさまがおっしゃると思われる通りの仕方で物事を行なっているでしょうか。

もちろん、私たちは神さまの民の中に道徳的罪が存在することを決して黙認してはなりません。そうした「罪を犯している聖徒たち」が、「永遠にゆるぎない」と主張しようがしまいが、彼らがどれほど「油注がれている」ように見えようが、許されることではないのです。真のリバイバルの徴の一つは、その波が通るとき、習慣的な罪は洗い流されるということです。それどころか、もし聖めに導かれないのなら、それは天から送られたものではなかったということになります。誤りを犯さないようにしてください。深いリバイバルは、劇的な改革と同時に起こるのです。

しかし、本質的ではないこと、すなわち、私たちを天から引き離すようなことでないことや、私たちの地上での日々の歩みに大きな影響を与えないようなことで人を裁き、教義に固執する人々には用心してください。それは、心から信じていることを説き、教え、聖書の中の主要な真実に注意深く心を傾けていくこととは全く別のことです。聖書的な教義を系統立てて綿密に教えることは、基本的なことです（もちろん、誰もが自分の教義は聖書的だと考えているものです。「私の言うことを聞かないでください。誤りを説いていますので。全部私がでっち上げたものです」と言う教師がどこにいるでしょうか）。

しかし私たちは、もし誰かが救われているなら、その人は教義的に不完全であっても神さまの家族の一員であり、天につながっており、栄光に定められているのだという事実を見失ってはなりません。

天の父が、天に入る前にこの地上で彼らを祝福したいと思われることが、驚くようなことでしょうか。もし主が、教義に関してかたくなであり、死んだ正統性にこだわる私たちを無視し、心のすべてを捧げる人々の傍らに立たれたとしたら、たとえ彼らがヘブル語やギリシャ語を知らなかったとしても、腹を立てることがあるでしょうか。

包装紙が気に入らないために、贈り物そのものを嫌うとしたらとても悲劇的なことです。スタイルが好きでないために聖霊さまを見逃すとしたら、実に残念なことです。私たちが自らの外見を深いもののように装いながら、実際には非常に鈍いことが多いということは非常に惜しいことです。私たちはそれを洞察力と呼びますが、神さまはそれを裁きと呼び、裁きはいつの時でも祝福を奪ってしまいます。

私たちは自分に正直になれるでしょうか。どうして自分がバプテスマのヨハネに従っているのだなどと錯覚できるのでしょうか。私たちのうちで、パリサイ人や律法学者、熟練した宗教的指導者たち、事情に通じている人、真理についての聖なる伝統を知っている人と一緒にいる方が居心地がいという人がどれくらいいることでしょうか。なぜ、そのような良いものを、荒れ野に住む、狂信的で攻撃的であつかましいリバイバル説教者と交換しなければならないのでしょう。さらに言えば、宗教的な多数派に賛成することはよいけれども、ヨハネについていけば、しまいには刑務所行きになってしまうかもしれません。「宗教」はリバイバルよりもずっと心地良いのです。

自分はイエスさまの弟子になるためなら命さえ投げ出していただろう、などということをどうして確信できるのでしょうか。結局、サドカイ人は神殿を守り、トーラーを保存することだけが仕事でした。パリサイ人は人を注意深く監視し、飲食の非常に細かいことまで熱心に目を配り、祈りと献げ物に関してかたくななまでに厳格でした。それに対して、イエスは急進的でした。彼の教えは議論を巻き起こし、その方法はショッキングなことさえあり、その生き方は人をいらだたせるくらいに社会規範から外れたものでした。宗教的指導者たちには明らかに彼を拒絶しなくてはならない理由があったに違いありません。なぜ私が危険を冒して深みに出ていかなければならないのでしょうか。岸に張りついている方が安全で気持ちが良いのですから。

あなたご自身はどうでしょうか。リバイバルを求めて飢え渇いておられますか。それとも宗教に満足しておられますか。あなたは炎を求めておられますか。それとも形式に満足しておられますか。あなたは整然とした小さな礼拝を望んでおられますか。それともいのちをお与えになる聖霊さまの満たしを求めて止まない気持ちでしょうか。

あのペンテコステの日にあなたが居合わせたなら、聖霊さまがおっしゃっていることに聞く耳を持つ、あの神を畏れるユダヤ人たちの仲間に入っていただでしょうか（「あの人たちが、私たちのいろいろな国ことばで神の大きなみわざを語るのを聞こうとは」［使徒二・11］）、それとも、あの神を畏れるユダヤ人たちがあざけって、「彼らはぶどう酒を飲み過ぎたのだ」（二・13、訳者訳）と言うのに加わっていたでしょうか。いったい、あの輝かしい日に解き明かされた出来事の歴史上の前触れとなっていたのは何でしょうか。このことを明らかに聖書的に正当なものとしている箇所はどこでしょうか。超自然的な言葉はヘブル語の聖書の中のどこに触れられているのでしょうか。預言は書かれていますが、異言については書かれていません。イスラエルで外国語を話す人々といえば、旧約聖書では裁きの徴だったではありませんか。それよりも、目に狂気を漂わせたこの漁師や取税人たちはいったい全体何者なのでしょう。誰が彼らを聖職に任命したのでしょうか。

宗教家たちは後ろへ下がって、信心家ぶっていました。謙遜な者は神の御前に進み出て救われる者だからです。正しさに固執すると、このように気がつかないうちに神さまの祝福の外側にいるということになってしまうのです。

私たちはバプテスマのヨハネとイエスさまの言葉を引用しながら、この二人に反対した偽善者たちの足跡に従っています。私たちは聖霊の雨と雷を求めて祈りますが、最初の雲の前触れがあると、すぐに不安になってしまいます。神さまが私たちの心を解きほぐし、霊的かたくなさから解放して下さるように祈ります。そのように糊のききすぎたシャツでは、自由に動くことができないのです。

スミス・ウィグルスワースの例を考えてみましょう。彼は貧しい家庭に育ち、六歳の時には一日十二時間働いていました。二〇歳の時、妻が聖書を読むことを教えから、その後の人生においては（彼は一九四七年に八七歳で亡くなりました）、御言葉だけが彼にとって唯一の本となりました。彼の方法は急進的で、態度はぶっきらぼうでしたが、ミニストリーにおいては畏るべき影響力を持ち、失われた者たちを勝ち取り、悪霊にとりつかれた者を解放し、病人をいやし、また死人をよみがえらせることすらしました。

けれども、使徒の働き四章一三節によれば、「無学な、普通の人」(新改訳)であるペテロとヨハネを尊敬していると口にする、今日の福音主義の説教者たちのほとんどは、ウィグルズワースを無学な、普通の人であるとして拒絶したり、無視したりします。彼はきちんとした神学的トレーニングを受けていなかった、彼は話し手として洗練されていなかった、彼は極端に聖霊主義に偏っていたなどと批判します。しかし、ペテロとヨハネを特別な者としたのと同じことによって(彼らはイエスさまのおそば近くを従っていき、その御力によって油注がれたのです)、ウィグルズワースも同じ時代の人々からきわだった者とされたのです。

なぜ現代の説教者たちは、自分たちもその時代に生きていれば使徒たちと同じであったはずであるなどと確信することができるのでしょうか。ペテロは彼らの教義のテストに受からなかったかもしれません。ヨハネは単純すぎるということになったかもしれません。そして、マタイは信徒にすぎなかったのではないでしょうか(もちろん、逆のことも言えます。たとえばペンテコステ派やカリスマ派の方々は、パウロには苦労したことでしょう。彼は知的にすぎ、そして神学的トレーニングを受けすぎだ。こんな人には聖霊さまが注ぐことなどありえない、と。私たちは何と偏狭なことでしょうか)。

聖霊さまに対して心を開いていることを示す唯一の方法は、おいでになったときに、それがいつであれ、誰を通してであれ、改めて歓迎することです。ウィグルスワースの語った物語に耳を傾けてみましょう。あるペンテコステ派の集会で聖霊のバプテスマを受け、異言で語った青年の話です。そのグループ自体はこの出来事を喜ぶことはありませんでした。

「その兄弟はこのことにとても動揺し、（彼の）父親のところへ行って、こう言った。『息子さんを脇に連れていって、止めさせないといけませんよ』

二人とも騒ぎが起こることを好まなかった。父親は息子にこう言いきかせた。『息子よ、私はこの教会に二〇年間通っているが、こんなことは一度も見たことがない。私たちは真理の中で安定していて、新しいことは何もいらないのだ。それはもうやめだ』

息子は答えて言った。『もしこれが神さまのご計画なら僕は従いますが、どうもそうではないようです』

彼らが家に帰るとき、馬が立ち止まった。車輪がわだちにはまりこんでしまったのだ。父親は手綱を引っ張ったが、馬は動こうとしなかった。『いったいどうなっているんだ』と父親は尋ねた。息子は、『これはもう安定してしまいましたよ』と答えた。神さま、私たちが制止してしまわないよう、お救いください(注6)」

神さま、私たちがわだちの中で立ち往生することのないようお救いください。安定しすぎてしまう、ということもあり得るのですから。

私たちの中ですべてを見た者は誰もいません。すべてを知っている者は誰もいません。そしてすべてを持っている者も誰もいないのです。私たちは、偉大なる御体の小さな一つひとつの部分にすぎません。私たちの誰一人として、「それ」である者はいないのです（「大物」はただ一人しかおられません。そしてこの方は、ご自分の論点を理解させるために「カリスマ」誌や「クリスチャアニティ・トゥデイ」誌に二ページ見開きの広告を掲載する必要はないのです）。

私たちは皆、もっと学び、もっと受け取り、もっと成長する必要があります。私たちは皆、何か自分につけ加えるべきものがあり、取り去らなければならないものもあり、また自分の中にあるもののうちで正さなければならないものがあります。私たちは皆、いつか、どこかで、どうにかしてリバイバルされなければなりません。そして私たちにはお互いが必要なのです。

それならば、私たちはどうしてこう頑固なのでしょうか。なぜ聖霊さまの新しい風に対してそれほどに抵抗するのでしょうか。クリスチャンの中には、単に良いものと悪いものを区別することができない人がいるのも事実です。こういう人々はすぐに混乱して、不安になります。以前何度も期待が外れたため、再び希望を持つことを恐れる人たちもいます。しかし私たちは多くの場合、窮屈で、高ぶりや宗教的な見方が妨げとなっています。こうした見方が預言者たちを殺してきたのですし、私たち自身をも殺しかねないのです。ですから、皆さんにもう一度お尋ねします（私自身も自分に一〇〇度目の質問をします）。あなたは「宗教的」でしょうか。

聖書の神さまは、そしてリバイバルの神さまは、いのちの神です。私たちが神さまのうちに生き、前進することができるよう祈ります。今は死んだ宗教の時代ではないのです。

新宗教と言えば、誰かが忙しく数を数える暇もないうちに、現れたり消えたりする。特にロサンゼルスにおいてはそれが目立つ。新しい宗教は、音程がはずれハーモニーの乱れたトランペットを鳴り響かせて登場するが、それは人間の、あるいは超人的な肺の力を振り絞って盛んに吹きまくっているものである。それらは、奇妙にもチョウのように燐光を発して輝き、その色には多かれ少なかれしみがある。人を恐れさせる雰囲気で気を引き、混乱させるようなわけのわからない言葉を使い、干したタン(舌／tongue)、固ゆでタン、マリネ風タンと各種取りそろえた異言（tongue）でむにゃむにゃ言う。アフリカのブードゥーの迷信と黄色人種の狂気の、反吐の出るような混交の中で、わめき、飛び跳ね、踊り、転げ回り、ヒステリー状態の悪夢のように過ぎ去っていくのである。

（R・J・バーデット師、アズサ通りリバイバルを非難して）

神さまが一九四〇年にマドラスのクリスチャンのグループの中で働きを始められたとき、教会は当初、神さまが用いられている人物がバンクト・シンであることに気がつくまでは協力的であった。突然、聖職者の会議はある決定を下した。「我々、インド聖職者会議のメンバーは、このパンジャブ人の説教者に対し、二度といかなる場所も使用を許可しないことに合意し、決議した。我々の反対理由は、彼が叙階された聖職者でないこと、それゆえ、いかなる者にも洗礼を授ける権利を有しないということである」

（ブライアン・エドワーズ、「Revival：A People Saturated With God リバイバル―神に浸された人々」）

すでに五つの教会が私を拒み、聖職者の中には、可能ならば私をこの海岸から強制的に立ち退かせたいと考えている者もいる。

（ジョージ・ホイットフィールド、アメリカで新生の真実について説教した後に）

しかし、忌わしいものだ。偽善の律法学者、パリサイ人たち。あなたがたは、人々から天の御国をさえぎっているのです。自分もはいらず、はいろうとしている人々をもはいらせないのです。

（主イエス、マタイの福音書二三・13節）

第4章　偽善者のチェックリスト(一)

マタイの福音書二三章一三節で、イエスさまはパリサイ人と学者たちに対して七つの呪いを下しておられます。その言葉は冷酷で、その弾劾は容赦がなく、その告発は痛烈です。この章は本来、読み手に強烈な印象を与える箇所です。残念ながら、私たちはマタイの福音書二三章に慣れてしまっています。結局、これはパリサイ人のことだったのだ、連中は皆、偽善者だったのだから当然だ、という感想になってしまうのです。

もっとも福音書を見れば、イエスさまとともに立ち、支援した良きパリサイ人たちも何人かはいます。しかしそれ以外はどれも、ずうずうしい嘘つきだったのでしょうか。彼らは欺く者たちだったのでしょうか。ああした宗教的指導者たちの内面に何もないのは、誰の目にも明らかだったのでしょうか。そうとは言い切れないのです。彼らは多くの人々によって、非常に尊敬されていました。

彼らは秘書と駆け落ちしたり、詐欺的な奇跡をしてみせるテレビ伝道者などとは違っていました。彼らは神の律法に対して極度に傾倒し、極度に献身し、極度にまじめな人々だったのです。

しかし、その多くの者の人生にプライドが入り込んできてしまいました。彼らの宗教はパフォーマンスとなり、彼らの敬虔さはショーになりました。外面的には彼らはしみがありませんでしたが、内面はしみだらけでした。彼らは説教したことを実行しませんでした。イエスさまはおいでになったとき、彼らの魂を見ました。イエスさまは彼らの心を開封した手紙のように読まれ、ご自分の方法と言葉で彼らに対する怒りを表されました。それに対して、公生涯のもっとも初期の頃すでに、この指導者たちはどのようにして神の子を殺そうかと相談を始めているのです（マルコ三・6参照）。イエスさまは彼らの偽善的な宗教を露わにされました。そして偽善的な宗教ほどリバイバルを妨げるものはありません。

さて、このことを注意深く考えてみましょう。というのは、リバイバルへの道に立ちふさがる障害物と同じものが、天国への道を妨げることがあるからです。この世において神さまからの恵みをあなたから奪うものが、来るべき世においてはあなたから永遠のいのちを奪いかねません。宗教的偽善は危険です。宗教的偽善は破壊します。

私たちの中には、それは宗教的偽善を独占している、ある特定の宗教的グループや教派のことであると考えている方もあるようです。実際には、私たちの宗教的あるいは教派による信念が何であれ、私たちの間にも数多くのパートタイムの偽善者がおり、加えて、巧妙で熟練したフルタイムの偽善者がいます。宗教のあるところ、偽善はつきものなのです。

ここに自己点検のためのチェックリストがあります。もしこれに完全に落第するようなら、おそらくあなたはまだ救われていないと思われます。そうでなければテストの中で及第した部分について喜び、落第した部分については悔い改めて変えていただけるように恵みを求めてください（ところで、もし読み進むにつれて、腹を立てたり、防御的になっていったりするようなら、神さまはあなたに何かを語られようとしておられるのかもしれません。私自身、この文章を書く過程ですでに炭火の中を通ってきました）。

(一)　宗教的偽善者は、神の人々の中にあってさえ、真理について独占的な部分を占めていると主張する。

英国国教会のある牧師がかつて、レオナルド・ラベンヒルにこう言ったことがあります。

「私たちはあなたの叙階を認めません」

ラベンヒルが「ローマ教会はあなたの叙階を認めていませんよ」と答えると、「いや、私たちは使徒としての地位を継承しているのです」という強い返事が返ってきました。

「使徒の地位の継承を証明できるのは、使徒的成功だけですよ」

とラベンヒルは冷静に答えました。

それこそが、本物と偽物を見分けるポイントです。

あまりに多くのグループが（そして個人が）自分たちが、自分たちだけがすべてを持っていると考えています。

「我々こそがまことの解釈をしているのだ。我々こそが絶えず神からの啓示を受け続けているのだ。私たちこそが正統な教義を持っているのだ」

聞き覚えのある言葉ではないでしょうか。

彼らは彼［イエスさまがいやされた盲人］をののしって言った。「おまえもあの者の弟子だ。しかし私たちはモーセの弟子だ。私たちは、神がモーセにお話しになったことは知っている。しかし、あの者については、どこから来たのか知らないのだ」（ヨハネ九・28～29、［　］内筆者）

今日のアメリカにおいて、教義上の傲慢の波の中で最新のものは、予定説のグループから出てきています。それは、「教会における問題はさかのぼると、我々がカルヴァン主義から分かれたという事実に行き当たる。このことのみが神を中心とする真実である。これのみが純粋な聖書である」というものです。

それは事実ではありません。ラジオや出版物を通して現代のカルヴァン主義の教師たちが、我々はカギを握っていると語っていても、「改革派」の教義もまたすべての答えを持っているわけではありません。そして彼らの中には、古い時代の宗教的指導者のように、非改革派の兄弟に侮辱の言葉を浴びせることを恐れず、あえて彼らに反論するクリスチャンに地獄へ墜ちろとののしる人々がいます。そういう人々こそ気をつける必要があります。二千年前にモーセの弟子だと主張した者たちは、モーセのような大預言者であるイエスさまが実際に来られたときには従うことができなかったのです。

箴言はエリート主義に対する解毒剤となっています。

自分を知恵のある者と思うな。主を恐れて、悪から離れよ。それはあなたのからだを健康にし、あなたの骨に元気をつける。（箴言三・７～８）

プライドは人を殺します。

(二)　宗教的偽善者は自らを正義とする。

思い出してください。宗教的偽善の基本的態度は、人の目に価値ある者となりたいということです。

あなたがたは、人の前で自分を正しいとする者です。しかし神は、あなたがたの心をご存じです。人間の間であがめられる者は、神の前で憎まれ、きらわれます。（ルカ一六・15）

宗教的偽善は自らを人間の基準で計ります。

自分を義人だと自任し、他の人々を見下している者たちに対しては、イエスはこのようなたとえを話された。（ルカ一八・９）

宗教的偽善は自己欺瞞であり、自らがどれほど貧しいかを見ることができません。ですから、それはいやされないのです。宗教的偽善は、「自分は病気ではない」と主張します。なぜなら、自分自身の正義により頼み、神さまお一人から来る本当の正義を受け取ることができないからです。

パリサイ人の中でイエスとともにいた人々が、このことを聞いて、イエスに言った。「私たちも盲目なのですか」

イエスは彼らに言われた。「もしあなたがたが盲目であったなら、あなたがたに罪はなかったでしょう。しかし、あなたがたは今、『私たちは目が見える』と言っています。あなたがたの罪は残るのです」(ヨハネ九・40〜41)

医者を必要とするのは丈夫な者ではなく、病人です。「わたしはあわれみは好むが、いけにえは好まない」とはどういう意味か、行って学んで来なさい。わたしは正しい人を招くためではなく、罪人を招くために来たのです。(マタイ九・12〜13)

パリサイ人はルカの福音書一八章十一節でどのように祈っているでしょうか。

「神よ。私はほかの人々の……ようではないことを、感謝します」

私は宗教的だ、私は他の者より良いのだ、というわけです。

ところが、取税人は遠く離れて立ち、目を天に向けようともせず、自分の胸をたたいて言った。「神さま。こんな罪人の私をあわれんでください」あなたがたに言うが[とイエスは言われた]、この人が、義と認められて家に帰りました。パリサイ人ではありません。([　]内筆者)

あなたは誰の目に義とされたいと思われますか。

(三)　宗教的偽善者は人の賞賛と批判の奴隷である。

宗教的偽善者は、人に対する恐れによって目が見えなくなっており、人の賞賛によって立っているために、神さまを自由に喜ぶことができません。このような態度では、信仰を持ち、公の場で大胆に告白することなど事実上不可能となります。

互いの栄誉は受けても、唯一の神からの栄誉を求めないあなたがたは、どうして信じることができますか。(ヨハネ五・44)

イエスが彼らの目の前でこのように多くの徴を行なわれたのに、彼らはイエスを信じなかった。……しかし、それにもかかわらず、指導者たちの中にもイエスを信じる者がたくさんいた。ただ、パリサイ人たちをはばかって、告白はしなかった。会堂から追放されないためであった。

彼らは、神からの栄誉よりも、人の栄誉を愛したからである。(ヨハネ十二・37、42〜43)

これをパウロの態度と比較してみましょう。

いま私は人に取り入ろうとしているのでしょうか。いや。神に、でしょう。あるいはまた、人の歓心を買おうと努めているのでしょうか。もし私がいまなお人の歓心を買おうとするようなら、私はキリストのしもべとは言えません。(ガラテヤ一・10)

人に対する恐れは落とし穴となります。主イエスの栄光の中にある真のクリスチャンにとって、それは愚かなことです。

しかしユダヤ人[の指導者]たちは、目が見えるようになったこの人について、彼が盲目であったが見えるようになったということを信ぜず、ついにその両親を呼び出して、尋ねて言った。「この人はあなたがたの息子で、生まれつき盲目だったとあなたがたが言っている人ですか。それでは、どうしていま見えるのですか。」そこで両親は答えた。「私たちは、これが私たちの息子で、生まれつき盲目だったことを知っています。しかし、どのようにしていま見えるのかは知りません。また、だれがあれの目をあけたのか知りません。あれに聞いてください。あれはもうおとなです。自分のことは自分で話すでしょう。彼の両親がこう言ったのは、ユダヤ人

[の指導者]たちを恐れたからであった。すでにユダヤ人[の指導者]たちは、イエスをキリストであると告白する者があれば、その者を会堂から追放すると決めていたからである。そのために彼の両親は、「あれはもうおとなです。あれに聞いてください。」と言ったのである。（ヨハネ九・18〜23［　］内筆者）

こうした親たちは、今日どのような感情を抱いていることでしょうか。

㈣ 宗教的偽善者は嫉妬深く、人をうらやみ、競争意識が強い。

他の人々を通して御国が前進し、イエスさまの御名が高く上げられ、人々が祝福されるのを喜ぶ代わりに、宗教的偽善者たちはそのミニストリーが自分たちを通して行われていないために怒り、裁きます。彼らはすぐさま反対を始めます。神の人々よ、用心してください。このような態度は大きな損害をもたらしかねないからです。このような態度によって宗教的指導者たちはイエスさまと使徒たちを拒絶したのです。警戒してください。「[ピラトは]人々がイエスを引き渡したのは、ねたみのためだと分かっていたからである」（マタイ二七・18、新共同訳、［　］内および強調筆者）

また、使徒たちの手によって、多くの徴と不思議なわざが人々の間で行なわれた。みなは一つ心になってソロモンの廊にいた。ほかの人々は、ひとりもこの交わりに加わろうとしなかったが、その人々は彼らを尊敬していた。そればかりか、主を信じる者は男も女もますますふえていった。ついに、人々は病人を大通りへ運び出し、寝台や寝床の上に寝かせ、ペテロが通りかかるときには、せめてその影でも、だれかにかかるようにするほどになった。また、エルサレムの付近の町から、大ぜいの人が、病人や、汚れた霊に苦しめられている人などを連れて集まって来たが、その全部がいやされた。そこで、大祭司とその仲間たち全部、すなわちサドカイ派の者はみな、ねたみに燃えて立ち上がり、使徒たちを捕え、留置場に入れた。(使徒五・12～18強調筆者)

次の安息日には、ほとんど町中の人が、神のことばを聞きに集まって来た。しかし、この群衆を見たユダヤ人たちは、ねたみに燃え、パウロの話に反対して、口ぎたなくののしった。(使徒一三・44、45強調筆者)

ねたみと対抗意識の霊はどこから来るのでしょうか。

しかし、あなたがたは、内心ねたみ深く利己的であるなら、自慢したり、真理に逆らってうそをついたりしてはなりません。そのような「知恵」は、上から出たものではなく、地上のもの、この世のもの、悪魔から出たものです。ねたみや利己心のあるところには、混乱やあらゆる悪い行いがあるからです。(ヤコブ三・14～16、新共同訳、「　」による強調は筆者)

ウェールズ・リバイバルの最中の、ある晩のことです。

「エバン・ロバーツは説教の中で非常に困難を感じていた。彼の鋭敏な霊は、罪深い心による敵意と、断固とした意志による反対を見分けることができた。このときの反対は後者であることに気づき、彼は説教を中断してこう言った。『この中に神の御言葉と神の御霊に対する意志的な反対があります。それが私たちの中での神さまの御業を妨げています。ともに祈り、反対する者が悔い改めるか、この礼拝から立ち去るよう聖霊さまに求めましょう』

祈りの間に四人の男が立ち去った。ロバーツ師は雰囲気が変わったことを感じ、説教を続けた。立ち去った四人はすべて聖職者であった。おそらく彼らは、奈落の底からのねたみが自らの心を捕らえるのを許してしまったのであろう。彼らは、『なぜあのような無知な鉱夫が、本来なら私たちがすべきああしたことを行うことができるのか』と言っていたのであろう」

この若く、無経験な男がこのような群衆を引きつけるとは許し難い。この男がこんなに祝福されるとは許されることではないぞ、と四人は考えていたことでしょう。

ヨハネの福音書十一章を詳しく見ていきましょう。

そこで、祭司長とパリサイ人たちは議会を召集して言った。「われわれは何をしているのか。あの人が多くのしるしを行なっているというのに。もしあの人をこのまま放っておくなら、すべての人があの人を信じるようになる。そうなると、ローマ人がやって来て、われわれの土地も国民も奪い取ることになる」（ヨハネ十一・47～48）

現代風に言うと、この部分はこのようになるでしょう。

「町で行われているあの新しいミニストリーに対して、我々は急いで対策を取らなければならない。あそこでは人々が救われ、解放され、そしていやされている。もし我々がこの評判を傷つけ、対抗して動かなければ、じきに我々は会衆を失ってしまうことになる。そして我々の金もだ」（もちろんこれには他にも一般的な反応があります。私たちは新しいミニストリーがしていることをまねるのです。私たちも同じショーを上演します。私たちも同じことを強調します。神さまが、彼らの行なっているようなミニストリーに私たちを召しておられなかろうが、私たちが油注がれていなかろうが、そんなことはかまうものか、ともかく連中に我々の人々を盗られなければよいのだ、という反応です）

我々はどこまで肉的になれることでしょうか。収穫の主は働き手を否応なく収穫の畑に追いやられますが、私たちはそれを喜ぶよりも攻撃します。いったい私たちは誰の側に立っているのでしょうか。

パウロと同じ態度を取ろうではありませんか。ピリピにおいて投獄されているとき、人々がイエスさまについて種々雑多な動機から説教していることを知りながら、彼は福音が前進していることのゆえに喜びました。パウロが誰の御国のために戦っていたのかは明らかです。そして、それは「使徒パウロ国際ミニストリー」の帝国のためではありませんでした。彼は兄弟たちをねたむのではなく、イエスさまを求めて情熱を燃やしていました。私たちも同じことを言えるでしょうか。この御言葉のことを私たちの指針としたいと思います。

何事でも自己中心や虚栄からすることなく、へりくだって、互いに人を自分よりもすぐれた者と思いなさい。（ピリピ二・3）

ねたみと嫉妬の悪を愛をもって、つまり教会に対する愛、失われたものに対する愛、主に対する愛をもって乗り越えましょう。もしあなたが主との関係においてゆるぎないなら、もしあなたが主のほほえみを知っているなら、誰によっても脅かされることはなく、誰とも競争する必要はありません。あなたの唯一の望みは他の人々が祝福されることにあるからです。

イエスさまを手本としてください。なぜならイエスさまはご自分が誰であるか、どこから来たか、そしてどこへ行こうとしているかご存じだったからです。イエスさまは使徒たちの足をお洗いになりました（ヨハネ一三章）。あなたの心を神さまのうちに打ち立て、他の人々に仕え、他の人々を高く上げましょう。

㈤　宗教的偽善者は非常に批判的である。

これは、死んだ宗教や乾き疲れ果てた歩みには当然の成り行きです。宗教的偽善者たちは真に幸福であることがないので、他人の幸福を見ることを嫌います。彼らは人々が祝福されているという事実を受け入れることができないのです。みじめな人々は他の人々をもみじめにします。また、彼らは信仰によって歩まず、自分の人生において神の恵みによる豊かさを経験することがないため、その見方は常にと言っていいほど否定的です。もし礼拝に弱い部分があったり、聖職者に弱点があったりすると、彼らは必ずそれを見つけ出します。また彼らは、ブルドッグのようなねばり強さで、全力を尽くしてそれを利用します。わずかな欠点を重大な失敗に仕立て上げてしまうのです。

このような人々は成長することがなく、常に人をにらんでいます。この人のもとでは誰一人真に自由でいることができません。常に裁かれ、監視され、吟味され、批評されているという感覚から免れることがないのです。彼らの常に監視する目は、すばやい自己正義のまなざしであなたを探り出し、あなたが不充分であることを知らせます。彼らの傲慢な神聖さがあなたを束縛します。偽の霊的独善があなたを窒息させるのです。彼らが神さまの働きを前進させることはありません。

欠点を常に探す、硬直した伝統主義者は、常に主が用いておられる人々について何か指摘すべき点を見つけ出します。洗礼者ヨハネが来たとき、彼の生き方は極端に自己否定的であるといって非難しました。イエスさまが来られると、同じ人々が、イエスさまは食べたり飲んだりしていると言って非難しました（マタイ十一章）。なぜでしょうか。彼らの目的は真実を知ることではないからです。彼らの目的は自分たちに張り合うことが誤りであることを証明することです。それが宗教的偽善者の方法です。彼らはなんとつまらない人々でしょうか。また、私たちはそうでないと言えるでしょうか。

イエスさまが安息日に病をいやされたとき、偽善者たちは喜びませんでした。彼らは、イエスさまが、取るに足らない、人間によって作られたルールを破ったために憤慨しました。神の御子がエルサレムに入城されるとき、群衆が、幼い子供までこぞって叫び誉め讃えたのに対して、偽善者たちは共に声を上げることはしませんでした。彼らは、騒々しい、無秩序だと言って腹を立てました。しかしイエスさまは、木の良し悪しはその実によって知られるとおっしゃいました。偽善者たちはどのような実をつけるのでしょうか。どのような弟子たちを生み出すのでしょうか。彼らの敬虔さの証拠はどこにあるのでしょうか。そして私たち自身の敬虔さの証拠はどこにあるでしょうか。

明らかに言えることがいくつかあります。批判は同情を生むことはなく、欠点探しは信仰を生むことはありません。自らは手を下さずに人を中傷するのはたやすいことですが、私たちはこれまでに何を建て上げてきたでしょうか。現在実際に神さまの御業を行なっている人々の何人に対して強い影響を与えてきたでしょうか。私たちが生み出しているのはいのちですか、死ですか。望みですか、絶望ですか。愛の態度ですか、欠点探しの態度ですか。なぜ私たちは前線に立つ戦友を攻撃するのを止めず、出ていって彼らに加わろうとしないのでしょうか。彼らが、私たちの想像もしたことのないほど良い仕事をしていることに気がつくかもしれないではありませんか。またもし、実際に彼らが誤ったことをしていることを見れば、今や彼らを傷つけるのではなく、助けることにできる位置にいることになるではありませんか。

訂正はすべき時があるものです。そのために洞察力を磨いておくことは必要不可欠です。中には間違ったことをしている場合も実際にありますし、見るからに誤りであるものもあるからです。そして、そうしたものに対する訂正はいのちと改善をもたらし、洞察力は成長と発展を生み出します。いずれも、主に対する、御民に対する、そして誤りの中にいる人々に対する愛から出ているからです。これは否定的で、不満を述べ立て、あら探しする態度とは異なります。そのようなものは長続きする良い実を結ぶことは決してありません。それは同情と真実よりも、自己正義によって動機づけられているからです。

同じ訂正でも、行う人の態度によって全く違ってきます。ある経験豊かで、熱心で、行動的で、多くの魂を勝ち取ってきた人物が(この人はたまたま神学校の教授でもあったのですが)、ときに若い伝道者と膝を交えてその誤りや失敗を指摘するという場合はどうでしょうか。一方、教養のある神学者ですが、ほとんど一度として失われた魂に呼びかけたことのない人が、自分は手を下さぬまま、現代の伝道のミニストリーを「浅い」としてことごとく非難します。これはどんな実を結ぶでしょうか。もし彼が良いものを得ることができるなら、彼に導いてもらったらよいことでしょう。

私たちも傍観者的な皮肉や安楽椅子に掛けたままの傲慢はもうこれくらいにしましょう。私たちの十字架を負い、私たちの批判は下へ置きましょう。両方を背負うことは不可能なことだからです。

初めに異端者として現れる人は、時に長い間無視されてきた真理をクリスチャンたちに呼びかける者であったりする。彼は聞き入れてもらう術がないために少々大声で叫びすぎることもあるが、もし彼が叫ばなかったならば、彼が船をこぎ出さなかったならば、クリスチャンの仲間たちは危険な群れへと変わっていったかもしれないのだ。プロテスタンティズムというものが馬鹿者を容認しなければてはならないのは、「キリスト狂い」と呼ばれるものを窒息させてしまうからだ。

（ロバート・マカーフィー・ブラウン『プロテスタンティズム精神』）

人は、自分が感知しなかったことに対しては疑い深くなるものである。多くの善良な人がこの過ちを犯していることは恐るべきことである。このように、自分の経験からのみ判断をする人たちは、神の知恵をいただくためにひれ伏すことをせず、確実な神の御言葉による法則に依り頼むこともせず、いと高き方の取り決められたことに対する黙想を投げ捨てたりするのである。

（ジョナサン・エドワーズ『リバイバルにおけるジョナサン・エドワーズ』）

現在の宗教的ムーブメントについて親切な一言。その一、疑わしい手順が見られる。その二、悪い結果の可能性がある。

（イギリス、サンダーランドの教会指導者たちが、ムーディーとサンキーの集会に対して一八七四年に公共の建築物内で配ったパンフレットより）

ソロの讃美は礼拝讃美とは言わない。それは人間的うぬぼれの行列に過ぎない。気を散らすだけで不遜なものだ。彼のメロデオンはブーブーと神への冒瀆を鳴らす悪魔的なポンプ機器である。

(イギリスとスコットランドでサンキーの音楽ミニストリーに対して出された反対意見)

私たちは正しいことをしているとわかっている。彼らはボストンより二世紀後退した世界に住んでいるのだ。彼らをあわれみ、歌い続けるのだ。

(サンキー。サンダーランドでの批判に対してのムーディーの発言)

第5章　偽善者のチェックリスト(二)

前章では偽善的な宗教の五つの兆候を見てみました。あなたは自己分析をしましたか。あなたは自分の行動を説明しましたか。それともあなたは言い訳をしましたか。自分の中に宗教的な偽善の跡を見つけた方もいるかもしれません。正直に答えましたか。この質問を言い変えるとすれば、あなたを批判するのが大好きな人ならあなたをどう評価したでしょうか（これは考えてみる価値はあります。）。しかし、まだ続きがあります。今度は宗教的な偽善の核心である「外見の宗教」に触れます。

㈥　宗教的な偽善者は自分の霊的な姿を見せたがります。

偽善者の行動の根本にあるのは他人に高く評価されたいという願望です（ですから偽善者は嘘のふり

をするわけです)。高慢というのはなんと人を盲目にすることでしょう。

偽善者は人に好かれるために外見上の演技をします。しかし、神は心の中の空しさを最初から見抜いているのです。なんというみじめな生き方でしょう。

彼らのしていることはみな、人に見せるためです。経札の幅を広くしたり、衣のふさを長くしたりするのもそうです。また、宴会の上座や会堂の上席が大好きで、広場であいさつされたり、人から先生[または「牧師先生」や「伝道師」や「監督」や「博士」…]と呼ばれたりすることが好きです。(マタイ二三・5〜7［　］内は筆者)

また、私たちは自分の霊的な部分を「着たがり」ます。自分がどれほど神に近いかを人がわかるよう努力するのです。公の場での祈りは長く、大声で、力強いのです(一方で個人的な祈りはほとんど存在しません)。教会の集まりの中での讃美は見事なまでに感情をはっきりと表わしたものです。手を高く上げ、顔には笑みを浮かべ、ちょっとしたステップなどを踏んでみたりもします。しかし心の中では神のことなど考えていないのです。誰のためのパフォーマンスなのでしょうか。

二〇世紀初頭に南アフリカに宣教したジョン・G・レイクはこんな回想をしました。

「私が伝道していた南アフリカの都市の郊外に、崖が連なるように、岩が段々になって露出している丘陵地帯がありました。私はよく一人になって休むためにこの丘を登りました。ある日、女性が小さな男の子を連れてきて崖の上の岩棚の上においていきました。女性は食べ物と水を少しばかりおいていきました。子供が動いてしまえば崖から落ちてしまうかもしれないので、危険な状態でした。しかしよく見ると子供は体が不自由で動くことができなかったのです。

母親が去った後、私は子供のところにいき、手をおいて祈りました。ただちに男の子は母親の後を追って走っていきました。誰にも会いたくなかった私は丘の向こう側へ隠れました(注1)」

私たちならどうするでしょう。「カメラ。カメラ。証(あかし)を聞いて、いい写真を撮ろう。教会のニュースレターに入れよう。これは金になるぞ。これはかなり有名になるぞ」

マスコミ慣れしてしまっているアメリカの牧師のほとんどは下心なしに素直に「友達や共に主にある働き人の励ましのために写真を撮りましょう。主がどんなすばらしいことをしてくれたかを見て祝福されるでしょう」とは言えないことでしょう。そこには少なからず、隠れた肉のための宣伝効果を狙った動機があるはずです。いやされた子供の母親のところに行き「これはイエスがしたことなんだ」と言える人はどれほど少ないことでしょう。そこにはちょっとは自分への称賛も無理に入れるに違いありません。

私たちは「彼らのしていることはみな、人に見せるためです。」というイエスの言葉をとって、それをそのままマーケティング戦略にしてしまったようなものです。密かな献身、密かな忠誠、そして密かな功績といったものはどこにいってしまったのでしょうか。「祈りの部屋」にこもり、人前での称賛は神に任せる、といった行動はもはや存在しないのでしょうか。なぜこれほどまでに私たちは自らを誉めるのでしょう。もちろん、公の証も必要なときがあります。しかし、そのタイミングはまだまだ改善の余地があります。

考えてみてください。今日のクリスチャン界では、人を聖職に任命し、「偉大な」神の男性や女性を自慢します。「クリスチャン・オブ・ザ・イヤーは誰だ？　ここ一〇年で最高のクリスチャン歌手は誰だ？」

一九〇〇年前ならば、授賞式もかなりの接戦だったことでしょう。「それでは、いよいよ『使徒・オブ・ザ・イヤー』の発表です。ノミネートされているのは、異邦人への伝道をしたパウロ、そしてユダヤ人に伝道したペテロです」

また、現在でも、クリスチャンであることが大きな犠牲を伴う国ではどうでしょうか。「迫害された聖徒・オブ・ザ・イヤーのリー牧師を紹介します。彼は一〇年間独房に監禁されていましたが、それでもくじけませんでした」

彼にならう盾をあげるでしょうか。それとも記念の指輪でしょうか。

はっきり言っておきましょう。私たちは今日の世界の教会のリーダーのトップ一〇〇人のたった一人でも知っているでしょうか。その中にはテレビに出演したことのある人はおろか、テレビを見たことのある人はいったい何人いるでしょうか。私たちが言う、いわゆる「(フルタイムの)主の働き」についていないリーダー的存在の聖徒は実際に何人ぐらいいるのでしょうか。先の者が後となり、後の者が先となるその日は、はたしてどんな日になるでしょうか。造り主に「あなたの報酬は完全に与えられた」と言われた人の失望感は相当大きなものでしょう。その日には、その報酬があまりにもくだらないものに見えるに違いありません。

(七)　宗教的な偽善者は冷笑的で懐疑的です。

イエスが十字架に架かられたとき、マルコはこう記録しています。

また、祭司長たちも同じように、律法学者たちといっしょになって、イエスをあざけって言った。「他人は救ったが、自分は救えない。キリスト、イスラエルの王さま。たった今、十字架から降りてもらおうか。われわれは、それを見たら信じるから。」（マルコ一五・31〜32前半）

こういうことを言った人たちの何人かは、イエスが行なったあらゆるいやしや救いを目撃していたのですが、それでも信じなかったのです。信じなさい、そうすれば見えると聖書は言っています（ヨハネ十一・40）。信仰に選択の余地はないのです。そして本当に求めている人は、神の力を見るときに信じるのです（ヨハネ四・46〜53参照）。

もちろん今日、聖霊の力を愛し、「主の働き」を完全に信奉し、主の賜物や油注ぎに満ち、奇跡を信じながらも、全く純真ではない人もいます。こういう人は現代のカリスマ・ナンセンスをうんざりするほど聞かされ、はなから「だまされないぞ」という姿勢でいます。ごまかしの「聖霊」をいやになるほど見ており、「聖霊に満たされた」奇人にはあきあきしているのです。彼らにいわせる

と、「神が私に語った」「イエスが私の爪をいやしてくれた」などといったことを信じるのは馬鹿だけなのです。(注2)

しかし一方ではあまりにも用心深い人もおり、さすがに神もうんざりしていることでしょう。こういう人はあまりにも非カリスマ的で、いっそのこと反カリスマ派になったほうが早いような気がします(実際、この中には自分のことを反カリスマ派と自信をもって呼ぶ人もいます。他の人は自分は「バランスのとれた」人間だと自負します)。彼らは神の超自然的な働きに抵抗を示すだけではなく、多くの場合、神の御手を邪魔することさえあるのです。それでいて自分たちのことを神の御言葉の擁護者だと言い張るのです。

彼らは一所懸命に完全に聖書の言葉のみに頼るのです。

しかしどうも何かが嚙み合わないのです。聖書中の奇跡は全部信じると言うのですが、それが今の時代で起こった事実を聞こうものなら、たちまちその信憑性を疑うのです。「大昔には」神はその民に語りかけたということは信じると言いますが、誰かが、今日神が幻で、声で私に語りかけたと言おうものなら、ただちに宗教的スワット部隊(S. W. A. T. = Self－appointed Watchdogs And Truth－sentries = 自己任命お目付け役および真実見張り番)の出動です。「それは今の時代にはそぐわないことだ」

これらの霊的な達人たちは、聖書の時代に生きていたら奇跡にはどのような言い訳をしていたでしょうか。エジプトからの脱出(集団ヒステリーと集団幻覚?)。エリヤの働き(偶発的な雷を火と間違えた?)。イエスの復活の後(イエスを見た女性は心理学でいう認知的不協和を起こしていた)。使徒行伝の時代

(預言者は、モーセでさえも異言で語らなかった。それにもちろん聖霊は受けていた。ドルカスが本当に死んだかどうか確認する医者はいなかった。パウロが船の上で御使いが現われたと言ったときには、明かに精神的な拘束下にあり、疲労と脱水症状で苦しんでいたに違いない)。こんなことでは当時でも信じなかった人が多かったかもしれません。

宗教的な偽善者はこう言いました『私たちが、先祖の時代に生きていたら、預言者たちの血を流すような仲間にはならなかっただろう』(マタイ二三・30)。しかし彼らはバプテスマのヨハネを拒み、イエスを十字架に架けました。彼らは先祖と全然変わらなかったのです。預言の言葉には敵意を示したのです。

私たちの中にも同じようなことをする人がいます。「大覚醒、ウエールズのリバイバル、アズサ・ストリート(どれでもかまいません)。あの時代はなんと素晴らしい日々だったことでしょう」ところが神が少しでも似たようなことを現在やろうとすると、私たちはすぐに反応します。「これは聖霊のはずがない」

あるとき、非カリスマ的な牧師が私に自分の教会のことを説明してこう言いました。「聖書の中になければ、我々は信じません」。私は思わずこう答えたくなりました。「私のアプローチはちょっと違います。聖書の中にあれば、私は信じます」この二つにはかなりの違いがあります。

智恵を働かせること、大袈裟な証を試すこと、そして異例な主張を調べるのはそれはそれでいいことです。しかし、懐疑的・宗教的な態度というのは、聖書の精神と相反します。聖書は不可能なこと・超自然なこと・奇跡を取り扱った本なのです。実に新約聖書時代の精神をまとめるとすればこう言うこともできるでしょう。「信じる者には、どんなことでもできるのです。」(マルコ九・23)。「けなす者」ではありません。懐疑的な心に気をつけましょう。

(八) 宗教的な偽善者は自由ではなく、束縛をもたらします。

偽善者の宗教は心から来るものでなく、外面的なもののです。偽善者は規則をより多く作ることでより「霊的」になるのです。偽善者の宗教は「こうしなさい」「これをしてはいけません」というリストで一杯です。偽善者は自分を(そして他人をも)外面的な行いと勝手気ままな基準で計るのです。偽善者は人にどうこうしなさいと教えながらも、本当にそうすることの力を持っている神とのつながりを持たせないのです。そんなものは福音ではありません。

信者が愛と献身をもって主に仕えるように励ます代りに、偽善的宗教は神の子らを恐れで束縛するのです。しかもこの恐れは、救うことも滅ぼすこともできる全く聖なる神への健全な畏敬と尊敬の念、主への恐れとは別のものなのです。それは奴隷が予想のつかない厳しい主人に対して持つ恐怖なのです。ひとつ間違えばおしまいです。

パウロは特にガラテヤの人々に対して律法主義について書きました。「あなたがたは子であるゆえに、神は『アバ、父。』と呼ぶ、御子の御霊を、私たちの心に遣わしてくださいました。ですから、あなたがたはもはや奴隷ではなく、子です。子ならば、神による相続人です。」(ガラテヤ四・6〜7)ということをことをしっかり理解してほしかったのです。私たちは神のすばらしい家族の子供なのです。

宗教的偽善者にはこれが理解できないのです。彼らは常に自分の信念と習慣を他の信者の背中に負わせるのです。偽善者は他の信者の肩にくびきを負わせるのです。これは人間が作ったくびきで、神から出たものではありません。このくびきはそれを負う者をつぶしてしまいます。

マタイは偽善的な指導者には慣れていたので、その福音書の中ではっきりとさせました。十一章の終りでマタイは主の美しい言葉を記録しました。

すべて、疲れた人、重荷を負っている人は、私のところに来なさい。私があなたがたを休ませてあげます。私は心優しく、へりくだっているから、あなたがたも私のくびきを負って、私から学びなさい。そうすればたましいに安らぎが来ます。私のくびきは負いやすく、私の荷は軽いからです。(マタイ十一・28～30)

ところが十二章の頭では次のように続きます。

そのころ、イエスは、安息日に麦畑を通られた。弟子たちはひもじくなったので、穂を摘んで食べ始めた。すると、パリサイ人たちがそれを見つけて、イエスに言った。「ご覧なさい。あなたの弟子たちが、安息日にしてはならないことをしています。」(マタイ十二・1～2)

このパリサイ人は別のくびきを持っていたのです。彼らは主の荷を負っていなかったのです。彼らは自分たちの規則に押し潰されており、イエスとその弟子たちが楽しんでいた本当の自由を中傷していたのです。さらに彼らはすべての人もその束縛に巻き込もうとしていたのです。

イエスは安らぎを提供しましたが、彼らは規則を提供しました。イエスは疲れた者の重荷を軽くしてあげましたが、彼らは荷をさらに重くしました。イエスは心優しくへりくだっていましたが、彼らは裁くに早く、他人に厳しかったのです。イエスは内側から人に働きかけましたが、彼らは外側から始め、内側にはとどきませんでした。心を本当に変えることのできるのは恵みだけです。

そして心が自由であり、主の荷を負っていると、人は喜びをもって仕え、犠牲を払い、苦しむことができるのです。イエスのためならいつでも、何でもします。昼も夜も働いてもなお心に安らぎがあるでしょう。ヨハネが言ったように「神の…命令は重荷とはなりません」(第一ヨハネ五・3)、たとえそれが命を賭けることになろうとも。しかし偽善者には真の安らぎは来ません。彼の宗教は圧制的で重苦しいのです。彼は間違ったくびきを負っているのです。

あなたはどうですか。あなたは誰の荷を背負っていますか。誰のくびきを負っていますか。すべての疲れた人、重荷を負ってる人にイエスは言われました。「私のところに来なさい。」

(九) 宗教的な偽善者は神の力・慈悲・憐れみなどよりも、外面的な形や伝統にこだわるのです。

偽善者は神の御言葉と霊を人間の伝統で置き換えるのです。イエスはこのことを真正面から責めました。

イエスは彼らに言われた。「イザヤはあなたがた偽善者について預言をして、こう書いているが、まさにそのとおりです。『この民は、口先では私を敬うが、その心は、私から遠く離れている。彼らが、私を拝んでも、むだなことである。人間の教えを、教えとして教えるだけだから。』あなたがたは、神の戒めを捨てて、人間の言い伝えを堅く守っている。」（マルコ七・６〜９）

つまりこれは、私たち人間は自分の知識（伝統）を神の知識（御言葉）より重要視するということです。聖アウグスティヌスの言葉をよく心に留めましょう。

「福音の中の好きな部分を信じ、好きでない部分を拒むなら、それは福音を信じているのではなく、自分を信じているのです」（注３）

こういった横柄な態度は、本質より形を優先させてしまうのです。こういう態度はこう言うのです。「我々は神の力と恵みの掲示には関心はない。あの新入りどもは我々のやり方でやらなかった。我々の伝統を壊したのだ」言い換えるとこういうことです。

「彼らは我々の堅く、厳しく、融通のきかない礼拝手順を無視した。彼らは我々が決めた、いつ・誰を通して神が働いていいかという規則と霊的前提要件に反したのだ。彼らは典礼式文を忘れた。我々が認める声の高さの許容範囲を超えた（もしくは声が小さすぎた）。彼らは新しい信者にカリスマ的賜物を用いさせた。彼らは我々の教派の傘下でこの街に来なかった。彼らは説教を中断し迷える者のために招きをした。しかも彼らはその熱意を踊りをもって表現した。最悪なのは、集会で多くの人が本当にいやしを受け、救われたことだ」

実は彼らがそのようにできた理由は、そういった聖霊を窮屈にするような習慣と規則に反したからである、ということに私たちは果たして気づいているでしょうか。私たちの死んだ伝統はどれだけ福音を早め、どれだけ聖なる生き方を勧め、どれだけ神の力を現し、どれだけ生ける神の御言葉に対する絶対なる信仰を増したでしょうか。ああ、私たちの伝統はどれだけの死をもたらしたことでしょう。

偽善者の生き方は真に情けないものです。

イスラム教徒のテロリストが囚人を拷問にかけています。ところが急にテロリストは手を止めます。なぜでしょうか。祈りの時間だからです。

なんという偽善者でしょう。

ビジネスではいつも平気で人をだますけど、ユダヤ教の掟に従って料理されていない食べ物を絶対に食べないユダヤ人はどうでしょう。とんでもない偽善者です。

ヨハネによる福音書一八章では、イエスを十字架に架けるために引き渡した大祭司などの宗教的リーダーたちは、儀礼的に汚れることがないようにと、ピラトの宮廷には入りませんでした。なんという偽善でしょう。しかし私たちも同じようなことをするのです。

良くない映画を見ても、自分が弱いからと言い訳をする信者がいますが、牧師が間違って聖書を引用すると憤慨します。別の信者は世界宣教のためには何にもしませんが、ちょっとした教義的な問題では死ぬまで闘います。また別の信者は新しい讃美を歌って、昔からある聖歌を歌わない人を批判しますが、自分は主への礼拝をしていないのです。偽善者たちです。

「忌わしいものだ。偽善の律法学者、パリサイ人たち。あなたがたは、はっか、いのんど、クミンなどの十分の一を納めているが、律法の中ではるかに重要なもの、すなわち正義もあわれみも誠実もおろそかにしているのです。これこそしなければならないことです。ただし、他のほうもおろそかにしてはいけません。目の見えぬ手引きども。あなたがたは、ぶよは、こして除くが、らくだはのみこんでいます。」(マタイ二三・23〜24)

どうか神が私たちを心の寛容で親切なものとしてくれますように。正義・あわれみ・誠実のために人生を捧げ、造り主の足跡にならい、愛と同情をもって歩み、恵みを分かち、祝福をもたらすことができますように。神が私たちを偽善的な宗教から救いますように。教会にとって一番必要のないものは偽善者です。

(10) 宗教的な偽善者はやや国家主義的であり、危ないくらい教派にこだわります。

ヨナはイスラエルの領土が広がるという預言は文句も言わずにしました(第二列王記一四・25参照)。ところがイスラエルの敵である異国人の地に行って、主の言葉を聞かせるとなると嫌がりました。

使徒の働き二二章でパウロは怒っていた同胞のユダヤ人を、彼らの母国語で話しかけることでなだめました。彼らは噂を信じ、パウロがユダヤ人ではないと思っていたのです。ところがパウロが彼らにアラム語(もしくはヘブル語)で話しかけると、彼らは静かに彼の劇的な証に耳を傾けました。パウロが「『行きなさい。私はあなたを遠く、異邦人に遣わす。』と言われました。」(使徒二二・21)と言うまでは。

これを聞くと人々は爆発しました。

彼らは「わめき立て、着物を放り投げ、ちりを空中にまき散ら」しました(使徒二二・23)。そうなのです。彼らは「声を張り上げて、『こんな男は、地上から除いてしまえ。生かしておくべきではない。』と言った」のです(使徒二二・22)。

「彼は異邦人の地に行くのだ。『我々』のひとりが『奴ら』のもとへ行くとは。考えられない。殺せ。奴を生かしておくな」

宗教的な偽善の精神とはこのようなものなのです。

アズサ・ストリートでのリバイバルが神からのものではない、と多くの白人クリスチャンに思わせた要素は何だったと思いますか。黒人と白人が共に礼拝していたからです。しかも白人が黒人の教会に行っていたのです。白人主義のクリスチャンたちにはとんでもないことだったのです。(現在[アメリカの]教会の中で悪意をもった黒人至上主義が起こりつつあります。これは今日でも一部の教会に残る一〇〇年前の白人至上主義と同じくらい醜く、悪魔的なものです。気をつけなければなりません)。

宗教的な偽善者、いやむしろ宗教的な人種差別者といったほうがよいでしょうか。彼らは危険なくらい了見が狭いのです。霊的な重点が自分たちの派から出たものでなければ、彼らはそれを頭ごなしに拒むのです。リバイバルが自分たちのやり方に合わなければ、彼らはそれが神からのものではないと決めつけるのです。しかも彼らは神がこの地上で行なっている新しいことをも迫害までするのです。パウロが言ったように「かつて肉によって生まれた者が、御霊によって生まれた者を迫害したように、今もそのとおりです。」(ガラテヤ四・29)。

悲しいことに歴史は繰り返します。初期のメソジスト派のクリスチャンは、当時の偽善的な牧師から迫害され、教会を追い出されました。メソジスト派のクリスチャンは、新生を通りや街の広場で説くことによって、それまでの教会のすべての規則と慣例をぶち壊したのです。しかし一〇〇年後、今度は伝統的なメソジスト派の牧師が、新しく結成された救世軍を迫害したのです。その理由は何でしょうか。救世軍が、新生を通りや街の広場で説いたからなのです。

初めは私たちも聖霊のうちに熱心な信仰をもって、一所懸命神に従います。しかしやがて気を抜くと、自分の成功のために悦に入り、妥協をし、自己満足に陥ることがあります。そのうち、聖霊、熱心な信仰、徹底的な従順を取り戻そうとしている人に反対するようになります。今度はこういう人が邪魔に感じられるのです。「新しいことはごめんですよ」

もちろん、迫害されているグループがすべて神からのものというわけではありません。同時に、神から出たものであるといわれながら、実際にはそうではないメッセージ、メッセンジャー、運動などを拒否してはいけないということでもありません。中には反対すべきものもあります。私が言っているのは了見の狭い偏った態度のことです。

次のことを自問してみてください。あなたは自分のグループ・教会ではある行いを我慢はするが、自分の反対する教義を持つグループがその同じ行いをした場合は我慢しないことがありますか。他のグループのリーダーがある原理に関して間違った場合は責めるくせに、自分のリーダーが同じ原理で間違っても許すことはありませんか。肉的な現われやあまりあてにならない極端な行為があるからといって、いわゆるリバイバルを拒否しながら、実は似たような現われや極端な行為があなたのグループや教派誕生の助けになったリバイバルにあったということはありませんか。

「でも我々のは違うんです」とあなたは言うかもしれません。それはまるで神があなたの反対する人々より、あなたの罪・肉・失敗を軽く思っているかのような口調です。これは分派主義や宗派心とは違います。これは単に違う計りを使って、二つの基準で裁いているだけの話です。これは高ぶりなのです。許しがたいことです。常に自分が物事を制御していたいという自己中心的な欲望の現われです。

イエスの弟子も常にこの問題に直面しました。当時の宗教的リーダーも、イエスが彼らのグループの一員ではないという理由で、イエスが救い主だということを信じませんでした。彼らは主イエスに感心していた宮廷の番兵たちを馬鹿にしてこう言いました。「議員とかパリサイ人のうちで、だれかイエスを信じた者があったか。だが、律法を知らないこの群衆は、のろわれている。」(ヨハネ七・48〜49) 言い換えると彼らはこう言っていたのです。

「こんな詐欺師に騙されるのはこの無学な馬鹿者どもぐらいだ! 我々はそうじゃない」

こういった考え方はやがて好戦的な、そして暴力的なものになっていく可能性もあります。偽善的な精神は憎しみであふれており、憎しみは人を殺すこともできます。

イエスはそこを去って、会堂にはいられた。そこに片手のなえた人がいた。そこで、彼らはイエスに質問して、「安息日にいやすことは正しいことでしょうか。」と言った。これはイエスを訴えるためであった。イエスは彼らに言われた。「あなたがたのうち、だれかが一匹の羊を持っていて、もしその羊が安息日に穴に落ちたら、それを引き上げてやらないでしょうか。人間は羊より、はるかに値うちのあるものでしょう。それなら、安息日に良いことをすることは、正しいのです。」それから、イエスはその人に、「手を伸ばしなさい。」と言われた。彼が手を伸ばすと、手は直って、もう一方の手と同じようになった。パリサイ人は出て行って、どのようにしてイエスを滅ぼそうかと相談した。（マタイ十二9～14）

大ぜいのユダヤ人の群れが、イエスがそこにおられることを聞いて、やって来た。それはただイエスのためだけではなく、イエスによって死人の中からよみがえったラザロを見るためでもあった。祭司長たちはラザロも殺そうと相談した。それは、彼のために多くのユダヤ人が去って行き、イエスを信じるようになったからである。（ヨハネ十二・9～11）

これは非常に恐ろしい内容です。「我々のグループを邪魔するものは皆殺しにしよう。負かすことができないなら、殺してしまえ」

私たちは自分の心の中に、このような偏狭な、了見の狭い、敵意に満ちた精神をかけらでも持っていないか、よく探るべきです。こういった類の心の姿勢を持っていると、神の訪れが何度あっても気づきません。

しかし神に感謝しましょう。神がやって来られる時は、「へりくだった者はそれを聞いて喜ぶ」のです。彼らは天からの祝福を受けるのです。一九〇四年のウエールズのリバイバルの時の精神を思い起こしてください。ペントレのすべての牧師たちは、一致を表明するためにそれぞれ一日他の教会の牧師を務めたのです。偽善は打ちのめされたのです。(注4)

一九〇四年にそれが起きたように、このことは再び起こります。神の聖霊は地上を通り抜けるでしょう。谷々は高くあげられます。柔和な者が地を相続します。神は馬鹿らしいことを使って賢い者を惑わし、弱いことを使って強い者をくじきます。神はたいしたことのない者をたいした者にするでしょう。神は使えない者を使うでしょう。

ですから、

主の御前でへりくだりなさい。そうすれば、主があなたがたを高くしてくださいます。……「神は、高ぶる者を退け、へりくだる者に恵みをお授けになる。」（ヤコブ四・10、6後半）

主よもっと恵みを。

こうして彼らは湖の向こう岸、ゲラサ人の地に着いた。イエスが舟から上がられると、すぐに、汚れた霊につかれた人が墓場から出て来て、イエスを迎えた。この人は墓場に住みついており、もはやだれも、鎖をもってしても、彼をつないでおくことができなかった。彼はたびたび足かせや鎖でつながれたが、鎖を引きちぎり、足かせも砕いてしまったからで、だれにも彼を押えるだけの力がなかったのである。それで彼は、夜昼となく、墓場や山で叫び続け、石で自分のからだを傷つけていた。彼はイエスを遠くから見つけ、駆け寄って来てイエスを拝し、大声で叫んで言った。「いと高き神の子、イエスさま。いったい私に何をしようというのですか。神の御名によってお願いします。どうか私を苦しめないでください。」それは、イエスが、「汚れた霊よ。この人から出て行け。」と言われたからである。それで、「おまえの名は何か。」とお尋ねになると「私の名はレギオンです。私たちは大ぜいですから。」と言った。そして、自分たちをこの地方から追い出さないでくださいと懇願した。ところで、そこの山腹に、豚の大群が飼ってあった。彼らはイエスに願って言った。「私たちを豚の中に送って、彼らに乗り移らせてください。」イエスがそれを許されたので、汚れた霊どもは出て行って、豚に乗り移った。すると、二千匹ほどの豚の群れが、険しいがけを駆け降り、湖へなだれ落ちて、湖におぼれてしまった。豚を飼っていた者たちは逃げ出して、町や村々でこのことを告げ知らせた。人々は何ことが起こったのかと見にやって来た。そして、イエスのところに来て、悪霊につかれていた人、すなわちレギオンを宿していた人が、着物を着て、正気に返ってすわっているのを見て、恐ろしくなった。見ていた人たちが、悪霊につかれていた人に起こったことや、豚のことを、つぶさに彼らに話して聞かせた。すると、彼らはイエスに、この地方から離れてくださるよう願

った。（マルコ五・1～17）

福音派教会の最大の罪は我々は神を小さな箱に入れたがるということである。

（D・マーティン・ロイド＝ジョーンズ）

第6章　混乱をもたらす救い主

救い主がこの世にやって来られたことが、大変な、忘れられない事態となりました。もちろんこれは受け手側の世界にとってのことですが、救い主が一個人の心の中に入り込まれる時も同様です。すべてが変わらなければなりません。

マリアの妊娠で、ヨセフがどれほど重大な局面を体験したか考えてみてください。自分の婚約相手が妊娠しているとわかったときのヨセフの怒りと葛藤を想像してみてください（そうなのです。これから結婚する予定の女性がすでに妊娠しており、しかも子供は自分の子ではありませんでした）。御使いが彼に語りかけたのはいつだったのでしょうか。マリアは彼に何と説明しようとしたのでしょうか。そしてマリアはどんな苦悩を経験したのでしょうか。神の子を生むとはいったいどれほどのものなのでしょう。主がこの世界（そして私たちの人生）に入ってこられるときは激変が伴います。

ゲラサの人々はイエスに彼らの地方から離れて下さるよう願いました。イエスの訪問は彼らには耐えられないものだったのです。二千匹の豚の自殺。豚の飼い主は収入源を失いました。町はうわさでもちきりです。悪霊につかれた人の超自然的ないやし。

「もう耐えられない。以前のままの方がよかった。毎日のパターン化された生活の方がいい。イエスさま、出ていってくれ。」

救い主がやって来たのですが、迷える者は彼を必要としませんでした。造り主がやって来たのですが、造られた者は彼を受け入れなかったのです。解放者がやって来たのですが、捕われ者の多くは束縛を好んだのです。イエスは必ずしも暖かく迎えられる客ではないのです。

こういった心の姿勢は深く浸透しています。はたして人は、人生を変えることのできる神の力よりも、町のはずれに狂った悪霊つきの男がいる方を好むのでしょうか。聖なる存在よりも、悪の存在、しかも最も生々しく醜い形での悪の存在の方が喜ばれるということが可能なのでしょうか。神の秩序よりも、悪魔の狂気の方が世界は楽なのでしょうか。

人は(自分のとんでもない状態を言い訳するために)完全ないやしに気づくことによって人生を吟味するよりは、ひどい罪人を束縛のままにしておく方がいいのでしょうか。そして極端な堕落は、さほどひどくない堕落を正当化するのでしょうか。過激なポルノ映画は、私たちのちょっと成人向きの脱線状態をくらますことになるのでしょうか(「私はそんな悪いことはしていない」と言えるものなら例はなんでもいいのです)。ところが、神はあの悪霊につかれた人を完全な聖なる者にできるとすれば、これは私たちにはどんな意味があるのでしょうか。

リバイバルとは聖なる神との遭遇です。神が明かにされる、示されるということです。リバイバルはベールが取り除かれ、物事がはっきりされることです。リバイバルは純然かつ完全であり、人間の性質を暴き、神の栄光が啓示されます。最終的にたどり着くところはこうです。「私たちは自分の中に神が住むことを望んでいるのでしょうか？」（この質問には早急に答えないほうが懸命です。じっくり考えて洞察力を求めましょう。全体像はあなたが思うよりずっと大きいのです）。待ち望まれていた救い主がついに来たとき、すべての人が喜んだというわけではないのです。

カペナウムの会堂を考えてみましょう。そこはとても平和でした。礼拝はいつもと変わらず、厳粛で、とてもきちんとしていました。そこへイエスが来られました。たちまち会堂は混乱の渦へと巻き込まれました。地元で最も善良な人が叫びながら倒れたのです。不快な、やや不名誉なことであっただけでなく、実に皆の心を乱すような出来事でした。祈りは妨げられ、礼拝をする時間も結局ありませんでした。イエスが会堂に来る前はどんなに良かったことか。我々のやり方で何でもできた。あの頃は快適だった。

イエスは私たちの日常・おきまりの手順・慣例を狂わし、その存在事態が心の隠れた態度に光を当てます。ちょうどシメオンが預言したように、「この子は、**イスラエルの多くの人が倒れ、また、立ち上がるために定められ、また、反対を受けるしるしとして定められています。剣があなたの心さえも刺し貫くでしょう。それは多くの人の心の思いが現われるためです。**」（ルカ二・34〜25）

人がイエスに反対するとき、その人の心の罪深さが露わになります。興味深いのは、「人の子」であるイエスを、悪霊つき・気が狂っている・ゼルベブル・私生児と呼んだのはほとんどの場合、善良な、宗教心の強い、法律を守っている人々だったことです。イエスの登場が彼らの本心を出させたのです。

このみことばを聞いて、ユダヤ人たちの間にまた分裂が起こった。彼らのうちの多くの者が言った。『あれは悪霊につかれて気が狂っている。どうしてあなたがたは、あの人の言うことに耳を貸すのか。』ほかの者は言った。『これは悪霊につかれた者のことばではない。悪霊がどうして盲人の目をあけることができようか。』（ヨハネ一〇・19〜21）

［イエスは言われた。］「神から出た者は、神のことばに聞き従います。ですから、あなたがたが聞き従わないのは、あなたがたが神から出た者でないからです。」ユダヤ人たちは答えて、イエスに言った。「私たちが、あなたはサマリヤ人で、悪霊につかれていると言うのは当然ではありませんか。」（ヨハネ八・47〜48、［ ］内訳者訳）

なぜ彼らはこれほどまでにイエスを憎んだのでしょうか。主ご自身がその理由を述べました。「世はあなたがたを憎むことはできません。しかし私を憎んでいます。私が、世について、その行ないが悪いことをあかしするからです。」（ヨハネ七・7）

リバイバルの時に起こるのがまさにこのことなのです。イエスは再び教会より栄光を受け、悪と不正を戒め、冷たさと無気力を白日にさらすのです。人々が本当は心で何を思っているかを私たちは知るのです。救い主が来たときにそうであったように、リバイバルでもそうなるのです。どちらも反対されるでしょう。アーサー・ワリスが書いたように「もし反対されないリバイバルがあるならば、それが本当にリバイバルであるかどうか再検討するべきです」

もちろん、度が過ぎることや、誤りは非難すべきです。しかし多くの場合、神による確かな働きがあると、それを反対し中傷するのは誇り高い宗教家なのです。その神の働きが彼らの心のあり方を露わにするのです。

今世紀初頭に興ったウエールズでのリバイバルについて、私たちはすばらしい話をよく聞きます。エバン・ロバーツは多くの国民に深く敬愛された人でした。ところがすべての人が彼を敬愛したわけではありません。ある精神科医フォーブス・ウィンスローは彼のことをこう言いました。

「私ならエバン・ロバーツのような人間は犯罪者として刑務所に入れ、彼の集会は、社会主義者やアナーキストの集会同様、一般市民には危険であるという理由で禁止させます」

リバイバルは物事を明るみに出します。深い感情が激しく浮上してきます。神が町にやって来ると、中立の立場をとることはむずかしいのです。

リバイバルは、時に一つの教会とその牧師にとって転機または破壊点になります。最も基本的な霊的課題に強制的に直面させられるのです。その課題とは「イエスをどうするか？　主にどう応えるか？」です。今、主は私たちの間にいる。こんなときにすべてのことが徹底的に影響されないはずがありません。

イエスが現われて以来、この世界自体は大きく変わりました。ユダヤ人が変わりました（イエスを拒んだためにどんなに苦しみ、またイエスに関してどれだけお互い意見が分かれていることでしょう）。世界の歴史も変わりました（世界のほとんどの国がイエスの誕生を基準とした暦を使っています）。宗教も変わりました。すべてが変わり、混乱させられました。イエスが自分の教会を訪れるとき、かなり真剣な混乱が起きるでしょう。イエスはかなりのことを要求します。

メシヤ、神の息子、そして主であるキリストは人類の分岐点となり、イエスによってすべてのいのちがはかられるのです。

患難と苦悩とは、ユダヤ人をはじめギリシヤ人にも、悪を行なうすべての者の上に下り、栄光と誉れと平和は、ユダヤ人をはじめギリシヤ人にも、善を行なうすべての者の上にあります。私の福音によれば、神のさばきは、神がキリスト・イエスによって人々の隠れたことをさばかれる日に、行なわれるのです。（ローマ二・9～10、16）

神は、そのような無知の時代を見過ごしておられましたが、今は、どこででもすべての人に悔い改めを命じておられます。なぜなら、神は、お立てになったひとりの人により義をもってこの世界をさばくため、日を決めておられるからです。そして、その方を死者の中からよみがえらせることによって、このことの確証をすべての人にお与えになったのです。（使徒一七・30～31）

神は今、すべての人間に弁明を求めています。

これもまたリバイバルの兆候です。主は喜びだけではなく裁きをもたらすのです。主はカリスマだけでなく主張を持って来られるのです。主は魅力的なだけではなく、多くを要求します。主は敬愛と崇敬に値するだけではなく、すべての主なのです。型にはまるような方ではありません。主は人と取引をしたことがありますか。主は「じゃ、あなたの好きな条件でやりましょう」と言われたことがありますか。主がその弟子になろうとしている人に「あなたの半分を捧げなさい、それで充分です」または「四分の三だけ捧げればいいですよ」と言われたことがありますか。もちろんありません。主は私たちすべてのために死に、私たち一人ひとりのすべてのために死んで下さったのです。ですから主も私たちにすべてを期待されるのです。

神の御子に遭遇するということは大変なことなのです。主への降伏は完全で絶対です。一部分の降伏を認める将軍などいるでしょうか。

しかし私たちはこの真理からよく脱線します。私たちは習慣から主に仕え、機械的に主を礼拝します。私たちは生活を小さく区切って、イエスにもそうした小さな区切られた「部屋」を与えられるのです。

しかし主がリバイバルの力を持って来られる時、主がその民の中にあって栄光を受けられる時は、主はその権利を明確にし、その血で買い取られた群れの権限を新たにするのです。主は今でも「体の頭(かしら)」であり、その頭たることを非常に真剣に捉えておられるのです。

ちょっとしたアトラクションのための、聖霊のすばらしい現われのおまけとして、主イエスがおられるわけではないのです。教会で集まりのある数時間だけ招待して、終わった後は教会の建物に残していくために主イエスはおられるわけではないのです。主イエスこそ、神の満ち満ちたご性質の形であり（コロサイ二・9）、すべてを焼き尽くす火、栄光の主なのです。私たちが「主よ来てください。私を焼き尽くしてください」と言ば、主は本当にそうされるかもしれません。

これらの言葉の重みを私たちは本当に理解しているでしょうか。「主よ来てください」――威厳を持った王。その輝きに満ちた造り主。聖なる主。偉大な力を持つ神の御子。本当にこんな方に来てほしいのでしょうか。「私を焼き尽くしてください」――火で、炎で、聖めの火炎で、私の肉の性質が跡形もなく燃え尽き、新しく造られたものが現われるまで焼き尽くしてください。私の意志が完全に主に吸収されてしまうまで。見えないものが見えるものよりもっと現実的になるまで。私が完全に私の神に支配されるまで燃え尽くしてください。これは私たちが本当に求めていることなのでしょうか。それとも私たちが求めているのはちょっと温まり、励みになるような焚火程度の火でしょうか。それとも飢えを満たすようなキャンプファイヤーでしょうか。一度「主よ、私を焼き尽くしてください」と言うならば、その炎の加減には相談の余地はないのです。

マルコによる福音書五章一五節にもう一度注目してください。

そして、イエスのところに来て、悪霊につかれていた人、すなわちレギオンを宿していた人が、着物を着て、正気に返ってすわっているのを見て、恐ろしくなった。（マルコ五・15）

主の、人生を変える力というのは恐ろしいこともあるのです。主が実際になさることを見るのは想像を絶することです。皆さん、このことは真実なのです。

あなたは神の純然たる全き力にどのくらい直面したことがありますか。それは、時には恐ろしくさえあります。

するとすると、激しい突風が起こり、舟は波をかぶって水でいっぱいになった。ところがイエスだけは、とものほうで、枕をして眠っておられた。弟子たちはイエスを起こして言った。「先生。私たちがおぼれて死にそうでも、何とも思われないのですか。」イエスは起き上がって、風をしかりつけ、湖に「黙れ、静まれ。」と言われた。すると風はやみ、大なぎになった。イエスは彼らに言われた。「どうしてそんなにこわがるのです。信仰がないのは、どうしたことです。」彼らは大きな恐怖に包まれて、互いに言った。「風や湖までが言うことをきくとは、いったいこの方はどういう方なのだろう。(マルコ四・37～41)

「主よ、あなたは何者ですか」というのはリバイバルの時によく口にすることです。イエスの真の姿を見るからです。人によってはこれは大変ショックなことです。

リバイバルはいつも私たちが望んだ以上の、予測した以上のものです。ですから、多くの人は出ていくのです。これまでの自分の特権を維持するほうを選ぶのです。自分の王座の座り心地の方が良いからです。降伏するよりは威張って歩くほうが楽なのです。

牧師やリーダーにも同じことが言えます。人間の本性として、私たちはとかく何でも仕切りたがるのです。何が起きるのか、いつ起きるのか、誰が参加するのか、どのくらいの時間がかかるのかを知りたいのです。そしてそれがいつ始まって、いつ終わるのか、コントロールしたがるのです。

これが人間の性なのです。

リーダーは特に次のようなことを真剣に自問しなければなりません。私はコントロールを放棄する意志はあるのか。神に完全にコントロールをまかせる意志はあるのか。そもそも誰の教会(群れ・働き)なのか。誰の名誉がかかっているのか。私のか、それとも神のか。誰の王国を築いているのか。聖霊と安全のどちらを求めているのか。嵐のようなリバイバル、それとも安定した宗教。天からの聖霊、それとも(教団)本部から称賛。私は本当にリバイバルを求めているのか。

これらの質問には正直な答えが必要です。自分をごまかすのは簡単で、しかもそれは繰り返されます。私たちはイエスに来てくださいと懇願し、その後、今度はどこかへ行ってくれとお願いするのです。主が来るように祈り、離れてくれと嘆願するのです。近づいてくださいと頼み、去るようにせきたてるのです。私たちは聖書的な主を欲しているのでしょうか、それとも自分の姿に似せた見せかけの救い主の方がいいのでしょうか。「時」そのものを創造した神と、時間通りの訪れのどちらが良いのでしょうか。私たちは飢えているのでしょうか、それとも急いでいるのでしょうか。十字架に架かった命は急場しのぎの即効薬とは違うのです。

主がついにその御姿を現しているというのに、なぜ私たちはいつも急いでいて時間がないのでしょうか。主との交わりを避けておきながら――「ほらほらもう時間がない」と言いながら――どうしてレストランで人と会うのに何時間も費やすのでしょうか(レオナード・レイブンヒル風に言うと、私たちはアパールーム「祈りの部屋」よりサパールーム「晩餐の部屋」の方が快適なのです)。主は血肉よりも重要ではないのでしょうか。主はどんなデザートよりも甘いのではないでしょうか。どうして私たちは、止まって、静かになり、神に好きにさせてあげないのでしょうか(そうです、そうすることは肉に死を言い渡すことなのです)。

多くのリバイバルを台無しにした考えというのはこうです。「今まで通りがよかった」神はそれに対してこう答えられるかもしれません。「ああ、そうですか。それでは好きにしなさい」。しかし結果は悲惨なものになるでしょう。というのは、神の霊が尊ばれないところでは、その存在はすぐに消えてしまうからです。神に栄光を帰し、感謝を捧げることを拒むと(ローマ一章)、神は私たちを(霊的・その他の)情欲に引き渡され、私たちは自分の肉欲に従うでしょう。誤解しないでください。これは一つの決断行為なのです。

こんなことが私たちの世代に起こることがないように! 神の存在が閉め出された、宗教的な安全地帯に私たちが隠れてしまうことがありませんように。私たちはその全く逆を願い、へりくだった依り頼む心で主を招き、その御業を発揮してもらうべきです。主を拒むのではなく受け入れ、主を避けるのではなく主のもとに走るべきです。

私たちはこれ以上、主を一つの商品として扱って聖霊を悲しませることがあってはいけません。小さなことを大袈裟にすることによって、神の真の訪れを安っぽいものとしてしまってはいけません。リバイバルの名のもとに、馬鹿げたことや肉欲的なことに負けて、自分たちの嗜好に合わせてスーパースターやアイドルを育て、霊の顕現にばかり捕われ、真の創造主ご自身を忘れることがあってはいけません。主はいつまでもこういうことを我慢されません。そして主がもし退いてしまわれたら、私たちには何ができるでしょうか。もしそうなったらどんな希望が残っていますか。私たちはどこに行けばいいのでしょうか。

ある時、主に栄光を帰すことを拒んだある教会において、主がその霊の注ぎを退くことに気づいた私は、突如怒りと畏れで胸が一杯になりました(「私は突然来たが、退く時もそうである」と聖霊さまは私の心に語られました)。私は主の重荷に圧倒され、突然とりなしの祈りの思いに捕われました。これほど恐ろしい予告は他にはないでしょう。飢えた人々にやっと霊的な食べ物が届いたというのに、それをあっという間になくしてしまう危険があったのです。

今の時代に、リバイバルを拒絶した場合の結果を負うだけの余地はありません。アメリカが、世界がそんなことをしたらどんなことになるか、考えただけで私は震えてしまいます。主の民は、何年もの間、雨雲の主に向かって叫び、主の雨で私たちを満たして下さるよう祈り、断食してきました。今、私たちの国においてそのチャンスがあるのです。ところが、実際に主の洪水が来たら、私たちは「水が多すぎる。嵐が激しすぎる。天気のいいほうがやっぱり良かった」と言ってしまうことはないでしょうか。そうならないよう願います。

私たちには、天の水門が開いて、神の津波が押し寄せてくる必要があります。その水門から必要なものが流れ出ますように。「岩」の上に建っていないものはすべて流されてしまいますように。その流れが、汚物や泥をすべて水面まで浮き出させますように。結果がどうであろうと、私たちはこの洪水を必要としています。栄光の主が、私たちの中で再び栄光を受けなければなりません。

「主よ来てください! 私を焼き尽くしてください! 心からそれを願います」

しかしこう言う人も中にはいるでしょう。

「どうしたらいいんだ？　私はすでに主を悲しませたかもしれない。私は過去に主を無視した。主が来られたときに歓迎しなかった。主が私を引き寄せられたときに、私は主をはねつけたも同然だった。主が私を呼ばれたときに私は彼を拒んだ。私はゲラサの人と一緒だ。もう私は終わりだろうか？」

マルコの福音書をもう一度読み直してください。話には実は続きがあったのです。初めに救い主を追い出した人の中にもまだ福音があったのです。

悪霊から解放された人のことを憶えていますか。彼はイエスのお供をしたかったのです（誰もがイエスに懇願していました。悪霊たちは豚の中に入るようにイエスに懇願し、人々はその土地を去るように懇願し、悪霊にとりつかれていた人はお供したいと懇願しました）。しかし、イエスは彼にこう言われたのです。

「あなたの家、あなたの家族のところに帰り、主があなたに、どんなに大きなことをしてくださったか、どんなにあわれんでくださったかを、知らせなさい。」そこで、彼は立ち去り、イエスが自分にどんなに大きなことをしてくださったかを、デカポリスの地方で言い広め始めた。人々はみな驚いた。（マルコ五・19～20）

主イエスはその地に滞在することができなかったので、この男性を大使として遣わされたのです。この新米の伝道師は主の福音をよく伝えたことでしょう。そのうち福音を聞いた者の中にイエスに助けを求める者も出てきて（マルコ七・31～37参照）、主は彼らの叫びに応えられました。その結果、「人々は非常に驚いて言った。『この方のなさったことは、みなすばらしい。つんばを聞こえるようにし、おしを話せるようにしてくださった』」（マルコ七・37）。

主は彼らにもう一度チャンスを与えられたのです（主はこの国にどれほどチャンスを下さったことでしょう）。しかも主はその地方にわざわざ戻られました。今度は事情が変わっていました。今度は彼らが主にいやすよう懇願したのです。

彼らには、まだあわれみの時があったのです。彼らには、まだその先があったのです。あなた個人にも同じことがあり得るのです。

ひょっとすると、あなたには主が示されていた愛が理解できなかったのかもしれません。ひょっとすると、あなたは主の力強い働きが怖かったのかもしれません。ひょっとすると、あなたは未熟であったか、または反抗的であったかもしません。ひょっとすると、あなたは嘆かわしい罪を犯したのかもしれません。重要な質問はこうです。主は今、再びあなたを引き寄せられているのでしょうか。あなたは今、主を求めていますか。聖霊さまが再びあなたの心に働きかけておられますか。もしそうならば、すぐに主のもとへ行くべきです。

心を砕き、信仰を新たにし、敵の嘘を拒み、あなたのために命を懸けられた主に心を注ぐのです。あわれみと和解を求めてください。心をリフレッシュできるすがすがしい雨を求めてください。

次のことをあなたの希望としてください。人が失敗からよく学び、正直であるなら、主は以前よりもっと大きな力をもって再びやって来られることもあるのです。お願いするには遅すぎることはありません。ただし、今日、主に懇願すべきです。明日という日はもうないかもしれません。今こそあなたが待ち望んでいた時です。見逃さないでください。主イエスは、今でもやる気のある器を求めておられます。あなたはイエスを自分の主にしますか。さあ、主があなたの魂を揺さぶる時です。

主をはじめて見た時の
祝福はどこへいったのか
イエスとその言葉の
魂を生き返らせる展望は何処にいったのか

いつの日か楽しんだあの平和な時
その想い出はいつまでも甘く
しかし今残るのはただ痛いほどの空しさ
この世のものでは埋めることができない

帰れ、聖なる鳩よ、帰れ
ここちよい安息の使者よ
貴方を悲しませたあの罪が憎い
私の胸から貴方を去らせたあの罪が

私が今までに最も愛した偶像
それがどんなものであろうと

偶像をその王座から降ろす力を与えたまえ
そして貴方だけを崇拝することができるように
（ウイリアム・クーパー）

主よ　今日私の心の中を
過ぎることのない熱意で満たしてください
聖なる火をこの心に灯し
時が天から生まれた力を
侵し枯らすことのないように
私はあなたの聖なる意志に捕えられ
あなたの聖なる決意をすべて満たします
わたしの人生の一つ一つの努力は
熱狂的な讃美を永遠の王にうたう
わたしは誓う　この日から墓に入るまで
あなたの忠実なしもべになることを
（レオナード・レイブンヒル、八六歳の時、
一九九四年二月十二日午前二時三十分に書き上げる）

第7章　神は私のすべてを求める

神はリバイバルにおいて何を求めておられるのでしょうか。主の目的は何でしょう。もちろん父なる神が、その御子の栄光が讃えられるのを喜び、また多くの魂を収穫することが主の御心であることはわかっています。しかしその他に主が求めているものがあります。それは私です。主は私から完全な忠誠、無条件の献身、汚れのない愛、ゆるぎない責任を切に欲しておられるのです。全能の神はあなたのすべて、そして私のすべてを求めておられるのです。これがリバイバルのルーツなのです。主はそのしもべに対して絶対的な所有権を主張されるのです。

残念なことに、リバイバルは非常に密なものになり得ると同様に、自分たちの外側にあること、外見だけのものになってしまうことも可能なのです。神が人に劇的に触れられ、彼らが泣き、卒倒するのを目撃し、神の啓示に人々は驚きます。ところが、そうしながらも見物人の域を超えていないのです。この国の罪について語り、モラルの低下や人種差別を嘆き、無数の中絶や口にするのも嫌な不品行を憂い、蔓延する麻薬の悪用や無残な殺人に嫌気をさすことはできます。それでも焦点は私たちの外側にあるのです。「私ではなく、アメリカが悲惨な状態にあるのだ」

ついでに堕落した教会のことや、私たちの力のない言葉や弱々しい行いを悲しみます。それでいて、どちらかというと重点は「私たち」より「彼ら」に置かれるのです。問題は、私たちがその一部に過ぎない抽象的な「体」にあるのです。しかしそれがリバイバルの真髄ではありません。神はもっと深く探っておられます。主は私を指差しておられるのです。

リバイバルが必要なのは「私」が罪を犯したからであり、「私」の心が冷え切ったからであり、「私」の人生が妥協だらけになったからなのです。神は「私」の心の中に再び燃える炎を起こされたいのです。「私」の中の情熱に火をつけたいのです。これこそがリバイバルの根源にあるものです。主はその花嫁を聖めておられるのです。主がその教会を、一人ひとり再生して下さっているのです。神が直接手をかけて下さるとは、なんとすばらしい体験でしょう。

主はモーセに言われた通り、ねたみ深いご性質なのです。「**あなたはほかの神を拝んではならないからである。その名がねたみである主は、ねたむ神であるから**」(出エジプト三四・14)　主よりも何かを、誰かを優先するのは偶像礼拝なのです。

偶像礼拝――そうです。それは他の神々への忠誠を意味します。私たちがそれを嫌なことと思うなら、主はその何倍もそれを嫌がるということを忘れないでいましょう。というのも、私たちが主のものとなるために主は血を流されたからです。今こそ偶像を粉々にする時です。神のためにのみ生きる時が来たのです。今こそ主への責任に没頭し、主と徹底的な関係を持つ時です。それ以下のことで主は満足するでしょうか。

私たちの中には、この「世」において先のことなど考えず、羽目を外して遊びふけった者もいました。体と心を罪に明け渡し、喜んで情欲や放蕩に身を投じたのです。しかし今は状況が変わりました。もっとひどい方向に。悪魔のために健康を害した者もいましたが、今は主のために名誉を捨てることもしません。

敵のために刑務所に入った者もいましたが、今は友達のために祈り会にも行きません。サタンのためにがむしゃらな者もいましたが、今はイエスのことになると恥じらいを持つのです。

地獄のために燃えていた者もいましたが、今は天国のことになると生温い気持ちしかないのです。全く辻褄が合いません。

一時は私たちも、一切の見返りもなくすべての犠牲を払ったため、自分自身を自由に捧げました。ところが今は、神がすべての犠牲を払われたこと(ひとり子の死)、すべての益となるものを私たちは拒んでいるのです。いったいどうなっているんでしょう。リバイバルは物事を正しくします。神が求めておられるものは、私たちのすべてです。そして私たちが新しくされたとき、私たちも主のすべてを望むのです。まるで完璧な夫婦関係のようです。リバイバルは雅歌八章六、七節の叫びを表現します。

私を封印のようにあなたの心臓の上に、

封印のようにあなたの腕につけてください。
愛は死のように強く、
ねたみはよみのように激しいからです。
その炎は火の炎、すさまじい炎です。
大水もその愛を消すことができません。
洪水も押し流すことができません。
もし、人が愛を得ようとして、
自分の財産をことごとく与えても、
ただのさげすみしか得られません。

リバイバルとは愛の主張なのです。あなたは自分の妻をどのくらい愛していますか。あなたは自分の夫をどれだけ深く愛していますか。あなたは自分の子供をどれほど真剣に愛していますか。神のあなたに対する愛は、果てしなく強く、深く、真剣なのです。主はあなたを愛するあまり、心を痛めておられます。

主はあなたのために心が疼(うず)かれるのです。

主はあなたを思い焦がれるのです。あなたの主に対する感情はどうですか。あなたの心の叫びはダビデと同じでしょうか。

神よ。あなたは私の神。
私はあなたを切に求めます。
水のない、砂漠の衰え果てた地で、
私のたましいは、あなたに渇き、
私の身も、あなたを慕って気を失うばかりです。
私は、あなたの力と栄光を見るために、
こうして聖所で、あなたを仰ぎ見ています。
あなたの恵みは、いのちにもまさるゆえ、
私のくちびるは、あなたを賛美します。(詩篇六三・1〜3)

このような切実な主の求め、切羽詰まった渇き、強い飢えこそがリバイバルの特徴なのです。それはあまりにも劇的な神との遭遇であり、思わず「あなたの愛は命よりすばらしいものです」と叫ばずにはいられないものです。主以外に何が必要でしょうか。そして主も私とあなた以外に何が必要でしょうか。

ダンカン・キャンベルが語った次の言葉を聞いてください。

「私の必要性、そしてあなたの必要性は、神が働くことのできる土台になっているだろうか。

飢えこそが、本当の飢えこそが神を必要とするのである。そして私たちが満たされないのは、神に飢えていないからなのである…」
新生というのは常に罪の自覚からくるものであるが、聖めというのは欲求の自覚から来るものである。讃美歌にも次のように表現されている。

「我が魂はいつ安息を見つけるのか
苦しみ闘いはいつ終わるのか
我が心が救い主によりとらわれんことを
主に恐れをなし、罪を犯すことがないように」

ここには欲求の叫びがある。ここには飢えそのものが表現されている。ここには神への純粋な思い焦がれがある。ここにこそ神がご自身を注ぐ器があるのだ。

あなたは神を誰よりも、何よりも欲しますか。神は確実にあなたを欲しておられます。主の欲求は主自身と同じくらい無限なのです。主は自分の息子を捧げることでそれを証明されました(これ以上の行為があるでしょうか?)。そしてイエスがその命を投げ出して私たちにすべてを与えて下さったように、主は私たちにも同じ献身を期待されるのです。実際のところ、聖霊については次のことが言えると思います。主にすべてを捧げれば、主もあなたにすべてを捧げられます。あなたの人生の祝福されたい部分を単純に主に明け渡すのです。問題はいつも「神が私たちに何をくれる」ではなく、「私たちが神に何を捧げるか」なのです。主は主の所有するものには微笑みかけて下さるのです。

主があなたのすべてを所有して下さっていますか。本当にすべてを。出し惜しみをする時ではありません。完全な服従には選択の余地などありません。するしかないのです。神はあなたのすべてを「要求」されます。そのようなことを言われると困りますか。

よく聞いてください（特にあなたがフルタイムのクリスチャンの「働き人」である場合は。もちろんある意味では誰もがフルタイムの働き人なわけですが）。神はあなたの才能を第一に求めておられるわけではありません。あなたの時間だけを求めておられるわけでもないのです。主はあなたがほしいのです。主の要求は完全です。それは「主の働き」をも超越します（主の働きも、やがてただのパフォーマンスになる場合があります。他人よりパフォーマンスがうまい人もいるのです）。主の要求は公の生活をも超越します（二重生活を営んでいる人、またはクリスチャンを知っていますか。あなたはどうですか？）。主はあなたの個人の生活よりももっと深いものを探しておられます（私たちの中には習慣的なクリスチャンがいます。行動は正しく、献身もいつもスケジュール通りです。でも何か大切なものが抜けているのです）。神はあなたの心がほしいのです。

なんと核心に触れることでしょう。

すべてのごまかしを排除するのです。

偽物を洗い流すのです。

私の動機、思い、野望、欲望、最も内なる存在、これらのものを神はすべて要求しておられるのです。私は自分のものではないのです。

パウロはコリント人への手紙で次のように書きました。

あなたがたのからだは、あなたがたのうちに住まれる、神から受けた聖霊の宮であり、あなたがたは、もはや自分自身のものではないことを、知らないのですか。あなたがたは、代価を払って買い取られたのです。ですから自分のからだをもって、神の栄光を現わしなさい。（第一コリント六・19～20）

パウロはコロサイ人への手紙でも次のように書きました。

こういうわけで、もしあなたがたが、キリストとともによみがえらされたのなら、上にあるものを求めなさい。そこにはキリストが、神の右に座を占めておられます。あなたがたは、地上のものを思わず、天にあるものを思いなさい。あなたがたはすでに死んでおり、あなたがたのいのちは、キリストとともに、神のうちに隠されてあるからです。私たちのいのちであるキリストが現われると、そのときあなたがたも、キリストとともに、栄光のうちに現われます。（コロサイ三・1～4）

兄弟姉妹、あなたは死んだのです。
イエスが今あなたのいのちなのです。
ペテロも次のように書きました。

このように、キリストは肉体において苦しみを受けられたのですから、あなたがたも同じ心構えで自分自身を武装しなさい。肉体において苦しみを受けた人は、罪とのかかわりを断ちました。こうしてあなたがたは、地上の残された時を、もはや人間の欲望のためではなく、神のみこころのために過ごすようになるのです。あなたがたは、異邦人たちがしたいと思っていることを行ない、好色、情欲、酔酒、遊興、宴会騒ぎ、忌むべき偶像礼拝などにふけったものですが、それは過ぎ去った時で、もう十分です。」(第一ペテロ四・1〜3)

今こそ主の御心を行う時です。

イエスがその血を流されたのはそのようなためだったのです。「また、キリストがすべての人のために死なれたのは、生きている人々が、もはや自分のためにではなく、自分のために死んでよみがえった方のために生きるためなのです」(第二コリント五・15)

主のために生きることができるように、イエスは私たちのために死なれたのです。これは基本中の基本です。いわば「クリスチャン入門篇」といったところです。残念ながら現代のアメリカの教会(私たちの多くを含みます)にとって、それは非常に大きく不可能にさえ感じる目標なのです。しかし、新しくされた聖徒にとって、それは飲み食いするのと同じくらい普通のことなのです。イエスは私たちの一切のことにおいてすべてであり、私たちの人生はすべて主にあるのです。

アイルランドの熱烈な伝道者W・P・ニコルソンは、「神の愛」と「神の地獄」という二つのテーマを語ることで知られていました。彼はどちらのテーマも力強い信念をもって説きました。しかし彼の説教はその祈りの生活から生まれ(毎朝六時に起き正午まで誰にも邪魔されることなく、祈りの格闘にささげた)、その祈りの生活は主への献身的愛情から生まれたのです。

ニコルソンの祈禱生活が結んだ最も益のある実は、彼自身とキリストとの間に生まれたとても親密な親交であったかもしれません。ニコルソンはその著書“On Towards the Goal”の中でこう書いています。

「主を信じて歩む人のうちで、主を知るほどには、私は彼らを知らない。私が主を知っているのと同じようには、私の妻や母を知らない。私が主を知っているのと同じようには、私の親友を知らない。主と私は親交を持ち、それゆえに共に歩く。また、私の所有するもので、主のものでないものはない(注2)」

これこそ真のリバイバルの本質、そして真髄であり、イエス・キリストの親密な訪れ、そして交わりです。

あなたは主をそのくらいよく知っていますか。主はあなたがもっと深いレベルで交わるように招いておられます。

主はあなたを主のそばに呼んでおられるのです。主はあなたに主のそばに来てほしいのです。あなたの言葉・行い・持ち物ではなく、あなた自身がほしいのです。主はあなたに完全な聖なる者となってほしいのです。聖なることの本質は神に捧げた人生なのです。

もちろん、聖なることをあくまでも外面的な規準として片づけてしまうのは簡単です。しかし、アンドリュー・マレーはこのことに関してその記事の中で核心に触れました。

「聖なるものになるということは人生のすべてを、すべての部分を聖なる神の支配下に置くということです。すべての聖徒、すべての力を神の祭壇に捧げるということです。…聖なるものというのは私たちの中にある神の部分なのです。…聖なる物事というのは自分を捨て、聖霊とイエスの御姿を着るということです(注3)」

「聖さ」というのは私の中に神がおられること、私が神の中にいることです。主の愛に埋もれた人生のことなのです。「聖さ」は私が完全に主のものとなり、主が完全に私のものとなることです。全霊を傾けた「聖さ」以外のものを求める必要があるでしょうか。完璧な献身こそ求めるべきものです。

「でもそんなことあまりにも難しい」とあなたは涙を流して言います。その気持ちはわかります。私も経験しているからです。自分で自分を持ち上げるのは容易ではありません。慢性の罪を克服するのは難しいものです。幻滅し、凝り固まったクリスチャンに新しいことを教え込むのは難しいことです。何度も希望が打ち砕かれた後にまた信じるのは容易ではありません。しかし答えがあるのです。

あなたに必要なのは、新鮮な神のいのちなのです。あなたには、より個人的で親密な神の知識がもっと必要なのです。あなたの必要なものは神にあります。そして神はすぐ近くにおられます。主のリバイバルの存在で空気は満ちています。今こそ信じる時です。

全身全霊で神を求めてください、あなたの救い主であり友である方に叫んでください。主はあなたの涙を無視したりしません。主はあなたの訴えを拒みません。あなたの長年の挫折と切望は天国の口座に入りました。今、霊的な投資が満期を迎えたのです。待ち焦がれていたものがついにやって来たのです。主のすべてを願い、主にすべてを捧げてください。これはいやおうなしの祈りであり、それは非の打ちどころのない結果をもたらします。答が出るまで止まってはいけません。主は戸のところに立っておられます。

讃美歌作家であり聖書学者であるエドウイン・ハッチの言葉に耳を傾けてみましょう。

神の息よ、我に息を吹きたまえ
新たないのちで我を満たしたまえ
主の愛するものを我も愛することができるように
主のすることが我もできるように

神の息よ、我に息を吹きたまえ
我の心が清くなるまで
主と共に御心が一つとなる

その時まで我は行い耐え忍ぶ

神の息よ、我に息を吹きたまえ
我がすべて主のものとなるまで
我の肉なるところが
主の聖なる火で灯るまで

これ以下のものを願うことができますか。

リバイバルとは常に聖なることの再生である。そしてそれは強い罪の自覚で始まる。この罪の自覚の形が、リバイバルについて読む者を悩ませる場合が多い。時にその経験は人をくじけさせることもある。涙が止まらなくなる人もおり、もっとひどい場合もある。しかし罪の自覚の涙と悲しみのないリバイバルなど存在しないのである。…一九〇六年の中国でのリバイバルでは「全く異常な罪の自覚が記録された」。一九二一年にアメリカ東部の英国国教会の多い漁港ローストフトやグレートヤーモスで始まったリバイバルでは、屈強な漁師が罪の自覚のために、文字通り卒倒した。ある目撃者はその様子をこう表現した。「私のまわりは神にあわれみを乞う魂にあふれた戦場のようであった」

（ブライアン・エドワーズ著書 revival: A people Saturated With God）

確かな罪の意識から始まらなかった霊的リバイバルは今までにない。

（W・グラハム・スクロジー）

第8章　罪の自覚

「これが罪の自覚なら、地獄はいったいどのようなものなのだ?」

これは一八二九年、冬の凍りつくような寒い夜に、ペンシルバニア州のレディングで、驚いたある伝道師が発した言葉です。この伝道者は熟練の牧師であり、説教の途中で悲鳴をあげたり泣いたりさえして深い罪の自覚に襲われた人を多く見てきましたが、今、彼が目のあたりにしているのはこれまで目撃したものよりもっと強烈なものでした。

伝道者は真夜中に緊急の呼び出しを受けました。意志の強い、たくましい、クリスチャンでない男性が福音集会に参加して罪悪感に襲われたのです。この男性は家に帰った後、自分の罪のあまりの重さに体をねじ曲げ呻き始めたのです。彼の家族はこれを見て、何とかしなければ死んでしまうと恐れ、ただちに伝道者を呼んだのでした。そこで伝道者チャールズ・フィニーは、ひどい吹雪の中、エイモス・バックの家へと赴いたのでした。

バックはクリスチャンの妻と結婚していましたが、神に対して何の興味も示してはいませんでした。この夜はたまたま福音集会に参加し、フィニー曰く「彼は説教を聞いて心を打ち砕かれた」のでした。

フィニーは家に近づき、「数百メートル先から呻き声、いやどちらかというと喚き声が聞こえた」と回想しています。しかしその後に見たことは、フィニーも予想していないことでした。

「私が家に入ると、彼は妻と思われる女性に頭を支えられ、床に座っていました。その時の彼の表情といったら、全く形容の仕方がありませんでした。私は深く罪を自覚した人は見慣れているつもりでしたが、正直言って彼の顔を見た時は大きな衝撃を受けました。彼は苦悩のあまり悶え苦しみ、歯ぎしりをし、痛みのあまり舌を噛み切りそうでした。彼は私に叫びました。『ああ、フィニーさん。私はどうしていいかわかりません。私の魂は迷ってしまったのです』彼はその他にも私を驚かせることをいくつか叫びました。私はその状況を見て思わず『これが罪の自覚なら、地獄はいったいどのようなものなのだ？』と言ったのを憶えています」

フィニーは、しばらくしてやっと彼に手を差し伸べることができました。「彼の重荷はやがて取り除かれました。私は彼に救い主を信頼するよう説得し、彼は自由になり、喜びと希望にあふれました」こうしてエイモス・バックは神によって生まれ変わり、レディングでのフィニーの最初の回心

者となり、一八四一年に六〇歳で亡くなるまで立派なクリスチャンとして主に仕えたのでした。(注1)

確かに感動的な話です。しかし滅多にない話でしょうか。そうでもありません。

リバイバルではお馴染みの情景なのです。たとえば謀反人がそれまで闘ってきた王と直面したら、いったいどのような反応を示すでしょうか。自分が一巻の終わりだと察し、いよいよ殺されるとわかった時にはどうするでしょうか。汚れた罪人が聖なる主に遭遇し、自分が完全に弁解の余地がないと悟ったら、どのようなリアクションが当たり前でしょうか。または、薄汚れた違反者が「純粋で汚れのない方」のまぶしい威光の中に立たされ、自分の無力さ・不潔さ・汚点を自覚した時にはどんな反応を示すでしょうか。または幼児虐待者が天のお父さまの御顔を見たなら。または殺人者がいのちを与える方を見たなら。または法を破る者が「全地の裁き人なる方」の前に立つ時は。その時なんと大きな罪の自覚が来ることでしょう。これは聖霊さまと「御言葉(みことば)」の働きなのです。

「罪の深い自覚をもたらすこの圧倒的な神の臨在こそ、真のリバイバルの特徴でしょう…。神が心に入られる時、聖くされた心にとってそれは天国であり、罪の自覚を持つ心にとってそれは地獄となります」(注2)

このことが現代にもどれだけ必要なことでしょうか。私たちには過ちを悟らせ回心させる主の剣が、天から放たれる火の矢が、王座から発せられる新たにさせられる御言葉が必要なのです。私たちには大人の男性を跪(ひざまず)かせ、高慢な罪人を悶え苦しませ、金持ちや有名人の妄想を砕き、麻薬にはまるティーンエイジャーをその呪縛から解き、霊的に盲目な目をただちに開き、覆われたものをさらし、隠されたものを明るみに出す、そんな説教が必要なのです。

ダンカン・キャンベルはこう書いています。

「一九四九年のヘブリディーズ諸島でのリバイバルのもう一つの特徴は、大きな罪の自覚があったということで、時にはそれがあまりにもひどく、絶望感に陥る者もいました。不安を心に抱いた者があまりにも悩むため、途中で説教を止めなければならないことも度々ありました。彼らは心の感情や罪悪感の重みをいろいろな言葉で表現しました。ジョン・ニュートンはこう表わしました。

私は心を探りそのやましさを悟った
それは私を絶望へと投げ入れた
私は主の血を流し
十字架につけた私の罪を見た

ウイグ教会区では、ある限りのトラックやワゴン車が人々を教会へ運びましたが、それでも足りなく、何マイルも徒歩で来た人がたくさんいました。しかし彼らにとって距離は関係なく、集会が続くことを彼らは知っていました。最初の集会に遅れても二回目、三回目に間に合うこともできたからです。沼を渡り丘を越えて若い男女がやって来ました。暗闇に松明を灯す彼らの目的はただ一つ、やましい心に平安を得、胸の中の嵐を鎮めるために『千歳の岩』に身を避けるためなのです(注3)」

重い罪の意識はリバイバルの礎石なのです。一八五九年のアイルランドとグラスゴーのリバイバルの証人はこう説明しています。

「主は言われた。『慰め主が来る時、彼は世にその罪を知らしめす』。罪人に真の慰めを与えることのできるのはこれのみである。『平和』を説いていてはだめなのである。放蕩した者は自分の必要と悲嘆を知り、父の元に帰る決心を自分でしなければならない。医者を必要とするのは健康な者ではなく、病める者なのだ。主は人の心に自責の念の矢を放つことでその働きを始める。そうして心が不謹慎で、かたくなな者は主の前に倒れるのである。そういう者は肉による安心の長い眠りから目覚め、自分が地獄への道を歩んでいることに気づくのである。その時、彼らは破滅の深淵に飲み込まれる想いにかられる。心のせめぎの不安が彼らの目覚めた意識を抑えつける。もはや神の霊の戦いを拒むことはできない。彼らはこれ以上、永遠の裁きに対して目を閉じることができないのである(注4)」

厩舎の馬糞掃除をする人は、馬糞だらけでも、馬・騎手・その他の厩舎で働く人に囲まれている分には自分が汚いとは思わないでしょう。ところが、その同じ人がそのまま結婚披露宴にいたら、彼は突然叫ぶでしょう。「自分はとんでもなく汚れている」と。同じように情欲を燃やし、嘘をつき、欲の深い、神を認めない「平均的な」罪人も、他の罪人の間では自分がそんなに悪いとは思わないでしょう。事実、箴言には人は自分の行ないがことごとく純粋だと思う、とあります(箴言一六・2参照)。しかしその同じ罪人を全能なる神の裁きの席に着かせたら、罪人は突然叫ぶでしょう。「もうだめだ。私は終わりだ。もう行くところがない。どうか手遅れになる前に憐れみを」

聖霊に満たされた説教者は、簡単な説教を裁きの日の予告に変えることができます。すべてが明るみに出るのです。そして明るさのあるところには熱があるのです。一九〇四年にウエールズのリバイバルが興る直前、エバン・ロバーツの友人はW・W・ルイスの説教をこう形容しました。

「この力強い神の人は天からの力を帯びていました。私たちは良心の咎めを感じずにはいられませんでした。誰もが自分の心が恐ろしくなりました。私たちは最後の審判の光に照らされたのです(注5)」

しかし、現在このような聖霊に満たされた説教者はどこにいるのでしょうか(やたらと叫ぶだけの人ではなく、本当に聖霊に満たされた伝道者です)。心の砕かれたリバイバリストはどこにいるのでしょうか(見せかけやパフォーマーではなく、真に心の砕かれたリバイバリストです)。燃えるようなメッセージ(そしてメッセンジャー)はどこにいるのでしょうか。生きて働いている神の言葉はどこにあるのでしょうか。たくさんあっていいはずのものが少ないのです。

何も救われる人すべてが悶え苦しまなければならないわけではなく、皆が何日も何週間も罪の呵責に悩まさなければならないというわけではないのです。しかし現在では、ほんの数分間だけ罪の呵責に悩まされる罪人さえ見かけることが少なくなりました。人の心はなんと変わってしまったことでしょう。

今ほど、教会の指導者が油注ぎについて多く語るわりには、指導者に油注ぎがほとんどない時代はありません。かつてこれほど福音のメッセージが無難で、生温く、弱いことはありませんでした。今までにこれほど鈍い剣や無害な「真実」が多いことはありませんでした。悪魔を脅迫しないことでさえもひどいというのに、私たちは罪人はおろか、聖徒達さえもほとんど咎めることがないのです。

今、講壇の土にこそ油注ぎが必要なのです。講壇における聖霊の油注ぎは、会衆の中に働きを起こし、やがて社会の中に働きを起こします。牧師が動けば、教会全体が動機づけられます。火は「伝染する」のです。しかしマシュー・ヘンリーが言ったように「語り手の唇で凍るような言葉は、聞き手の心を溶かすことはない」のです。

主よ火を送りたまえ。
その金槌を用いたまえ、造り主よ。
剣を抜きたまえ、主よ。

わたしのことばは火のようではないか。また、岩を砕く金槌のようではないか。——主の御告

げ。（エレミヤ二三・29）

神のことばは生きていて、力があり、両刃の剣よりも鋭く、たましいと霊、関節と骨髄の分かれ目さえも刺し通し、心のいろいろな考えやはかりごとを判別することができます。造られたもので、神の前で隠れおおせるものは何一つなく、神の目には、すべてが裸であり、さらけ出されています。私たちはこの神に対して弁明をするのです。（ヘブル四・12〜13）

両刃の剣が容赦なくものを切り刻むことができるのであれば、主の言葉は果たしてどうでしょうか。主の言葉はどんな両刃の剣よりも鋭く無限に浸透するのです。実に切れ味見事なのです。伝道者が神と会い、主の重荷を経験し、心を探り、魂の動機を探し、人間的な快楽主義のこの社会の殻を突き通すことができたら、どんなにすばらしいことでしょう。そうすれば罪人は「永遠」というものの啓示の前にひれ伏し、主の聖徒は常しえの真実によって奮起するでしょう。聖なる器はどこにいるのでしょうか。神に捕えられた者はどこにいるのでしょうか。明確に主の言葉を語るしもべはどこにいるのでしょうか。アメリカの大覚醒の日々にギルバート・テネントが語るのを聞いたジョージ・ホイットフィールドがこう言いました。

「私はいまだかつてこれほど心を探られる説教を聞いたことがない…。彼は人の心を切り開く術を習得している。偽善者は彼の説教を聞いてすぐに改心するか、怒り狂うであろう」(注7)

ホイットフィールドやジョン・ウェスレーと同世代のウェールズ人ハウエル・ハリスは「まるで地獄に行ったことのあるように地獄について語った」(注8)と言われています。それこそ罪の呵責を伴う説教です。人間的に学んだ者の言葉とはどんなに違うことでしょう。

「この世界は『聖なる説教者』と自負しながら、一度も偉大なるシナイのもとに脅えたこともなく、カルバリの前に自分の恥のためにひれ伏したこともなく、ペンテコステの息によって自分の存在を無とされたことのない説教者がいることは遺憾なことである。主があなたにしたことを証しなさい。しかし苦難なしで得たことを説く者は、使い道のない銀のように神に見放される覚悟をするがいい[注9]」

「本物」の人は「本物」を見抜きます。他人を刺激するには、自分が刺激されていなければなりません。事の重大性・緊急性を理解している者こそが警告のラッパを鳴らすことができるのです。時々、リバイバルでの説教は、罪人を永遠の断罪というとんでもない現実へと突然目覚めさせるのです。マシュー・ヘンリーは、「(主が言うところの) 地獄の断罪とは神の怒りの火が罪人の罪悪感を締めつけ、言い表わすことのできない永遠の苦悩を思い知らすことである[注10]」と言いました。

恐ろしいことです。罪人が見上げると突然、罪の雪崩がその罪人に怒濤のごとく押し寄せ、神と人に対して行なった犯罪が濁流となって罪人の全意識を満たすのです。それはその罪人自身の罪であり犯罪なのです。罪人が無視し、馬鹿にし、軽蔑した方の前において有罪、有罪、有罪なのです。他に責任を負う人も、一緒に罪責感を分かち合う人も、弁解できる相手もいないのです。主の怒りと裁きが罪人を待つのです。そこには抜け道もなく戻ることもできません。これが主の法廷での罪の自覚なのです。

私たちが信じた瞬間に来る恵みというのは、なんと貴重に感じることでしょう。神の子が私たちのために死んで下さるとは誰が想像できるでしょう。チャールズ・ウェスレーは自作の歌でこう表現しています。

「彼が受けた傷は五つ、
カルバリで負ったもの。
その傷は効き目のある祈りを注ぐ、
私のために嘆願をしながら。
彼を赦したまえと傷は哭く、
その罪人を死なせてはならない(注11)」

イエスは罪人の仲介人となられるのです。イエスは、神と変質者・テロリスト・レイプ犯・無神論者・偶像礼拝者・偽善者・大量殺人者との間の仲裁に入られるのです。イエスはそのすべての罪の代価を払って下さるのです。イエスは彼らが負うべき判決を受けられるのです。そしてイエスは彼らをその王国へと招き入れ、家族の一員とし、その義と平和と喜びを提供して下さいます。すばらしい神の恵み。主の驚くべき救い。真の罪の自覚は奥が深いというのも納得がいきます。

ニューヨーク市史上最も悪名高い連続殺人犯人、デビット・バーコウィッツ、別名「サン・オブ・

サム」は現在では完全に悔い改めた、喜びに満ちた神の子です。イエスの血は最も汚らわしい罪人を聖くすることができます。それは瞬間的に起こり得ることなのです。バーコウィッツは刑務所の中で聖書を読み、生まれて初めてそれが生きたものとなり、その言葉が飛び出して彼の心を打ったのです。毒は流れ出し、恵みが注ぎ込まれました。元殺人者であるバーコウィッツの刑務所仲間の一人は、丸一日神の炎に囲まれているように感じ、自分の独房で神の憐れみを乞い、叫びました。彼も今は天に属する聖徒です。

主よ、このような劇的な回心を毎時間与えてください。私たちの町に、学校に、職場で、大学のキャンパスで、ハリウッドで、スポーツの世界で。毎日人の人生を変えてください。主と出会う恵みを与えてください。

一八五九年のベルファーストで興っていたリバイバルを調査するために当地に赴いたバーバー・ジョンストン牧師は、多くの罪人が罪の呵責にみまわれたという、ある青年の目撃談に心を動かされました。

「それはまるで人が裸にされて真っ赤になった鉄棒の上に寝かされるようであった、とその青年は言った。打たれた人はまるで地獄にいるようで、苦しみに喘ぎ、周りは一切見えず、神が助けを施すまでは全く無力な状態であった。彼は言った。『あんな光景は忘れることなどできない。静かに見守って、神のなさる恐るべき業を見ている他なかった(注12)』」

すでに数週間前に主に心を開いた後に深く罪に陥っていたある若い女性は、祈り会の終わりに突然何かにつかまれたようになりました。

「ちょうど会が終わろうとしていた時、若い女性が大きな悲痛の声で激しく泣き出した。彼女は腕を思いきり振り上げ、自分の髪を引っ張り始めた。彼女は隣の部屋に運び出された。彼女はひどく絶望的になっており、祈ることすらできなかった…。彼女は自分の罪を露見し、その罪の恐れに気が狂いそうだったのだ。彼女には慰めがなかった。イエスの救いは私にはない、と彼女は言った。彼女はときおり祈ろうとしたが、もはや声にならなかった。彼女は自分の罪を思い、激しく叫ぶと、体を震わせ、再び絶望に陥った。自分を傷つけるのを防ぐために、四人がかりで彼女を押さえつけなければならなかった。全く悲惨な状況だった。そこにいた若い説教者の一人は言った。「何の希望もなしに罪の呵責にある状態というのは初めて見た」(注13)

この可哀相な女性にやがて希望が見えたとき、その魂は「安らぎ」の本当の意味を悟った。また別の若い女性は、文字通り打たれて床に倒れてしまい、別の部屋に運ばれた。

「その女性は床の上に寝ており、とんでもなく痙攣していた。突然目覚めた罪の意識に心が引きちぎれんばかりだった。彼女は最も深い絶望と暗闇の中にいるようであり、言葉をかけるのは無意味だった。彼女の唯一の叫びは『主イエス、今夜どうか私の魂にあわれみを』だった。

激しい苦悩のうちにそう叫びながら、彼女は地獄へと沈んでいくのを感じ、イエス以外に助けてくれる者はないと知ったのである(注14)」

魂を求める聖霊さまの深い働きとはこういうものなのです。罪の意識が目覚めた者の燃える苦しみとはこういうものなのです。初めて神の視点から罪を見るからです。しかし、現代の私たちの教会の中では、このレベルの自覚はどこにあるのでしょうか。

現代のメッセージと多くの回心の浅薄さを象徴するものがあるとすれば、それは罪の自覚があまりにも欠落してるということです。心は堅くなり、説教はあまりにもソフトになっているのです。

二人の若い男性が自分の親を殺した後にアイスクリームを食べに行っているのです。小児性愛者が組織を作り、大人と子供のセックスを助長しています。中絶専門の医者は一日何時間も働き、生まれる前の人間を殺して大金を稼いでいるのです。小さな子供が人体をばらばらに引き裂く残酷な映画を見飽きているのです。そして、こういった我が国最悪の倫理的な危機の最中にあって、説教者の多くは会衆を楽しませることしか考えていないのです。

聖霊が「無感覚」というよろいを破り、「冷淡」という盾を突き刺す時に起こることなど誰が想像できるでしょうか。救われていない者の多くが、その混乱した意識をかきたてられた時に経験する苦悶は、誰も推測することができません。彼らがこの世で神に、そして自分の罪に面と向かう時、いったい何が起こるのでしょうか。それは忘れられない光景になるでしょう。そして彼らの人生に起こる激変も簡単には忘れられることはないでしょう。リバイバルにおける罪の自覚がありますように。

一九六〇年代と一九七〇年代にインドネシアで興ったリバイバルは、その超自然的な行いの証言に多少大袈裟なものがあったにせよ、全く驚くべき神の御業を見ました。ある経験豊かなインドネシアの宣教師はこう言いました。「私が聞き、そして見たことの中で最もすばらしいことは、人々が罪を自覚し、救い主の必要性を知ったことです」

良いことというのはたいてい時間がかかるものなのです。私たちはいつも急いでなければいけないのでしょうか。自覚作用が起こるのにまかせてはどうでしょうか。緊急・時間に追われる・忙殺される・抑えつけられるということは仕方がありませんが、未熟というのとはまた違います。霊的な種植えが深いと、霊的な収穫もその分長いのです。神は人の心に深く働きかけるのです。

どんな罪人であろうと、その人の背景がどうであろうと、罪の呵責はやがてその人を見い出します。いわゆる「善良な、道徳的な、きちんとした」人でも、その最も内なる自己が露わにされると、打ち砕かれてしまうのです。実際、信仰の中に育てられた人にとって、それは強烈なものになるときもあります。主はそうやすやすと彼らを見逃しません。彼らには多くが与えられ、多くが要求され、そして神に感謝すべきことに、多くが彼らのためになされるのです。

チャールズ・スポルジョンは六歳の時にすでに清教徒について勉強していました。お気に入りの本は『天路歴程』で、聖書もこよなく愛し、年長者を深く尊敬していました。罪人としては、彼は多くの聖徒よりも敬虔でありました。しかし長年にわたり、特に汚れなく生きていた十代初期の頃に、スポルジョンは自分が神の律法を破っていることを深く自覚していたのです。彼は生まれ変わる必要があったのです。アーノルド・ダリモアはその著書で次のように記しています。

「ついに彼は自分にこう言い聞かせた。『私は何かを感じなければならない。何かをしなければならない』彼は行ないによって救われることができるなら、背中を鞭打たれたり、苦難な巡礼をする覚悟があった。しかし彼はこう告白した。『最も簡単なことを、私はものにすることができなかった。そのこととは十字架に架かったキリストを信じ、その完全な救いを受け入れ、自分を無にし神をすべてとし、何かを行うのではなくすでに神が行なって下さったことに信頼をおく、ということである』」

やがてスポルジョンは耐えられなくなりました。「人間よりはカエルかヒキガエルだった方がいいと私は思うようになった。最も汚れた生き物でも私よりはましだと考えた。なぜなら私は全能の神に対して罪を犯したからだ(注16)」

さらにスポルジョンは晩年こう述べました。「罪の邪悪さを再び発見するぐらいなら、七年間重病にかかった方が良い(注17)」

天路歴程の巡礼者が十字架の啓示を受けた時に背中の重荷が取れたと同じように、スポジョンのくびきがやがて取れた時、彼は赦されたことを知りました。しかしダリモアはこう書いています。

「彼が通り抜けた苦難は、彼に多大なる影響を与えた。罪の恐ろしさの認識が彼の思いに深く根ざし、不正をひどく嫌い、聖なることを愛するようにさせたのである。彼が聞いた説教者が福音を語らず、そしてそれを簡素に直接語らなかったことが、スポルジョンにその働きの間は毎回説教の中で、罪人に最もストレートにそしてわかりやすいように救われる方法を説くようにさせたのである。

さらに、こういった試練は将来だけのためのものではなかった。彼のキリストに対する愛はあまりにも強く、わずか一五歳であったにもかかわらず、今すぐ神のために何かをしたいという思いにかられたのである(注18)」

スポルジョンが罪の自覚をもたらす説教の、人生を変える力を激賞したのもうなずけます。彼はこう言いました。

「深く苦い罪の意識を色濃く持った霊的な経験というのは、それを持つ者にとって大きな価値をもたらす。それは飲み込むのはつらいが、心にとって、そして残りの人生においても最も有益である。

多分、現在の薄っぺらな信心の多くは、この福音的な日々において、人があまりにも簡単に平和と喜びを獲得することに起因するのであろう。最近の回心者を批判する気はないが、我々は魂を涙の十字架へと導き、自分の汚さを思い知らされてからすべてを聖めてくれる霊的な経験を好むものである。
多くの人は罪を軽く見、それゆえに救い主をも軽く見てしまう。自分の神の前に立ち、罪を自覚させられ咎められ、首に縄をかけられた者こそが、赦された時に喜びで泣き、自分が赦された悪を憎み、その血によって聖められた贖い主のために生きるのである」(注19)

受ける価値のない者に与えられる神の愛の啓示は、かたくなな心の持ち主をも和らげることができるのです。ロバート・マレー・ミチェーンはスコットランドのダンディーでの一八三九年のリバイバルで起こったことをこう書きました。

「ある時は、刺されたような声を上げて人が叫ぶのを聞いた。このような厳粛な光景は何人かの伝道者の説教の時に見られ、時にはとても柔軟な福音の招きの時に起こった。たとえばある時などは、伝道者が「主はすべて愛に満ちている」という言葉についてやさしく語っていた際に、一つの文を言う度に、ほとんどと言っていいほど誰かが苦しみの叫びを上げて反応していた。このような時には、あまりにも打ちのめされて、一人では歩くことや立つことができない人を見た」(注20)

すばらしい主イエス。神の愛にはなんという罪の呵責の力があるのでしょうか。主の善、そして私自身の悪の啓示こそが、一九七一年に私を麻薬から解放したのです。私は真に自由になりました。測り知れない恵みがあります。

伝道者たちよ、捕われた者に解放を宣言しなさい。預言者たちよ、主の強烈な言葉を告げなさい。牧師たちよ、あなたの会衆の心に触れなさい。自覚させ、改心させ、慰めなさい。露見し、警告し、備えなさい。明かにし、生き返らせ、新たにしなさい。真実から遠ざかってはいけません。

聖徒を強くし、罪人を恐れさせなさい。柔和な者の基礎を建て上げ、高慢な者の砦を破壊しなさい。悩める者を慰め、快適に慣れすぎた者を悩ましなさい。神のメッセージをその名前にふさわしく伝えなさい。我が友よ、福音を語りなさい。それはすばらしく、栄光に満ちたことなのです。

私には今一度、天の呼び声が聞こえます。求む、聞こうとしない世代のための預言者。求む、目の見えない人々のための確かな番人。求む、罪を自覚させる説教者。

死からいのちへ！　古いいのちは後方、下へ。新しいいのちは前方、上へ。門の中に。見たこともない不死の光景！

子供たちは携拳で手をたたいていました。喜び叫んでいました。彼らは床の上を笑いながら転げまわり、喜びで跳ねたり、踊ったりしました。神々しい天の住まいの栄光が、彼らの顔の上を照らしているように、彼らの顔は天上の喜びで輝いていました。それは喜びの町でした。「言葉に尽くすことのできない、栄えに満ちた喜び！」

（H・A・ベーカーは中国の若者対象のアドニラム・レスキュー・ミッションで、聖霊が注がれた時、乞食たちに起こったことを思い起こしました）

一七二七年、一〇月のある朝、モラビア派の上に聖霊が下ってから、聖霊がどのように働きを始められたかを、その歴史は語っています。聖餐式をしていました。彼らは、まだ地上にいるのか、それとも、すでに死んで天国にいるのか、辛うじて認識しつつ、外へ出て行きました。数百年間、モラビア派の特徴は喜びです。彼らの喜びは、努力して造ったものではありません。彼らの喜びは内側からのものです。

（A・W・トウザー　When He Is Come）

喜びは、神の臨在の最も確実な徴です。

（テヤール・ド・シャルダン）


神との親密な交わりの結果は喜びです。

（オズワルド・チャンバース）


あなたは、私たちを再び生かされないのですか。あなたの民があなたによって喜ぶために。

（詩篇八五・6）


あなたは、あなたの子供たちが、あなたのまわりで、至上の幸福で喜んでいるのを願われます。ですから、私たちを再び生かしてください、リバイバルが大きな喜びをもたらします。花の咲かない春や、光のない昼があり得ないように、主の喜びのない真のリバイバルはありえません。

（チャールズ・スポルジョン　詩篇八五・6を念頭に）

第9章　言葉に尽くすことのできない栄えに満ちた喜び

リバイバルにはなぜ大きな喜びがともなうのでしょう。それは、なぜ海には水があるのですかと聞くようなものです。喜びのともなわないリバイバルは考えられません。

詩篇の作者は言いました。「**あなたの御前には喜びが満ち**」(詩篇一六・11)

神はリバイバルの中に住まわれます。そして神の民は栄光に満ちたご臨在の中に導かれます。イエスさまは罪人が悔い改めるなら、神の御使いたちに喜びがわき起こると教えられました(ルカ五章)。リバイバルが興るとあちこちで罪人たちが悔い改めます。天使たちは喜びます。イエスさまも喜ばれます。私たちも喜びます。

涙の後には喜びがあり、苦しみの後には慰めがあると聖書はいっています(詩篇三〇章、マタイ五章)。リバイバルでは罪の責め苦は歓喜と変わり、悩み苦しみは感謝の歌へと変えられます。神の民は聖めを体験し、聖めは幸いな心となります。重荷は取り去られ、厄介な重荷は取り除かれ、解放感に包まれます。囚われ人に解放の時がやってきました。

その日、あなたは言おう。「主よ。感謝します。あなたは、私を怒られたのに、あなたの怒りは去り、私を慰めてくださいました。」見よ。神は私の救い。私は信頼して恐れることはない。ヤハ、主は、私の力、私のほめ歌。私のために救いとなられた。あなたがたは喜びながら救いの泉から水を汲む。（イザヤ十二・1〜3）

リバイバルになぜ喜びが伴うのでしょうか。聞く必要もないことです。主が民の間ですばらしい御業をなされているからです。長い間、待ち望んでいた神の訪れが、ついに来たからです。天の窓が開き、祝福が降り注がれています。飢え渇いた心に恵みが大波のように押し寄せてきます。家族は和解し、人々の人生が変えられます。祈りは劇的な方法で応えられ、御霊の現れは御子イエス・キリストを証し、永遠のいのちが現実のものとして迫ってきます。どうして喜ばずにいられるでしょうか。

初期のクリスチャンたちは喜びに満たされていました。

「そして、（イエスは）祝福しながら、彼らから離れて行かれた。彼らは非常な喜びを抱いてエルサレムに帰り」（ルカ二四・51〜52）

もし、イエスさまの召天をその目で見、新しいいのちは単なる夢ではないことがわかった時、あなたはどうしますか。あなたも喜んだでしょう。

初代クリスチャンたちは、イエスさまと自分を一体化することに喜びを抱きました。イエスさまのためにむち打たれることは喜びでした。

「使徒たちを呼んで、彼らをむちで打ち、イエスの名によって語ってはならないと言い渡したうえで釈放した。そこで、使徒たちは、御名のためにはずかしめられるに値する者とされたことを喜びながら、議会から出て行った。」（使徒五・40～41）

ゆえにパウロとシラスは、真夜中、獄舎で鎖につながれ、むちで打たれ、開いた傷口から血が流れました。そのような状態にあっても彼らは、主を讃美し歌うことができたわけです。主のために苦しめられました。主がされたことと同じことをされました。イエスさまは言われました。

「わたしのために迫害されるものはおどり上がって喜びなさい。」（ルカ六・23）

そのような喜びは伝わります。パウロとシラスの苦しみと痛みは祝福となり、二人の喜びは看守と彼の家族全員を救いへ導きました。そして新しく救われた者は喜びに満たされました。**「それか**

ら、ふたりをその家に案内して、食事のもてなしをし、全家族そろって神を信じたこと心から喜んだ。」（使徒一六・34）リバイバルを証する聖書の「使徒の働き」は喜びの本です。

ピリポはサマリヤの町に下って行き、人々にキリストを宣べ伝えた。群衆はピリポの話を聞き、その行っていたしるしを見て、みなそろって、彼の語ることに耳を傾けた。汚れた霊につかれた多くの人たちからは、その霊が大声で叫んで出て行くし、大勢の中風の者や足のきかない者は直ったからである。それでその町に大きな喜びが起こった。（使徒八・5〜8）

水から上がって来たとき、主の霊がピリポを連れ去られたので、宦官はそれから後　彼を見なかったが、喜びながら帰って行った。（使徒八・39）

弟子たちは喜びと聖霊に満たされていた。（使徒一三・52）

聖霊が語り、聖霊が奇跡をなし、聖霊が回心に導く、このようなことに驚きを感じませんか。初代クリスチャンは真理を証し、真の結果を産み出しました。

リバイバルでは、強い罪の責めを感じます。前の章で説明しました。しかしすぐに大きな解放感と喜びに圧倒されます。罪人が憩いへと導かれるのです。喜びは罪の責め苦より、大きく長く持続します。

いくつかの大学で興ったリバイバルについて、Ｊ・エドウィン・オーは言っています。

「過去の記録や、二〇世紀半ばの報告によると、罪責感のみじめさと罪を認め告白する時の苦悩は、常に赦しの解放感と喜びにとって変えられると言えます。赦しと喜びは罪責感の苦しみを被い隠してしまいます。ベテル大学で一九四九年に起こったことを目撃された方は決して忘れることができないでしょう。多くの学生はカフェテリアに長い列をなして立ち、美しい天国のようなハーモニーで解放の歌を歌い、喜びに酔いしれていました(注1)」

もし私たちの心を充分主に明け渡し、メスを入れていただき、探っていただき、覆いを取りはずしていただき、ふるい分けていただくなら、主の働かれた後にもっと大きな喜びが神の民のなかに起こるでしょう。もし私たちが罪と真剣に対処し、その根を引き抜く、問題の真の原因を悟り、安易な問題解決に走らないことを学ぶならば、救いをいただいた民は勝利へと導かれ、失われた魂は真の救いへと到達するでしょう。オー師は「心の準備が充分でなかったり、心を深く探ることを省略するなら、全きリバイバルをもたらすことはなく、すぐに火は消えるでしょう(注2)」と記しています。

私たちは時として深みがないゆえに喜びを失います。主の喜びは深いものです。試練のまっただ中にいる時も喜びはそこにあります。すべての望みが消え去ったように思える時にも喜びはそこにあります。なぜでしょう。神がすべての支配者であられ、神は私たちの味方です。ですから私たちは勝利者として喜ぶことができます。私たちが肉に信頼せず、解放者なる神に目を向ける時に、神は私たちを失望させることはありません。ですから私たちはどんな時も主にあって喜びます。

主の喜びは空しい心を満たし、空の器をあふれさせます。しかし自己満足している者には神の満たしを体験することができません。まず神は肉的な防衛手段や汚れを取りのぞき、新しい衣を与えます。

喜びを体験する前に、泣いたり、うめいたりすることがありますが恐れないでください。神のメッセージを聞いた結果、心が痛んだとしても、決して失望に終わることはありません。必ず喜びに変わります。聖霊があなたの心を深く探られますが恐れないでください。もしあなたの汚れを聖霊により見せられても気落ちしないでください。神はそのこともずっと知っておられ、そのうえであなたを愛しておられるのです。

聖霊の導きに身をゆだねてください。心の最も奥深くまで探っていただきましょう。神の恵みが深く浸透してきます。聖霊の火による聖めを体験した後に、大きな感動と喜びがあなたに訪れるでしょう。新しく造り変えられた喜びに小踊りします。リバイバルの喜びは新しく造り変えられた結果与えられるのです。聖霊に従順になることによって満たしが与えられます。神に従うところに喜びがあります。

今日、私たちは泣くことなしに喜ぼうとし、苦しむことなしに慰められようとし、生みの苦しみを体験することなしに生もうとし、罪の責め苦を感じることなしに解放を願います。心臓移植の必要な者に、カラフルな模様のついたバンドエイドを胸の上に張りつけます。現代的霊的哲学を使い、ガン患者に飴を与えたり、悪霊のとりこになっている人々に、こっけいな物語を語って聞かせます。効果はありません。

しかし、主は本物を与えたいのです。ある程度の痛みが伴うとしても、その痛みは耐える価値はあります。完全ないやしがなされるからです。

イスラエルのカレンダーを思い出してください。第七月の一日はラッパが吹き鳴らされる日です。目覚めさせるためのものです。九日後、その月の一〇日は贖罪の日です。(注3) イスラエルの伝統では、これらの日は畏怖の日と呼ばれ、魂を探り、心を聖める時です。贖罪の日をラビたちは、その日と呼び、人々は、主の御前に聖められるために断食し、罪を悲しみ、告白し、悔い改めがなされました。

その四日後には仮庵の祭りがあります。喜びの時であり、八日間続きました。悲しみの日は一日のみで、その後には八日間の喜びの日々があります。神のあわれみ深い心を見ることができます。全き悔い改めが大きな喜びをもたらします。

目覚ましのラッパの音や、心を探る時、悔い改めの時をないがしろにしないでください。もし神の方法に従うなら、深く、持続する喜びを知るでしょう。

もちろん、あまり罪責感を感じることなく短時間で救われる罪人もいます。神のすばらしさを知り、すぐに恵みを受け取る人もいます。そのような人々は、深い悔い改めなしに喜びを体験し、それほどの罪の責め苦も感じることなく赦しを体験します。神は御心のままに働かれる方です。すべての人は違います。それぞれ違った救いの体験をします。

チャールズ・フィニーは、私たちの知らないことを知っていたとは思いませんか。それは、彼はどのようにしたら救われるかを人々に教えなかったということです。ただ、人の目をじっと見つめました。もし見つめ返すことのできた人は、自分の罪を充分に恥じてはいない証拠でした。それでも、多くの人々が救いの招きに応じ、前に出てきました。彼らはそれほど罪の責めを感じて恥じている様子はなく、天国へ帰るよりは、自分の家へ早く帰りたくて仕方がないようでした。彼らが人生の最後まで神に従わなかったのも理解できます。しかしリバイバルの時になると、本当の意味での回心をもたらし、本物の回心は喜びをもたらします。

さて、七十人が喜んで帰って来て、こう言った。「主よ。あなたの御名を使うと、悪霊どもでさえ、私たちに服従します。」イエスは言われた。「わたしが見ていると、サタンが、いなずまのように天から落ちました。確かに、わたしは、あなたがたに、蛇やさそりを踏みつけ、敵のあらゆる力に打ち勝つ権威を授けたのです。だから、あなたがたに害を加えるものは何一つありません。だがしかし、悪霊どもがあなたがたに服従するからといって、喜んではなりません。ただあなたがたの名が天に書きしるされていることを喜びなさい。」ちょうどこのとき、イエスは、聖霊によって喜びにあふれて言われた。「天地の主であられる父よ。あなたをほめたたえます。これらのことを、賢い者や知恵のある者には隠して、幼子たちに現してくださいました。そうです、父よ。これがみこころにかなったことでした。」(ルカ一〇・17〜21)

主の与えて下さる喜びに感謝します。主の喜びほど私たちに充実感を与えるものはありません。主の喜びほど、私たちをリフレッシュするものはありません。主の喜びほど私たちを新しく造り変えるものはありません。主の喜びは活力を与えてくれます。イエスさまの喜びが私たちに与えられるのです。「わたしがこれらのことをあなたがたに話したのは、わたしの喜びがあなたがたのうちにあり、あなたがたの喜びが満たされるためです。」（ヨハネ一五・11）

イエスさまは私たちがその喜びの中に留まり、その喜びにあふれるばかりに満たされることを望んでおられます。「あなたがたは今まで、何もわたしの名によって求めたことはありません。求めなさい。そうすれば受けるのです。それはあなたがたの喜びが満ち満ちたものとなるためです。」（ヨハネ一六・24）その喜びをいつまでも握りしめておくように望んでおられます。

まことに、まことにあなたがたに告げます。あなたがたは泣き、嘆き悲しむが、世は喜ぶのです。あなたがたは悲しむが、しかし、あなたがたの悲しみは喜びに変わります。女が子を産むときには、その時が来たので苦しみます。しかし、子を産んでしまうと、ひとりの人が世に生まれた喜びのために、もはやその激しい苦痛を忘れてしまいます。あなたがたにも、今は悲しみがあるが、わたしはもう一度あなたがたに会います。そうすれば、あなたがたの心は喜びに満たされます。そして、その喜びをあなたがたから奪い去る者はありません。（ヨハネ一六・2〜22）

誰も私たちの喜びを奪い取ることはできません。喜びは出来事に左右されません。感情や気分によっても左右されません。神の一方的な恵みであり、神の恵みによってもたらされるものです。外部からのどんな要因も喜びを取り去ることはできません。「喜びは問題の不在にあるのではなく、キリストの臨在にある（注4）」とウィリアム・バンダー・ホーベンは言いました。ピューリタンの働き人であるウォルター・クラドックは「聖徒をどんな状態の中に入れたとしても、主に喜ぶ道を必ず見つけ出すであろう（注５）」と言いました。パウロは牢獄でこの真理を証明しました。

すると、どういうことになりますか。つまり、見せかけであろうとも、真実であろうとも、あらゆるしかたで、キリストが宣べ伝えられているのであって、このことを私は喜んでいます。そうです、今からも喜ぶことでしょう。たとい私が、あなたがたの信仰の供え物と礼拝とともに、注ぎの供え物となっても、私は喜びます。あなたがたすべてとともに喜びます。（ピリピ一・18、二・17）

そしてパウロは私たちに喜ぶよう命じています。「最後に私の兄弟たち。主にあって喜びなさい。いつも主にあって喜びなさい。もう一度言います。喜びなさい。」（ピリピ三・１a、四・４）

喜びは努力して得るものではありません。Ａ・Ｗ・トウザーは次のように言いました。

「クリスチャンを名のる者は多くいますが、彼らには喜びがありません。喜びを得ようと頑張っています。皆さん、もし神に教会の座るべきところに座っていただき、キリストを主と認め、御名を高く揚げ聖霊におゆだねするなら、喜びは自然にわいてきます。人間的な努力は必要ありません。泉のごとく喜びはわき出ます。イエスは『心の奥底から生ける水の川が流れ出るようになる。』と言われました。それは御霊に満たされている集いの特徴です。喜びに満たされており、この世の子供たちとは、ただちに見分けられます（注6）」

主の喜びは私たちの力です。

神の律法を民に読んで聞かせ、明確に説明をしました。人々は読まれた律法を理解しました。総督ネヘミヤ、祭司であり学者であるエズラとレビ人は民に言いました。「きょうは、あなたがたの神、主のために聖別された日である。悲しんではならない泣いてはならない。」人々は律法を聞き泣いていました。ネヘミヤは民に「行って、上等な肉を食べ、甘いぶどう酒を飲みなさい。何も用意できなかった者にはごちそうを贈ってやりなさい。きょうは、私たちの主のために聖別された日である。悲しんではならない。あなたがたの力を主が喜ばれるからだ。」（ネヘミヤ八・8〜10）

もし、私たちが絶えずしいたげられ、失望していたら、主の戦いをどうやって戦い抜くことができるでしょう。、もし私たちの明かりが消えそうになっているなら、暗闇を照らす光となることができるでしょうか。もし、私たちが冷たく渇いていたら、どうやってこの世を火で燃やすことができるでしょうか。私たちの心には喜びが必要です。天から触れていただくことが必要です。主にあって喜ぶことが必要です。

神ご自身は、喜びにあふれた心を持つ人々が多く集まっている場所を好まれます。「私たちが暗い家に住みたくないように、キリストは喜びのないところには、これ以上留まりたいとは思われません」（注7）とウィリアム・ガーナルは書いています。

もうこれ以上の暗い礼拝や、憂鬱な安息日、眠気を催すような説教は必要ありません。イエス・キリストは墓からよみがえられたのです。喜びましょう。

喜ばずにどうやって主の近くを歩くことができるでしょう。イエスさまは母の胎におられる時から、喜びを与えておられました。バプテスマのヨハネの母、エリサベツは妊娠中のマリヤに言いました。「ほんとうに、あなたのあいさつの声が私の耳にはいったとき、私の胎内で子どもが喜んでおどりました。」（ルカ一・44）

天使たちがイエス・キリストの誕生を羊飼いたちに告げました。「恐れることはありません。今、私はこの民全体のためのすばらしい喜びを知らせにきたのです。」（ルカ二・10後半）

喜びの福音！　それは私たちの信仰の土台です。贖いの時がやってきたのです。

荒野と砂漠は楽しみ、荒地は喜び、サフランのように花を咲かせる。盛んに花を咲かせ、喜び喜んで歌う。…その時、盲人の目は開かれ、耳しいた者の耳はあけられる。そのとき、足なえは鹿のようにとびはね、おしの舌は喜び歌う。荒野に水がわき出し、荒地に川が流れるからだ。焼けた地は沢となり潤いのない地は水のわくところとなり、ジャッカルの伏したねぐらは葦やパピルスの茂みとなる。（イザヤ三五・1～2、5～7）

イエスさまは特別な喜びの油注ぎを受けておられました。「あなたは義を愛し、不正を憎まれます。それゆえ、神よ。あなたの神は、あふれるばかりの喜びの油を、あなたとともに立つ者にまして、あなたに注ぎなさいました。」（ヘブル一・9）

救い主は「悲しみの人で病を知っていた」だけの人ではありません。彼は「ご自分の前に置かれた喜びのゆえに」（ヘブル十二・2）十字架のはずかしめを耐え忍ばれました。ゆえに、私たちはキリストにあって喜ぶことができるのです。「あなたがたはイエス・キリストを見たことはないけれども愛しており、いま見てはいないけれども信じており、ことばに尽くすことのできない、栄えに満ちた喜びにおどっています。」（第一ペテロ一・8）

もちろん試練やテストは来ます。しかし、喜びの川があふれるのを、長い間留めることはできません。

そういうわけで、あなたがたは大いに喜んでいます。いまは、しばらくの間、さまざまの試練の中で、悲しまなければならないのですが、信仰の試練は、火を通して精錬されてもなお朽ちて行く金よりも尊いのであって、イエス・キリストの現われのときに称賛と光栄と栄誉に至るものであることがわかります。（第一ペテロ一・6〜7）

私の兄弟たち。さまざまな試練に会うときは、それをこの上もない喜びと思いなさい。

信仰が試されると忍耐が生じるということを、あなたがたは知っているからです。（ヤコブ一・2～3）

試練は私たちを強くし、戦いは信仰を勇敢にします。主の恵みに力を得、火の中から、より強くなり出てきます。そして主の恵みは私たちを喜ばせます。

感謝しつつ、主の門に、讃美しつつ、その大庭に、はいれ。主に感謝し、御名をほめたたえよ。主はいつしみ深く、その恵みはとこしえまで、その真実は代々に至る。（詩篇一〇〇・4～5）

私たちには喜ぶ充分な理由があるのです。

しかし、何があなたの喜びになっているでしょう。喜びのないクリスチャン生活は復活のいのちのない生活です。井戸にもう一度帰る必要があります。

三〇〇年前、リチャード・バックスターはチャレンジを与えました。

「私は落胆しているクリスチャンに考えてほしいことがあります。それは、彼（彼女）の重く不快な生活態度は、公然と世の中の人々に神はいかに厳しく、むごく、受け入れがたい主人であり、神への奉仕は悲しく、不愉快であるかを物語っており、神と神の御業を非難しているように思えます。もちろん、あなたにそんな意図はありません。神があなたを傷つけたわけではありません。自分自身の問題なのでしょう。あなたの生活が重く感じるのは、あなたが聖いからではなく、聖くないのではないかと恐れているからです。あなたはそれ以上、聖くなれないでしょう。以前の主人に仕えていたときは楽しそうにしていたのに、現在の主人にはいつも悲しそうに仕えているしもべを見ると、現在の主人は彼（彼女）を悲しませていると思いませんか。あなたは神の栄誉のために生まれました。新しく生まれ変わりました。その神に対して、あなたは世の人々の前で不名誉を返すつもりですか。あなたの表情や態度で神を非難するのですか」（注8）

私たちの生活は世に何を宣言しているのでしょうか。真の喜びは他の宗教や信仰からは得ることはできません。真の喜びは見分けられます、目立ちます。

私たちがリバイバルを必要とする理由は、リバイバルなしには新約の標準に近づけないからです。

詩と讃美と霊の歌とをもって、互いに語り、主に向かって、心から歌い、また讃美しなさい。いつでも、すべてのことについて、私たちの主イエス・キリストの名によって父なる神に感謝しなさい。（エペソ五・19〜20）

キリストのことばを、あなたがたのうちに豊かに住まわせ、知恵を尽くして互いに教え、互いに戒め、詩と讃美と霊の歌とにより、感謝にあふれて心から神に向かって歌いなさい。あなたがたのすることは、ことばによると行いによるとを問わず、すべて主イエスの名によってなし、主によって父なる神に感謝しなさい。（コロサイ三・16〜17）

これを標準のクリスチャン生活と呼ぶことができるでしょう。リバイバルが私たちを標準に戻してくれます。

私たちは簡単に喜びを失います。罪を犯したとき、神の御心のうちにいないとき、主との交わりが不足するとき、不信仰なとき、物質主義やこの世のものを愛したとき、長期的な攻撃を受けて落ち込んだとき、苦味やプライドのあるとき、福音を正しく理解していないとき、どんな小さなものであろうと神の祝福を求めなかったとき、律法主義に陥ったとき、人の欠点に目を留めたとき、批判的な霊に捕らわれたとき、クリスチャンとの交わりが不足するとき、礼拝と感謝が不足するとき、人や状況に信頼しすぎたとき。ありとあらゆる場合に喜びを失います。しかし、神の臨在の中に入ると、一瞬にして喜びは回復されます。リバイバルは回復をもたらします。リバイバルは喜びをもたらします。リバイバルは新しいいのちをもたらします。リバイバルは私たちの目を、イエス・キリストへと向けさせます。主を見ることはすばらしいことです。

イエスさまに焦点を合わせることが喜びの秘訣です。他に方法はありません。それは本当に奥義です。世には多くの困難、苦労、痛みがあります。救い主を拒否し嘲笑する人々がいます。彼らは罪の中に滅んでいきます。どのように喜ぶことができるでしょう。

イエス・キリストを見上げることによって、です。イエスさまとともに泣き、悲しみ、とりなし、彼の重荷を共に負うことによってです。私たちは病んでいる人々、苦しんでいる人々、生みの苦しみ、激痛の中にある人々の祈りが応えられるために献身します。私たちは表面的な問題解決は求めません。ワルツを踊りながら人生をスイスイと生きるのではなく、問題に真っ向から直面します。私たちは現実的で、冷静で、思いやりがあります。私たちはイエス・キリストの苦しみを共に負いますが、彼の復活の力にもあずかっています。この復活の力は死を打ち破ります。

祈りは必ず応えられます。解放といやしが起こります。毎日、毎分、罪人が贖われます。敗戦ではなく勝利の響きが天にこだまします。私たちの神は失望しておられません。リバイバルに心が刺激されるとき、罪責の痛み、天罰の恐れ、失われた魂に対する深い痛み、主との交わりによる喜びが回復されます。永遠の喜びです。来たるべき世の栄光――永遠、不滅、神と神の家族との完全な交わり――を垣間見る時、私たちの心は喜びで満たされます。あなたには主の喜びがありますか。

ハウエル・ハリスが一七〇〇年代、ウェールズのリバイバルで初めて用いられた時、彼のメッセージは地獄の恐怖で人々を震えあがらせました。人々は彼の言葉に胸を刺され、深い悲しみで悔い改めに導かれました。その当時も教会は大きく二つに分かれてしまいました。キリストの体にできた壁に主は失望されました。

しかし、その後、悔い改めは人々の心を変えました。教会は再び一つにされました。このリバイバルは「讃美、楽しみ、飛び上がるほどの喜び」に象徴される、とハリスは言いました。主からの回復はなんと栄光に満ちたものでしょう。「**ああ、イスラエルの救いがシオンから来るように。主が、とりこになった御民を返されるとき、ヤコブは楽しめ。イスラエルは喜べ。**」（詩篇一四・7）

もし、教会が今これを体験するなら、明日はイスラエルが体験するでしょう。そうすれば主は大いなる喜びをもって楽しまれるでしょう。

シオンの娘よ。喜び歌え。イスラエルよ。喜び叫べ。エルサレムの娘よ。心の底から、喜び勝

ち誇れ。主はあなたへの宣告を取り除き、あなたの敵を追い払われた。イスラエルの王、主は、あなたのただ中におられる。あなたはもう、わざわいを恐れない。その日、エルサレムはこう言われる。シオンよ。恐れるな。気力を失うな。あなたの神、主は、あなたのただ中におられる。救いの勇士だ。主は喜びをもってあなたのことを楽しみ、その愛によって安らぎを与える。

（ゼパニヤ三・14～17）

神は喜ばれ、私たちのただ中で歌われるでしょう！

神は民が聖められる時、民が神とともに歩む時、民が新しくされる時、喜ばれます。リバイバルを神は喜ばれます。

イギリス人よ、あなたがたは私たちウェールズ人を非難、攻撃し「ジャンパーズ（跳舞者）」という。しかし、私たちウェールズ人もあなたがたに対して言うことがあり。断言できることは、あなたがたは「スリーパーズ（眠る人）」です。

（ダニエル・ローランズ、ウェールズのリバイバリスト、ジョン・ソーントン、イギリス人の非難に応答して）

絶え間なく続く妨害と混乱の会議でした。継続性のある秩序だった会議でした。あなたは聞かれるでしょう、どのように両者の間に調和を保つのか。何もしません。両者が混在していました。私の生涯で初めて体験したことでした。祈りは突然始まった歌により妨害され、秩序は全く存在しませんでした。祈りはやがて歌となり、証となりまた歌となり、何の指導もないまま、何時間も何時間も続きました。その時なされた三つのことです。――讃美・祈り・証。

（G・グロリー・キャンベル　Glory Filled the Land）

厚かましさ、不規則さや迷いを観察しました。これらの変化は驚くにあたりません。この状態はしばらく続きましたが、これまで続いた死んだような状態が取り扱われるためです。

（ジョナサン・エドワーズ、Jonathan Edwards on Revival）

第10章　震え、飛び跳ね、聖なる無秩序

震え、飛び跳ね、聖なる無秩序――これらはリバイバルに伴って見られる現象のほんの一部です。良いこと、悪いこと、どちらでもないことがあります。天国的なものや、地獄的なものや、人間的なものがあります。新しい油注ぎの火や、偽りの火、人間的な火があります。上からのものがあり、下からのものがあり、中間からのものがあります。回心をもたらすものがあり、混乱をもたらすものがあります。区分される必要があります。

確かなことが一つあります。もし、あなたが興奮することが好きでないなら、リバイバルはあなたに向いていません。墓場のような静けさを好むのなら、リバイバルの一部をなす雑音はあなたにとって問題となるでしょう。リバイバルは新しいいのちをもたらします。新しいいのちは興奮に満ちています。

もし、感情表現が好きでないなら、ルカによる福音書一五章で放蕩息子の帰りを喜んだ父親に対して静まるように注意してください。祝いや歌は不必要でしょう。使徒の働き三章でいやされた足の不自由な男性に感情をコントロールするように言ってください。宮で飛び上がり、喜ぶことは不適切です。第二サムエル六章でダビデ王が公衆の面前で繰り広げた馬鹿げたショー、跳ねたり、踊ったり、くるくる回ったりすることを止めてください。彼は自分自身を卑しめました。それは王にとっては威厳に関わることでした(誰かが、そのことを指摘しました。彼女の名前はミカルです。その結果、彼女には死ぬまで子供がなかったのです。[第二サムエル六・23])。

ハウエル・ハリスは200年以上も前にこのように言いました。

「ある人が借金のため投獄され、決して出られる希望もありませんでした。しかし、東インドにいる親戚は彼の状況を聞き、彼の借金を肩代わりしてくました。思いもよらず、彼は解放されました。彼が我慢できず、ダビデが神の箱の前で飛び跳ねて踊ったように踊ったとしたら、彼を責めますか。彼が騒いでいたとしても大目に見ませんか(注1)」

リバイバルの場合はこれよりも、もっと興奮します。罪人は赦されます。終身刑の人が釈放されます。神は人々を訪れています。それがリバイバルです。

なぜリバイバルには多くの感情表現がなされるか理解できます。ほとんどの場合は良いものです。神は私たちに感情を与えて下さいました。心を尽くし、思いを尽くし、神を愛し祝福するためにです。真の礼拝は常に厳粛でなければならないと考えておられる読者は、もう一度聖書を読み直してください（天から触れていただく必要があるかもしれません）。心からの讃美は葬式の進行とは全く異なります。

バプテストの伝道者であるバァンス・ハバナーは言いました。

「土曜日のフットボールの試合ではインディアンのコマンチ族のように叫んでいた教会の信徒が、日曜日には木製のインディアン像のように教会で座っている」[注1]

それは保守的であるのと何の関わりもありません。悲しいことではありますが、ほとんどの信者は主に対してよりも、この世に対する方が生き生きとしています。

リバイバルの時には、大きな変化を体験します。信徒は信徒らしくなります。信徒らしく礼拝します。信徒らしく神に応答します。フットボールの試合で叫ぶより、もっと教会で叫ぶようになります。もし、本当に神を信じるならば。

アズサ通りで、全く新しい経験によりすばらしい興奮に包まれる体験をした信徒たちは、初期ペンテコステ派として知られています。彼らの感情的な情熱は非難されました。彼らはホーリー・ローラーズ（床を転げ回る者）、喧嘩派（どなりちらす者）、ホーリー・キッカーズ（蹴る者）などと呼ばれました。彼らの熱狂的な信仰心は嘲られ、誤解されました。

ちょうど初期メソジスト派の人々が彼らの情熱を嘲られたのと類似しています（英語では狂信的と言われています）。無学な者も文化的な者も、両者とも（主に）捕らえられ、変えられ、接続されました。時として極端に人間的な行動があったとしても、彼らの行動は驚くにはあたりません。

リバイバルには感情的反応を超えた、もう一つの要素があります。永遠性についての啓示に突如打たれるとき、特に神の臨在を初めて体験する場合、適切に反応しようと考える余裕もありません。反応が起こることは（反応と呼べるのであれば）瞬間的であり、避けることはできません。思慮深い人が思わず鋭い釘を踏みつけてしまったとします。その後、彼は自分の足にいったい何が起こってしまったのかと、静かに注意深く考えこむでしょうか。それとも、自動的に叫ばないでしょうか。彼が図書館のような静かな場所にいたとしても大きな声で叫ばないでしょうか。デリケートな若い女性の手の上に大きな毛深い蜘蛛が飛びかかって来たとします。彼女は適切なエチケットの説明書にそって、彼女の頭の中でまずリハーサルをするでしょうか。彼女が大切なランチョンに出ていたとしても、まず飛び上がって震えないでしょうか。

リバイバルの体験は釘を踏んだ痛みや、蜘蛛に煩わされるよりも魅力的で強烈なものです。私たちは人々の魂や、天国や、地獄について話しています。神について話しています。リバイバルを小さな小包に入れてしまえると思うことはなんと愚かなことでしょう。リバイバルが電気のスイッチのように点けたり消したりできると考えることは馬鹿げています。このような考え方をする人々はリバイバルの驚くべき、力強い性質には無知さを曝け出しています。彼らは消し方を知っているだけです。再び点けることはできないでしょう。

実際のところ、私たちの大多数は口当たりのいい宗教体験に慣れています。計画され、管理（聖霊によってではありません）されています。神がもはや、生きておられ、力強く働かれているとは思われなくなっています。リバイバルは私たちを居心地悪くします。それは良いことです。なぜなら、居心地の良い宗教は価値がないからです。あなたは聞き慣れないものを聞いたかもしれません(悲しみのすすり泣き、罪責のなげき、解放の笑い)。そして見慣れないものを見たでしょう(打たれたもののよろめき、解放者の踊り)。リバイバルの備えをしてください。

ジョン・ウエスレーの集会で、驚くべき現われが起こり始めたとき、これまでの伝統を破って屋外で集会を始めたジョージ・ホイットフィールドはこれらの不思議な現われのことを聞いて、そのことを批判しました。しかし、ウエスレーは次のように言いました。

「私は神が内面を取り扱われると同時に外面にも現われるこれらの徴について彼と話す機会が与えられました。彼の異論は全くの誤った情報を得た結果だということがわかりました。次の日、彼自身がこれらのことを体験することになりました。彼の説教の後、イエス・キリストの救いを受け入れる招きをしたところ、彼の近くにいた四人がほとんど同時に倒れてしまいました。一人目はただ、静かに横たわっていました。二人目は大きくガタガタ震えていました。三人目は体中が痙攣を起こしたようになっていました。時々うなる他は何の声も発しません。四人目は同じように痙攣を起こしていました。歎きと涙をもって神を呼び求めていました。このときから、私たちは神が最も喜ばれる方法で神に仕えていかなければならないと決心しました」(注3)

同じような現われがホイットフィールドの集会でも見られ始めたとき、彼はその人たちを静めたり、追い出したりしました。しかし、ホイットフィールドが尊敬しているハンテイングドンという一人の婦人はホイットフィールドと違った見方をしました。彼女は偉大な説教者に向かってこのようなアドバイスをしました。「あなたは過ちを犯しています。あなたは神よりも利口になってはいけません。彼らが泣き叫ぶままにしなさい。あなたの説教よりも、神は良きことを彼らにして下さるでしょう(注4)」

私たちも神より利口になろうとしていませんか。それとも、神を信じ、神ご自身の方法で働かれるようにゆだねているでしょうか。

時々、主は主権をもって吹き抜けられ、私たちはそれを感じることがあるし、感情が動かされることもあり、また場所をゆり動かされることがあります。使徒の働き四章三一節で書かれている出来事をよくご存知でしょう。「**彼がこう祈ると、その集まっていた場所が震い動き、一同は聖霊に満たされ、神のことばを大胆に語りだした。**」これを信じますか。これは、数人の力に満たされたテレビ説教者の刺激的な話ではありません。二〇〇〇年前、現実に起こったことであり、現在も起こっていることです。

ヘブリデイーズ(スコットランド西方の諸島)覚醒運動で最も有名な出来事の一つで、ある徹夜祈禱会での出来事を、ダンカン・キャンベルは語りました。一連の教えをするために着いた時、多くの人々は大きな期待をもって待ち望んでいました。しかし、その地域の人々は相対的には福音に対し反抗的でした。一人の執事が彼に言いました。「キャンベル師、神は私たちを包むように臨んでおられ、破れをもたらしそうです」。しかし、集会はいつもと同じように進んでいきました。執事の信仰は変わらず、「失望しないでください。神は来ておられます。天の戦車の轟きが聞こえました(注5)」とキャンベル師に言いました。

その通りです。「天の戦車の轟きです」。以前に聞いたことがあります。この執事はエリヤと語り合ったことがあるのでしょうか。ただ単に宗教的なだけでしょうか。それとも、偽りを語ったのでしょうか。いいえ、違います。その夜、神は力をもって現われました。

執事は徹夜で祈るように提案しました。三〇人ほどの人々が主を求めるために集会所に集まりました。彼らは破れを体験しないまま、祈りの戦いをしました。キャンベルは主が鍛冶屋に祈らせるように導いておられることを感じました。鍛冶屋は三〇分祈り、次のような大胆な祈りで締めくくりました。

「神よ、あなたの誉れが危うくなっているのをご存知ではないのですか。あなたは砂漠に水を送ると約束されたではないですか。あなたは約束を果たしていません」

彼はしばらく祈りをやめ、待ってから、結論の祈りをしました。

「神よ、あなたの誉れは危うぃです。あなたが約束を守られることを、あなたにチャレンジします」[(注6)]

神はどのように祈りに応えられたと思いますか。「花崗岩の家は木の葉のように揺り動かされました」とキャンベルは言いました。現在の科学的な言い方をすれば、微震が起こったと言うでしょう。しかし、キャンベルは使徒の働き四章三一節を思い起こしました。

「私は十二人ほどの男女が床に倒れているのを見ました。彼らは神の語りかけに、ただ静かに横たわっていました。暗闇の力は追い払われました。罪人は解放されました。何かが起こったことを知りました。

私たちが朝三時に集会所を出た時、何が起こったのか理解しました。どこへ行っても、男も女も神を求めていました。田舎道を歩いて行くと、三人の男性に会いました。彼らは神のあわれみを求めて泣いていました。すべての家には明かりが点いていました。誰も寝ようとはしていません」(注7)

村全体が生きていました。神の火で燃えていました。火が天から下り、心に火を点しました。花崗岩でできた家は震え、火のついた人々の心を震えさせました。天からの風が吹き込みました。ふさわしい反応とはどのようなものでしょう。聖霊の火を鎮火させる宗教家たちは、家があまりにも簡単に震えることを批判するでしょうか。

一八六〇年、ティネベリー・リバイバルを観察した、ある教職者が書いています。

「聖霊の力強い働きよりも、私たちの礼節や道理を優先させることはやめましょう。聖霊が栄光により来られるときは、あたかも裁きの火のようです。罪とその危険性に対する圧倒されるような啓示が与えられ、このような事態が起こったときに、一般的な礼節にそった行動を期待することなど、とても無理なことです。突如、大きな地震が起こったときに、大きな物音や危険な状態を無視することが不可能のようなものです。私たちの不完全な見解を聖霊の力と主権にゆだね、より崇高なもの、より荘厳なもの、より革命的なもののために備えをする義務があ

ります」(注8)

私たちは、何と少ししか、神の力の高さ、広さ、長さを知らないのでしょう。何と少ししかリバイバルを知らないのでしょう。

若者たちが打ち寄せる波と戯れている海岸に目をやると、突如、大波が彼らを襲い、彼らは人形のように波に投げ飛ばされました。なぜでしょう。彼らは一〇フィートもある高波を受けたからです。これはリバイバルで教会が体験することです。多くの異常な現われを見ます。人々は崩れ落ちたり倒れたりします。床の上にただ横たわるだけの人々もいます。なぜでしょう。聖霊に打たれたからです。神聖な潮流が押し寄せたからです。王なる方のご臨在に圧倒されたのです。

そのような状況では不思議なことが起こります。時として、主は思いもよらない方法で傲慢な者を謙遜にします。宗教的な偏見を全く裏切り、反対のことをされるかもしれません。事実、ほとんどのリバイバルはつまずきの石も一緒に来ます。大きな声を出す人々がいる礼拝では聖なる沈黙の覆いをかけられることがあるし、静かな人々がいる礼拝では、あちこちで叫び声が上がるかもしれません。笑う人々には涙を、泣いている人々には笑いを与えることがあるでしょう。天国からの試みです。人の計画をくつがえそうとされています。

(The end of the American Gospel Enterprise の“Don't Put Out the Spirit's Fire”参照のこと)(注9)

神は罪を公にされることがあるし、受け取れないほどの祝福を注がれることもあります。そうすると次第に人の肉的なものも現われてきます。神の現われが起こり始めると(真のリバイバルにこれらすべてのしるしが伴うとは限りませんが)、人間的なものが顔を出し始めます。

一九世紀始め、アメリカ西部のケイン・リッジで興ったリバイバルで人々は震え始めました。頭と首がボキボキと大きな音をたてました。長い髪の女性が鞭のようにビシッと音をたてました。本当です。次のようなこともありました神を罵っている一人の酔っ払いが、野外集会で聖霊に捕えられ震え始めました。震えれば震えるほど、彼は神を呪いました。彼は酒をがぶ飲みしようとしますが、うまく口に運べません。ついに、びんを落としてしまい、割れました。冒瀆を連発しました。突如、大きな震えが彼を襲い、首の骨を折り、亡くなりました。(注10) 乱暴な出来事です。リバイバルには乱暴なことも起こります。

どの程度、震えは神からのものでしょう(宗教家を混乱させるためのつまずきの石、解放するための神聖な行為、悔い改めない者への裁きか)。どの程度、無意識の心理的反応があるでしょうか(聖霊が下られると、その瞬間、あなたは何かが震えるのを感じます)。どの程度、わざと意識的に反応するでしょうか。どの程度、悪霊に反応しているでしょうか(神の解放を体験しているか、神の働きに対して悪霊が妨害しているか、どちらかです)。だれが的確に見分けることができるでしょうか。多分、これらすべてが起こっているのでしょう。

一七六〇年代のメソジスト覚醒運動で、ウェールズ人の信徒たちはあまりにも興奮し、喜びジャンプし始めました。ジャンパー(飛ぶ者)として知られています(足なえが飛び跳ね、ダビデ王が踊ったことを忘れないでください)。彼らが開いたある集会は三日三晩続きました。神が働かれたのでしょうか、それとも彼らが人間的に興奮しただけでしょうか。

ある説教者が彼の意見を述べました。「誠実で真面目なクリスチャン（メソジスト）が全く狂ってしまった。惑わしの霊を受けてキリスト教信仰に不真面目と不名誉をもたらした(注11)」

別の説教者は大変異なった見方をしました。


「南ウェールズとグウィネッズの数百人から数千人の人々に激しく御霊が降り注いだ時、大きな興奮が起こり、同時に多くの論争が起こりました。多くの人々は驚きに打たれて言いました。『これはいったいどういう意味だろう』。また他の人は『彼らは酔っ払いだ』と言いました。『彼らは気が狂ったのだ』と言う人もいました。うわさの対象にはなりましたが、誰も彼らを傷つける者はいませんでした」


なぜ見解の相違が起こるのでしょう。当時の最も信頼されている指導者の一人であるウィリアムズによれば、「私たちの魂が天国を味わうと、体も分け前をほしがり、恵みによって呼び覚まされた全人格が嵐のように暴動を起こしているのです(注13)」

霊・魂・体・思い・感情・意思が同時に反応を起こしているのです。

新聞はアズサのリバイバルを取り上げました。次のような典型的な見出しを入れて。

「慈悲深い社会はジャンパーズ（飛び跳ねる人）を取り込む」「黒人、白人入り混じっての宗教狂乱」

「アズサ通り教会のうんざりする光景」「どうやってホーリー・ローラー（床に転がる人）は宗教を手に入れたか」「ホーリー・キッカー（蹴る者）、一三八人に受洗」「ホリー・ローラーの集会は暴動に近い」「異言の賜物は教会を荒らしている」

海岸で行われた洗礼式で、ある一人の男性が非常に激しい発作のため、爪で首を切り裂いてしまいました。彼はレストハウスへ連れて行かれましたが、砂場は彼の血で染まりました。(注14)

懐疑的な記者たちは、アズサ通り教会の熱情家たちが通常の礼拝で、日常茶飯事に「強硬症のひきつけ」を起こしていると考えていました。しかしペンテコステ運動は聖霊の傾注に始まりましたが、人間的な、見せかけの現われがなかったわけではありません。

どんなに努力しても、これを完全に避けることはできません。私たちの集会では、常に人間的な要素と霊的な要素が交差するからです。地上では誰一人として感情や感動を思いのままにできる人はいません。誰一人として完全に御霊に満たされた人はいません。神はご自身が造られた土の器を祝福され、用いられます。時々この土の器は強暴になりますが、神が用いられるのは土の器のみです。

時々外見からでは何が何だかよく理解できないことがあります（「霊で」裸になる人、家具を壊す人、殴り合いをする人々のことを言っているのではありません。そのような場合は、どの霊が背後にいるか、見分けることができます）。エマー・ロバーツが説明しています。

「笑いには下劣な笑いと、神からによる喜びの笑いがあります。涙には自己中心的で世的な悲しみと、神によってもたらされた悲しみがあります。ですから、神からの喜びの表わし方が、世的なものから来るものと似ていたとしても、驚くに値しません(注15)」

問題は、多くの人々は倒れたり、震えたりすることは、霊的祝福の証であると考えていることです。また他の一部の人々は、大混乱の状態になることがリバイバルの目標だと考えています。一七四〇年代のウェールズでの、もう一つの出来事を挙げてみましょう。ダニエル・ローランドは当時、人々の信頼を最も得ていた説教者です。彼の働きを通して、多くの人々の心は感動を受けました。ローランドの説教前の長い祈りが終わると、人々は大声で讃美を始めました。その声はどんどん大きくなり、その目撃者の一人は次のように語りました。

「教会全体が騒がしく混乱していたので、説教者の近くに立っていた私は、説教者の説明を待っていました。説教者は、再び語り始めましたが、彼の説教によって、人々は　再び興奮と混乱の状態に投げ込まれました。ある人々は泣き、他の人々は笑い、女性たちは帽子を引っ張り合い、抱き合い、(馬が飛び跳ねるように)飛び跳ねました。このような光景を見たことはありますか。いいえ。このような光景は精神科の病棟でも見たことはありません(注16)」

人々はまさに神に触れられ、過剰反応してしまいます。また、他の人々は内側に受けた感動を誤った方法で外に表わしてしまいます。彼らは倒れたり、泣いたり、笑ったり、震えたりしたいのです。彼らは感情的、肉体的な表現は霊的祝福の兆候であると考えます。それは、未成熟であるためです。私たちは教会へ気絶したり、床で転げまわるために来るのではありません。神に会いに来るのです。そして、もし、神との出会いによって倒されたり、震わされたり、通路を転がされ、そのまま出口から車まで転がっていったとしても、それはそれでいいでしょう。表面的な現れを追い求めてはいけません。神のご臨在を求めるべきです。「あなたは体験しましたか」ではなく、「あなたは神を知っていますか」が大切なのです。

リバイバルがわき道にそれるのは、イエスさまに焦点を合わせるのではなく、震えや飛び跳ねることに合せるからです。イエスさまを求めるのではなく、笑いを求めるからです。人々を集めるために、聖霊を求める代わりに、センセーショナルなものを求めることは、それほど良い方法ではありません。それは、罪深い、愚かで軽薄な人のすることです。そのようなことはやめましょう。

今日、聖霊の満たしには興奮を覚えます。神のご臨在は大きな興奮を呼びます。しかし、もし、神が他の方法で働かれることにされたのなら、あなたはどうしますか。あなたが作り出しますか。

民数記十一章で、イスラエルの民はつぶやきました。彼らは神の備えに満足できませんでした。彼らはマナではなく、肉がほしかったのです。そこで、神は彼らに大量のうずらを送られました。「地上約三フィートの高さ、どの方向に行っても約一日の道のり」何という祝福でしょう。何という奇跡でしょう。何という神からの応答でしょう。

「肉が彼らの歯の間にあってまだかみ終わらないうちに、主の怒りが民に向かって燃え上がり、

主は非常に激しい疫病で民を打った。こうして、欲望にかられた民を、彼らがそこに埋めたので、その場所の名をきキブロテ・ハタアワと呼んだ。」(民数記十一・33〜34)

私たちはまだ他の食物を欲していないます。ゲッセマネとカルバリの御業だけでは満足していないのです。自己否定、肉の死、罪の性格、忍耐強い祈り、犠牲の愛には恵みを感じていないのです。伝道者アナニヤ、預言者サッピラが、私たちの集会に出席し、その場に倒れて死んだとしたらどうでしょう。彼らは、背後で受け止めてくれるアッシャーは必要ありません。クリスチャンたち！　私たちは目を覚ますべきです。

これは単なる一時的なゲームではなく、人類の魂の宿命が危うくなっているのです。全能で聖い神が、御座におられるのです。神は、神の戒めに逆らおうとする者たちを軽蔑して笑っておられます(詩篇二章)。もちろん、神は滅びゆく民や、青年たちの命が奪われたり、神の民が混乱したり、神の一人子の名前が傷つけられているのを笑っておられるのではありません。しかし、ある人々は霊的祝宴と大騒ぎだけに関心があるのではないでしょうか。

ヨハネよる福音書六章に驚くべき洞察が記されています。イエスさまは奇跡的に五千人を養われました。翌日、群衆はイエスさまを探してボートで湖を横断しました。彼らが着いた時、イエスさまは言われました。

イエスは答えて言われた。「まことに、まことに、あなたがたに告げます。あなたがたがわたしを探しているのは、しるしを見たからではなく、パンを食べて満腹したからです。なくなる食物のためではなく、いつまでも保ち、永遠のいのちに至る食物のために働きなさい。それこそ、人の子があなたがたに与えるものです。この人の子を父すなわち神が認証されたからです。」(ヨハネ六・26～27)

奇跡はイエスさまに目を向けさせたはずです。しかし、人々は他のことを考えていました。次の聖句を注意深く読んでください。

すると彼らはイエスに言った。「私たちは、神のわざを行うために、何をすべきでしょうか。」イエスは答えて言われた。「あなたがたが、神が遣わしたものを信じること、それが神のわざです。」そこで彼らはイエスに言った。「それでは、私たちが見てあなたを信じるために、しるしとして何をしてくださいますか。どのようなことをなさいますか。私たちの先祖は荒野でマナを食べました。『彼は彼らに天からのパンを与えて食べさせた。』と書いてあるとおりです。(ヨハネ六・28～31)

民が何と言ったか聞きましたか。「もう一度、食物を与えてください！」イエスさまは前日に偉大な奇跡を彼らの目の前で見せたばかりです。なぜ、彼らは「見て信じるために」と、別の徴(しるし)も求めたのでしょう。なぜなら、彼らは腹が空いていたのです。彼らが求めた徴から想像がつきます。「あなたは何をしてくれますか」「私たちの先祖は、荒野でマナを食べました」「彼は、彼らに天からのパンを与えて食べさせた」と書いてあります。

「イエスさま、もっと食べ物を与えてくださいませんか。魚とパンの奇跡をもう一度見せてください。今回はデザートもつけてください」彼らは神の子の真意を理解することができませんでした。イエスさまの教えが厳格になると、彼らはただちに離れてしまいました。これは私たちにも当てはまる教訓です。表面的なものしか求めていないことは、非常に悲劇です。イエスさまが、あたかも、私たちの空腹を満たし、感情を高揚させるためだけに来て下さったのかのように、イエスさまを求めているのです。私たちの祝宴の後には、イエスさまを無視しています。

使徒の中で起こった、素晴らしい奇跡や徴の数々を考えてみてください。多くの群衆を引きつけました。しかし群衆が集まるやいなや、説教はイエスさまについてなされました。

十字架にかかり、復活された神の御子キリスト、引き上げられた主。ペンテコステの日、異言が与えられたのは画期的なことです。しかし、直後にペテロが立ち上がり語ったことは、異言についてではなく、イエスさまのことでした。彼は悔い改め、信じるならば約束の聖霊を受けると語りました。そのメッセージの焦点はイエス・キリストなるお方についてです。キリストの死、復活、昇天、イエスの御名により注がれる聖霊についてでした。ペテロは「これから、異言の会議をしましょう」とは言いませんでした。どなたかこの会議に出席した方はおられますか。誰もいませんね。使徒の働き一章八節によれば、聖霊のバプテスマの目的は、興奮すべき体験をするだけでなく、地の果てまでも主の証人となることです。

使徒に書かれているいやしも同じことです。それらは神の力とあわれみの現われです。イエス・

キリストが死からよみがえられたという劇的な証拠です。徴も人々の注目を引きました。人々の注目がいやしに集まったとき、弟子たちはただちに主に焦点を当てました。いやしを通して人々に福音を語る機会としました。神がいやしや徴を行なって下さったのにもかかわらず、私たちの焦点は現われのみになってしまいがちです。そして、ついにはリバイバルの目的をも忘れてしまいます。あまりにも多忙のため、どこに行くのか、何のために多くのことをしているのかも忘れてしまいます。

肉の働きが強くなると、問題が生じます。冷蔵庫教会に出席している冷凍信徒たちはリバイバルの騒々しさに恐れをなしています。彼らにこそ、もう少し騒々しさが必要です。しかし、狂乱教会の熱烈信徒たちの態度は非常に中傷を招いており、さらなる中傷を招くことになります。そこで、両者の壁はリバイバルによって必要以上に大きくなります。冷凍信徒の冷たい心を溶かす代わりに、ますます冷凍信仰に確信を持たせます。彼らは北極の冬のような暑さとなり、石化した森の化石のように若返ります。リバイバルは熱烈信徒たちにとって、彼らを落ちつかせるよりは、彼らを忘却へと送り出します。垂れているよだれは聖霊の徴として考えられるようになります。

過去のリバイバルにおいて、人々は実際に唸ったり、ライオンのように吠えたり、犬のように四つんばいになって吠えたり、七面鳥のようにがつがつ食べたりしました。繰り返しになりますが、これらの行動は、遜りや裁きの取り扱いを受け、感情的になった結果、外面的に現われたものであり、解放の段階にあるか、もしくは悪霊の嘲りを受けている結果です。これらの徴を追い求めることはしないでください。吠えたり、唸ったり、がつがつ食べたりというような外面的なもので霊性を量ることは不可能です。そのような非常識は非難を受けます。また、受けて当然です。

今世紀初頭、ロサンゼルスで異言を人々が語り始めたとき、その問題を巡って教会は分裂しました。起こるべくして起こったと言えるでしょう。熱狂的なクリスチャンは異言で書くこともできるし、異国の言語なので、その国の人々は理解することができると宣言しました。しかし、異言を聞いた言語学者たちにとっては全く意味不明のおしゃべりにしか聞き取れず、聖霊の働きが嘲られる結果を招いてしまいました(注17)。

「理解しがたい戯言をぶつぶつ呟きながら、男たちや女たちが床を転がっていました。時々、金切り声で叫ぶ声がしたり、動物の泣き声に似た叫びが聞こえました。騒音の会場と化しました。男たちや女たちは熱狂的なお祭りの最中のように、お互い抱擁し合いました。突然、若くて、美しくて、センスの良い婦人が立ち上がり、クワックワックワッと鳴き始めました。腕をねじったり、誰も通訳できない言葉でクワックワッと言いながら、会衆の前を行ったり来たりしました。一人の指導者が立ち上がり、彼女はヒンズー語で語っており、間もなく、福音を伝えるためにインドに出発する予定ですと説明しました(注18)」

異言の問題での隔たりは、聖霊の賜物を受けとった方々の極端な説明と反応により、ますます大きくなりました。もし、指導者の間に知恵と思いやりがあったら、また、外面的なものより、本質に焦点が当たっていたとしたら、どんなに多くの人々が神に触れられていたことでしょう。

リバイバルを体験している教役者は、第一のものを第一にすることが重要です。私たちは神との交わりの中に召されているのであって、無秩序の中にではありません。私たちの目標はキリストであって、混沌(カオス)ではありません。つまずきの石を道に置くべきではありませんし(第二コリント六・3参照)、不思議な出来事や、感動的なことに神の栄光を帰してはなりません。リバイバルの最中には、私たちが演出しなくても、いろいろなことが起こり、容易ではなくなってきます。奇跡が起こると、勝手にそのニュースは広まります。イエスさまは、時として、いやしを受けた人々に何も話さないように言わなければならなかったのです。群衆は制御が効かなくなってしまうものだからです。悪霊の働きが始まると、混乱を招きます。ですから、イエスさまは悪霊を叱り、静かにするように命じられました。とにかく、悪霊の証など必要としていません。悪霊からの解放に携わる方々が、しばしば汚れた霊が露わに働いている人々を集会の外に出すことがあります。それは神の言葉を混乱させるからです。

私たちは何をすべきでしょうか。ここに、いくつかの簡単な指針があります(言うは行うより簡単ですが)。

一、聖霊に語り、働いていただく(ハンチングドン婦人がホイットフィールドにしたカウンセリングを思い出してください)。神は何をなすべきかをよくご存知です。

二、意識的、肉的な反応に秩序を持たせる。人々を制御することが困難になることがあります。

三、悪霊に語らせないようにする。彼らからは何の益となる言葉も聞けません。神に見分ける力を与えていただきましょう。すでに見分ける能力は与えられていると確信していても、もっと祈ってください。あなたは、きっと驚くでしょう。オズワルド・チャンバーズが言ったように、

「あなたは神が働かれる方法をもう知っていると思っているなら、神は決して、その方法では働かれないでしょう(注19)」

一九八〇年代、私は聖霊の油注ぎを体験している教会で奉仕していました。悔い改めの力強いメッセージが語られ、人々は涙を流し、神との正しい関係に入りました。初めて異言を体験した人々や、叫ぶ人々、倒れる人々、手に聖霊の火を感じた人々がいました。誰かが指揮を取っていたわけではありません。人々は劇的に神の体験をしました。私の人生をも変えました。

過去数年間で、私が目撃した多くの解放の御業のうちの二つですが、麻薬と酒に縛られていた、ある男性がいました。私は彼に触れず、また彼も祈られていることには気がついていませんでした。私はイエスの御名によって悪霊が出て行くように祈りました。彼は床に倒れて、口から血を流しながら痙攣を起こしました。もう一つの御業は、イタリアで起こりました。センスの良いある婦人が、突然、口から泡を出して地に倒れました。劇的に解放されました。大切なことは、彼らが神との正しい関係を持つようになったかどうかです。天での関心事は、その一点だけです。

簡単にピントを外してしまいます。もし、私たちが表面的な現われ、外面的なものを求め始めると、問題を探しているようなものです。肉は想像するものを現出し、サタンは模倣します。

それでは、病人に祈り、いやしを期待してもいいのですか。もちろんです。いやしの働きは新約

の基本です。神にいやしを求めることと、外面的な現われのみを求めることとは大きな違いがあります。いやしにより神聖ないのちや、天国からの愛を体験します。しかしもし、いやしを祈り、人が震え始めたら、「震えの集会を始めますか」（実際にもし、誰もいやされなかったとしても、あわてることはありません。震えている人をご覧なさい）。

イエスの御名によって悪霊を追い出すべきでしょうか。その通りです。悪魔にとって、リバイバルは、ゴキブリに明かりを照らすようなものです。あわをくって逃げ回ります。イエスさまが地上におられたとき、悪霊は実際にあちこちから出てきました。リバイバルの間、予期せぬときに（予期せぬ人々に）現われてくるものなのです。イエスさまの時代と同じくらい、今日、多くの悪霊がいます。当時と異なる点は、ほとんどの国々で、悪霊の働きを阻止しているのは、わずかばかりの人々に過ぎないことです。説教者たちが「悪霊追い出しは聖書の中だけのことです。と宣言している間に、汚れた霊たちは多くの政治家、俳優、教育者、その他の尊敬を受けている人々の生活を支配しています」

サタンはその説教が大好きです。

解放の奉仕は非常に重要ですが、人々が泡を吹いているのを見ることではなく、人々が聖霊に満たされるのを見ることに強調が置かれるべきです。私は理解していただけるように語っているでしょうか。

あるペンテコステ派の人々が、人々は義に変えられるよりも「転げ回る」ことに関心を寄せているのは恥ずべきことです。今日のように、教会と世界が急速にクライマックスの時代に近づいている危機的な時期に、人々の関心がいまだに「聖霊によって倒される」ことにあることは悲しむべきことです。(これに関しては次章で書きます)。

ジョン・G・レイクは次のように言いました。

「私たちは尊い神なる聖霊をあたかも私たちの魂に霊的娯楽を与えてくれる手段としてしか考えていませんでした。神の目的はそれ以上に力強いものです。神の目的は、私たちの霊が天国と接続され、私たちの心は栄光の歌を聞き、それを理解することが可能となり、神との交わりを感謝し、神の愛により燃やされ、その愛を、神を知らない飢え渇いた世界に表わし、啓示することです(注20)」

聖霊の働きに伴う、多くの現われがあることは確かです。聖霊はダビデを捕らえるために送られたサウロの使者たちに下り、彼らは預言を始めました。イエスさまを捕らえるためにやってきた兵士たちは、イエスさまが「それは、私です」と言われた時、後ずさりし、地に倒れました。幕屋が奉献されたとき、栄光の雲によって、その場が満たされたため、モーセでさえ仕えることができませんでした。神の霊は変化をもたらします。

四福音書と使徒の働きとに書かれている記事も忘れてはいけません。炎のような舌、悪霊から解放された者たちの叫び声、いやされた者たちの踊り、罪の責めを感じて泣く罪人たち、重荷から解き放たれた者たちの大きな讃美の声。

このような光景や声よりも、一番大切なものは本質です。神が民の間で何をされているか。主を軽んじてはなりません。神は神です。リバイバルでは痙攣する者（ジャーカーズ）や飛ぶ者（ジャンパーズ）はいるでしょう。しかし冗談を言う者（ジョーカーズ）はいないでしょう。リバイバルは永遠のいのちか死かの一大事です。

本物のリバイバルには神の御業があり、重荷があります。旧約の預言者たちは彼らのメッセージを重荷と呼び、神の民は失われた魂に対する苦悩を持っていました。それは、その場所に満ちていました。ヨーロッパでのリバイバル集会で、礼拝が始まる前から人々は泣いたり、うめいたりしていました。私も説教を始める前から泣いていていました。それが、本物のリバイバルです。

神は再び嘆きの預言者を送って下さいます。神は失われた魂に対する苦悩と重荷を持つ、若い男女を送って下さいます。エペソでパウロが語った別れの言葉を思い出します。彼は人々を思い、何カ月も、夜も昼も、涙を流して祈ったのです。ホィットフィールドは彼の聴衆に度々「もし地獄に向かっているあなたがた罪人が、自分自身に対して嘆かないなら、私があなたがたに代わって嘆かなければならない」と言いました。そして、説教の途中や集会の最中に、押さえきれずに泣き出しました。

(ジェームズ・A・スチュワート、伝道者)

第11章　ああ、彼らは滅びてしまう！

一八一二年、アドニラム・ジャドソンはアメリカから最初に海外へ送り出された宣教師チームを率いました。彼はクリスチャン家庭に育ち、彼の父は牧師でした。しかし、彼は大学に入学すると、ジェイコブ・イーメスという無神論者の若者と友達になり、イーメスはジャドソンの心も思いも勝ち取りました。ジャドソンの信仰は揺らいでしまい、彼が家に帰ったとき、父の神学的論法や母の涙の嘆願も受けつけず、神に完全に背を向けてしまいました。

彼は俳優としての名声と富を求めてニューヨークへ行きました。しかし、彼の希望はほどなく打ち砕かれました。世界は彼の期待通りにはなりませんでした。彼は失望し、故郷へ帰ることにしました。彼は神からまだ遠く離れており、福音に心がかたくなになっていました。しかし、主の御霊は働かれており、徐々に彼の抵抗力を砕かれました。

ジャドソンの運命を大きく変えることになる晩が来ました。彼はほとんど知られていないホテルにチェック・インしました。彼も始めて泊まるホテルでした。空き部屋は今にも死にそうな若者が泊まっている部屋の隣しかありませんでした。ジャドソンは隣の若者が最後の命と格闘している唸り声を聞きました。若者の両親も傍にいました。一晩中、ジャドソンは何か違った気配を感じて、ホテルの管理人に隣の部屋の若者について聞いたところ、亡くなったという悲しい報せでした。社交辞令の軽い気持ちで、「その方のお名前は?」とジャドソンが聞きました。「ジェイコブ・イーメス」という答えが返ってきました。そうです、あのジェイコブ・イーメスです。

長旅の途中、彼の頭を占めていたことは、「死んだ、死んだ、ジェイコブ・イーメスが死んだ」でした。有望な二人の若者は現実に直面しました。イーメスにとっては遅すぎました。ジャドソンにとっては始まったばかりです。天国と地獄は実在します。

ジャドソンは謙虚になり、神に仕える人々の助けを得て、新たに、主への献身の決意をしました。最終的には、彼は彼の命をビルマで捧げました。彼の最初と二番目の妻、そして、最初にできた三人の子供たちは、厳しい宣教地で亡くなりました。ジャドソン自身も非常に過酷で拷問を伴う投獄生活に苦しみました。しかし、永遠の光に照らし合わせてみると、彼が心も魂も体も力も命も手足も神に捧げたことは、失われ死んでいく魂を勝ち取るためには、大きな意義があることでした。それは、彼にとっては最も道理にかなったことだったのです。

どんなにわずかばかりの人々しか、魂のために、自分自身を捧げる決心ができていないのでしょう。私たちの心は冷たく、目は見えなくなっています。リバイバルは、まず最初に冷たい心を溶かし、盲目を開けます。幕は取り除かれ、永遠の問題が心に迫ってきます。神の民の心に、早急に魂の救いに対する痛みが起こります。それが、新約の標準です。

もちろん、リバイバルを体験せずに、日々の主との歩みの中で、このような霊的飢え渇きを体験されている聖徒たちがおられるでしょう。ジェイムズ・B・テイラーという若者の日記を例に見てみましょう。

「私は御座の前にひれ伏し、失われた魂を思っていました。魂をキリストに導くことを切に求めていました。魂を勝ち取りことができるように、大きな痛みでうめいていました。私は自分の命でさえも喜んで引き換えにすることができると感じました。お金は望んでいません。魂、魂、私が望んでいるものは魂です。『私に子供をください』が私の叫びでした。最後に私は涙で叫びました。『ここに私と、あなたが私に与えて下さった子供たちがいます(注2)』」

しかし、多くの信徒がこの体験を日々しているわけではありません、特に二〇世紀終わりのアメリカでは。天国と地獄はおとぎばなしのようです。スポーツに捉えられ、映画やテレビを現実のものと錯覚し、お金を第一に追及し、この世の楽しみが関心事となっています。天国と地獄？　滅びいく魂？　最後の審判？

この世が滅びに向かっているときに、私たちは正しいことを話しますが、しかし心のこもらない祈りをし、私たちの思いはこの世のものを追い求め、娯楽にとりつかれ、スポーツに心酔し、失われた魂に対する重荷は軽くなり、安楽な生活を求めています。しかし、リバイバルは私たちの目を開けてくれます。霊の領域は自然の領域よりも現実味を帯び、永遠のものは、この世のものより緊迫してきます。

アメリカで起きた、大きな覚醒運動での例話です。ある一人の悪名高く、罪深い婦人が救われた後の出来事を、ジョナサン・エドワードが伝えています。

「ある町全体で、あらゆる身分の人々、あらゆる年代の人々の間に、信仰の事柄や永遠の世界について、大きく、熱い関心が寄せられました。渇いた骨の音が騒々しさを増していきました。霊的な話を除いて、一切話をしませんでした。人々の思いは世の煩いから切り離され、彼らにとって世的なものは重要視されませんでした。彼らは仕事を権利としてではなく、義務の一部としていました。キリストを欺くことは恐ろしいことで、地獄と隣り合わせでした。彼らの思いを占めていたことは、命がけで来るべき怒りから逃れることでした。人々は多くの驚くべき方法を通して救われ、日々、救われる人々は増え続けました。魂は群れをなしてキリストへと導かれました(注3)」

これまで見ることができなかったことを頻繁に見るようになります。このような出来事は日常茶飯事のこととなるでしょう。

「バリーメナにある市場から帰る途中で、ある農場主が体験したことです。（アイルランド、一八五九年）。彼はその日のビジネスを考えていました。立ち止まり、お金を取り出し、それを数え始めたときです。突然、彼は深い臨在に包まれました。その直後、彼の思いを占めたことは、自分は罪人で、地獄の淵にいることでした。彼のお金は散らばり、彼は大通りのほこりの中に崩れ落ち、憐れみを乞い泣きました」(注4)

リバイバルは突然、予想もしなかった方法で失われた魂に働き、彼らの暗い心が呼び覚まされます。では、リバイバルを体験するクリスチャンには何が起きるのでしょう。自分は自分自身のものではなく、この世の宝を追い求めることはやめ、贅沢な娯楽に耐えられなくなります。人々は地獄へ向かっています。滅びゆく者たちの叫び声で、自己満足している自分に目が覚めます。この世が直面しなければならない現実が目の前にあります。H・A・ベイカーは彼の子供伝道の宣教地である中国での聖霊体験を次のように語っています。

「子供たちが見たものは地獄の暗黒のみならず、暗闇の地域から休みなく迫り来る火の池でした。私は彼らが家具にしがみついたり、四つんばいになって足場を固め、注意深く体を乗り出し、地獄を覗き込んでいるのを見ました。彼らも落ち込まないように、しばらく眺めては、引き返していました。彼らが見たものは、恐ろしいものでした。

また、彼らは覗き込み、引き返しました。火の池の淵から落ちそうになるので、腹ばいになって覗いたりしました。失われた魂が地獄に行っていました。幾人かは落ち込み、幾人かは歩いており、幾人かは悪魔に捕らえられ、地獄に投げ込まれました。一人の子供は罪人の集団が一束に結わえられ、今にも炉の火の中に投げ込まれようとしているのを見ました。

火の勢いが衰え、煙が落ち着いた時、悲痛な呻き声が聞こえました。再び火の勢いが増し、煙が立ち上がると、激しい金切り声と歯ぎしりが聞こえました（注5）」

あなたは本当にリバイバルを待望していますか。でしたら、主の重荷を負う準備をしてください。砕かれた心を用意してください。

世の人々がどれほど苦しんでいるかを察することは容易ではありません。それに加えて、彼らには最後の審判の苦しみが待っています。私は一九九四年のルワンダの悲劇を思います。最初は、数百人、数千人のツチ族が、隣人であるフツ族によって惨殺されました。川は腐敗した死体で臭くなり、ワニが死体に貪りついていました。その次には、フツ族は新しいツチ族の政府から逃れなければなりませんでした。約二〇〇万人の避難民はザイールに逃れましたが、コレラが発生し、数千人以上の人々が亡くなりました。死を迎えている母親を何とか目覚めさせようとし、傍らで子供が泣いていました。数日間で家族全員が亡くなったところもあります。

永遠のいのちの問題に直面しなければならないことは、何と痛みを伴うのでしょう。これらの人々はほとんど、それとも一部の人々、それともほんの数人だけ、滅んでしまうのでしょうか。裁きの日に罪に定められるのでしょうか。なんと痛々しいことでしょう。毎日欠かさず祈りを捧げている、イスラエルに住むユダヤ人の年老いた宗教家はどうでしょう。チベットの熱心なお坊さんや、エジプトの親切なイスラム教の婦人はどうでしょう。彼らは死後、滅びますか。市内に住む、私生児の女の子で、父親を知らず、母親は麻薬に溺れ、堕胎に失敗し、一六歳の若さで死んでしまったら、彼女はどうなるのでしょう。

ほとんどの方々が、これらのことについて疑問を持たれているでしょう。イエス・キリストを信じない者が、どんな人でも地獄へ向かっていることを信じることは困難なときがあります。福音を聞いたことがない人々の運命はどうなるのか、と心を痛めます。私たちは、これらのことに関して確信を握っていません。ですから、魂に対する重荷を持たずに、日々過ごしてしまいます。この世の物質的なものだけが、私たちを煩わすのではありません。私たちの持っている疑問が、私たちの緊迫感と痛みを麻痺させます。それに加えて、今日、地獄や最後の審判に関する説教が、ほとんどなされていません。ですから、人は永遠性をどこで過ごすのか、という最も重要な問題にも、心を動かされないわけです。

しかし、私たちは、時間をかけて正直に自分の心と向き合い、御言葉を持つなら、多くのことが、明確に見えるようになります。多くの人々が滅んでいるし、滅びに至る道は広く、多くが、その道を歩いています。それらの人々の中には、まだ信じて悔い改めていない、私たちと長年親交のある、友人、家族、隣人、会社の同僚もいます。

父よ、重荷が大きすぎます。主よ、数えることもできない、多くの人々を救ってください。滅びに向かっている人類を贖い出してください。手遅れになる前に、あわれんでください。次の魂が地獄に落ちる前に、何とかしてください。神よ、私の心は破裂しそうです。ああ、彼らは滅んでしまう。ああ、彼らは滅んでしまう。

道理で、リバイバリストたちは燃え尽きました。永遠性に目を向けると、大きな動揺を感じないではいられません。無傷で神に仕えることはできません。

リバイバルの風は、私たちを運び去ります、自己中心的な生き方、愛のない奉仕、この世の偶像から、神の御心へと、神の奉仕への情熱で鼓動している心へと、失われた神の羊たちに対する大きなあわれみの心へと、罪人が贖われ、反逆している者たちが救われるためなら、何でもする用意のある心へと、私たちを運びます。

それ以上に大切なものはありますか。神の御子が、御自身の命を犠牲にして愛した人々に関心を寄せることなしに、神を愛しているということができますか。私たちの心は、新しくされる必要があります。私たちが、そのようなことに、あまり関心を寄せていないのは確かです。認めますか。私たちは、私たちが見えるようになるために、目薬を買わなければなりません。

もう一つの例を通して、もう少し明確に見てみましょう。クリスチャン家庭に育ったスコットランド人のジェームズ・A・スチュワートは一四歳の時に神を信じ、ただちに通りで証を始めました。彼は一八歳になると、危機に直面しました。彼は職場で証をし、毎晩、通りで説教をしましたが、あまりの重荷で、これ以上、職場に留まることに困難を覚えました。ついに、彼は母親に言いました、「私は福音を伝えに出て行きたいのです。これ以上、待つことができません。仕事も手につきません。失われる魂にイエスさまを伝えなければなりません」(注6)

まもなく、彼はフルタイムになり、彼の重荷は烈しくなりました。彼は神に心から仕えている人々と働きました。彼らは述べ伝える前、また、述べ伝えている間も、魂のために涙を流しました。彼らは決して有名な伝道者たちではありません。キリストの愛に捕らえられ、重荷を負い、謙虚な人々でした。

そのような人々と働くことは、スチュワートにとって、新しいことではありませんでした。すでに二人の情熱的な主のしもべたちに会っていました。ラトビアからのオズワルドとノルウェーからのエノクです。彼らの生き方は、十代のスチュワートに大きな印象を与えました。彼はこう言いました。

「ある晩、オズワルドと私はパース市のホテルで同室に泊まりましたが、ラトビア人オズワルドの泣き声で目が覚めました。どうしたのかと彼に尋ねたところ、彼は、『ジミー、誰も僕の宣教地のラタグリアに関心を持っていないようなんだ、彼らは福音を聞いたことがないからみんな地獄へ行ってしまうんだ(注7)』」

スチュワートがエノクと同室だった時、彼は近くから呻き声を聞き、目覚めました。

「ベッド全体が揺れていました。『エノク、いったいどうしたんだい』と尋ねました。彼は『ああ、ジミー』と叫んだきり何も言うことができませんでした。嗚咽で喉を詰まらせていました。私は起き上がりました。私は彼が死んでしまうと思いました。しかし、彼が『ああ、魂が！　魂が！　ラップランドでは福音を語る者があまりにも少なすぎる！』と言う声を聞きました(注8)」

身近でこのような光景を見ることができるでしょうか。どこか他国でのことでしょうか。あるべき姿に戻るためには、リバイバルが必要です。そうすれば、私たちも罪に染まったこの時代の死んでいく魂のために、嗚咽で喉を詰まらせるでしょう。

一九九四年二月、私たちはインドのアンドラ・プラデッシュでの三週間の奉仕にチームを率いて行きました。日中は私が信徒やリーダーに教え、夜は大きな集会を開きました。

前年に、尊いインドの聖徒たちの大きな献身を見ました。今回、彼らは二四時間休みなくとりなし、少なくとも三人一単位三時間ずつ、毎日断食する方々もおられました、五カ月間連続して祈っていました。孤児院の子供たちでさえ、毎週金曜日には断食をしました。

ついに時が来ました。私たちのチームは日曜礼拝のため家の教会(長細い小屋で地面はむきだしのままです)に座っていました。二〇〇人ほどが出席していました。それと七〇人ほどの子供たちがいましたが、彼らは前列数列を独占していました。祈りの時が来て、全員ひざまずきました。これから集会が開かれる予定の五都市にある教会が油注がれるように、多くの魂が救われるようにとりなすつもりでした。

私たちのチームはこの光景を決して忘れることはできません。三～一五歳の愛らしい子供たちは、目を閉じ、手を上げ祈りました。一部の子供たちの頬には涙が流れていました。彼らは自分たちの国を思い、泣いていました。魂の救いを嘆願していました。リバイバルを懇願していました。彼らはまだほんの幼い子供たちです。

ほとんどのチーム・メンバーの思いに二つのことが来ました。「私は今ここで何をしているのだろう?」と「私は救われているのだろうか?」でした。私たちは彼らに何を与えることができるのでしょう(神に感謝します。私たちにも与えるものがありました。神は子供たちの涙を喜ばれます)。

礼拝の後、一人の指導者が来て言いました。「このように子供たちが祈っているのを朝四時半に見ることができますよ」と。彼らにとってはいつものことです。任天堂は彼らの時間を奪うことができません。スポーツは彼らの部屋の戸をノックしていません。テレビは彼らの名前を呼んでいません。流行という観念はありません。金持ちや有名になることを彼らは考えていません。彼らの単純な生き方は単純な信仰に符合し、心から福音を信じています。私たちも同じことを言うことができますか。私たちは回復する必要があります。

滅びゆく多くの人々を忘れて、居心地の良い繭の中で、一時的な祝福を楽しみながら生活することは簡単です。隠れて、保護され、心が硬く冷たくなり、遠く離れている方が簡単です。そのように生活するのは欺かれているからです。福音の中心的真理を拒否しており、罪の恐ろしい結果と罪の聖い解毒剤を無視しています。救いか天罰かの最終的な裁きを軽く見ています。私たちの信仰告白に嘲りを受けます。

私たちは歌い、祈り、説教し、教えます。しかし信じていません。この世は私たちに罠を仕かけています。幻覚に迷わされ、幻想に惑わされます。悲しいことですが、教会の指導者たちは、大して助けになっていません。私たちを煩わすこともありません(私たちを煩わすことができないのは、自分自身が奮起させられていないからです)。

私たちが幸せなら、彼らも幸せ。私たちが快適なら、彼らも快適。そして、一年のうちに特別なテーマで説教されるなら、燃やされるようなものではなく、建てるためのものです。私たちは駐車場を改造する場合に献金を募りますが、滅びる人々のためにすることはまれです。滅びゆく魂よりも、サウンド・システムに関心があります。これは新約の教会のあるべき姿ではありません。私たちは回復されなければなりません。

宣教師のアーミー・カーマイケルが胸を引き裂かれるようなトラクトを書いたとき、西洋の多くの教会指導者たちは、トラクトは彼らが最低の異邦人であると宣告していると、彼女を非難しました。もし、あなたがトラクトを読むとわかりますが、そのようには宣告していません。(注9) 真実を語っています。贖い主と出会うことなく滅んでいるこの世、暗闇の中に住み、暗闇で滅んでゆく人々がいるという痛々しい真実。私たちの夢の世界に悲鳴が聞こえます。私たちはその叫びを聞こうとしません。

あなたの心と魂を探ってみてください。もし、あなたと個人的に親しい方々に向かって、イエスさまが最後の審判で、「**のろわれた者ども。わたしから離れて、悪魔とその使いたちのために用意された永遠の火にはいれ。**」(マタイ二五・41) と言われるのを聞いたらどうでしょう。

あなたはこれからこれらの人々とどのような関係作りをしますか。あなたの優先順位は変わるでしょうか。あなたはまだ彼らが自分の成功にどのように役立つかに関心を持っておられるでしょうか。それとも来るべき裁きからこの世を救うために自分を焼き尽くしますか。彼らに忠告を与えますか。どんな犠牲を払ってもキリストの愛を彼らに示しますか。あなたの家族や親しい人たちはどうなるのでしょう。

「まだ私は最後の裁きに直面していません。聖書で読んだことはありますが、まだ遠い将来のことに思えます」とあなたは答えるでしょう。リバイバルがあなたを直面させてくれるでしょう。用意はできていますか。

牧師や信徒たちが神と一致していない状態では、キリスト教における真のリバイバルと偽物とを見分けることはできません。彼らは多くの擬似回心者が出るまで次々と努力を続けることがありますが、その実、本当の回心者はその中にはいないのです。なぜなら、その働きの中にいた人々は自分に似た子供たちを生み出すからです。キリストの霊そのものを受けることなく、リバイバルの真の聖霊に深く浸されることもなく、おそらく聖霊の真の働き以外の何かから来る自分たちの高揚感や周りにある高揚感を、真の宗教だと取り違えています。このようなことがますます多くなり、偽物の回心が増えれば、リバイバルはますますひどい侮辱を受け、キリストご自身が深く傷つけられます。

今、私は自分自身の心にだけではなく、真のリバイバルをうまく進めることができそうもないようなすべての同胞たちの心にも、私たち自身は真に新しくされ、真に深く霊に満たされ、全般においてすべてが包み込まれるように神と一致していること、私たちは全身全霊で祈り、信じ、愛し、聖霊の力に満たされているという印象を与え、心に植えつけることができればと願っています。

（チャールズ・フィニー、『リバイバルに関する考察』）

ほとんどの説教者はキリストを感じずに、またキリストを知らずに話をしている、と私は心から確信しています。教会員が「死んでいる」理由は、その説教者が「死人」だからです。ああ主よ、お願いですから、早く彼らを新しく生き返らせてください。死人から生きた子供が生まれるでしょうか。

（ジョージ・ホワイトフィールド、ジョン・ジリの『歴史上のリバイバル記事の収集』）

第12章　『二つの分け前』(列王記下二・21)の謎
(持っていないものを与えることはできない)

旧約聖書のこの記事は、誰もがご存じのことでしょう。預言者エリヤは、火の戦車と共に天に上げられようとしていました。エリヤの最も親しい弟子であったエリシャは、師の傍らにつき添っていました。エリシャはエリヤに、「あなたの霊の、二つの分け前が私のものになりますように」(列王記下二・9)と特別な願いをしました。エリヤは「あなたはむずかしい注文をする。しかし、もし、**私があなたのところから取り去られるとき、あなたが私を見ることができれば、そのことがあなたにかなえられよう。できないなら、そうはならない**」と言いました(列王記下二・10)。そこでエリシャは、この有名なエリヤの昇天が終わるまで、師の側から一寸たりとも離れませんでした。

エリシャが頼んだのは、正確にはどのようなことだったのでしょうか。エリシャは、エリヤが持っていたものの二倍を望んだのでしょうか。もちろんそうではありません。

そのような頼みをしようと考える者さえいなかったでしょう。そうではなく、エリシャは他の弟子たちが受け取るものの二倍を望んだのです。エリシャは長男としての相続を望みました。申命記二一章一五節から一七節によれば、ある人に二人の息子があった場合、相続財産は二等分にするのではなく、三等分にしてそのうちの三分の二を長男に分け与え(二倍の分け前)、残りの三分の一を第二子に与えました(ゼカリア一三章八節には、「全地はこうなる。――主の御告げ。――その三分の二は断たれ、死に絶え、三分の一がそこに残る。」とあり、ヘブライ語の同じ単語が正確に「三分の二」と訳されています)。長男は、相続財産において二倍の分け前を与えられたのです。これと同じ表現のヘブライ語は、列王記下と申命記、そしてゼカリヤ書[注1]にあります。多くの人は「二つの分け前」を「二倍」だと誤解していますが、単に「二倍の分け前」を意味するに過ぎません。

では、これはいったい何なのでしょうか。実は聖霊の実在に関する問題なのです。自然界にあるものでも、また聖霊においても、持っていないものを人に与えることはできません。「二倍の油注ぎ」を授けることはできないのです。もしできると思っているのであれば、それは空想に過ぎません。しかし、祈りの輪が次々と広がっていくとき、「二倍の分け前」は自由に、誰彼を区別することなく、自然とランダムに手渡されます。ただ輪に加わって、聖霊を受けるだけでよいのです。受け取ったら次は外へ出て、世界中を聖霊で満たしましょう。私たちは、エリシャに与えられた条件を満たす必要さえありません。エリシャは難しいことだと言いましたが、私たちが知っていることをエリシャが知らなかったのは明らかです。実は、とても簡単なことなのです。

「聖霊の計算式」を使ってみましょう。私が、兄弟Aに手を置いて、私の持っている聖霊の油注ぎの二倍の分け前を彼に与えます。すると、彼は私が持っているものの二倍を持つことになります。彼が兄弟Bに手を置くと、兄弟Bは私の四倍を持つことになります。兄弟Bが兄弟Cに手を置けば、今や兄弟Cは私の持っている油注ぎの八倍を持つこととなり、兄弟Cが兄弟Dに手を置けば一六倍に、兄弟Dが兄弟Eに手を置けば三二倍の力に、そして兄弟Eが兄弟Fに手を置けば、私の持っている聖霊の「伝達能力」の六四倍となり、兄弟Fが兄弟Gに手を置けば一二八倍に、そして兄弟Gが兄弟Iに手を置けば、私の五一二倍になります。そして、兄弟Iが私に手を置けば、なんとすばらしいことに、数秒前に私が持っていた油注ぎの一〇一二倍のものを受け取るのです。しかも、まだ兄弟の数はアルファベットの半分にも達していませんし、ましてまだ一人の女性たちもこの祈りの輪に加わっていません。

このような手法を使徒たちが使うことができたら、どうだったでしょうか。ムーディやウィグルスワースがこのことを聞いてさえいれば……。

「しかし、エリシャはエリヤよりも二倍の奇跡を行なったと、聖書に書かれているではありませんか」と言われるかもしれません。ただし、それはエリシャの墓に投げ込まれた人が生き返ったことを含めればの話です。エリシャは天から火の車を呼ぶことはできませんでした(エリヤは三度呼んでいます)。竜巻に乗って天に取り去られることも、モーセやイエスと共に山上の変容で姿を現すことも、終末の時にメシアの先触れとして現れる重要な預言者だと言われることもありませんでした(これは、新約聖書の人物の中で一番エリヤの姿に近いバプテスマのヨハネによって、少なくとも部分的に成就されました)。エリシャは決して、師であるエリヤが持っていたものの二倍を持つことはありませんでした。

しかし、疑問は他にもあります。私たちがそれほど簡単に力を倍増させることができるのであれば、どうして現実に病んでいる人々をもっと効果的にいやすことができないのでしょうか。どうしてもっとたくさんの罪ある人々を悔い改めに導くことができないのでしょうか。どうして囚われ人を自由にすることができないのでしょうか。どうしてもっと上手に肉欲を抑えることができないのでしょうか。二倍のそして四倍の油注ぎをもってすれば(私は、油注ぎが一〇〇倍にまで増えるような誠実な祈りを、ある兄弟から聞いたことがあります)、もっと良い働きができると思うかもしれません。

残念なことに、それほど簡単なことではないのです。「私にあるものを上げよう」(使徒三・6)というペテロの言葉を思い出して下さい。ペテロはイエス本人から「あなたがたは、ただで受けたのだから、ただで与えなさい」(マタイ一〇・8後半)と学びました。ですが、受け取っていなければ、与えることもできないのです。

私はある時、カルフォルニアの飛行場で、自分の家があるメリーランドへ向かう飛行機を待っていました。その時私は、数日前に出会った兄弟と親交を結んでいました。ある耳の聞こえない男性が私たちのところへやって来て、手話の一覧表と交換に一ドルの寄付を頼みました。男性が本当に聾唖者であると分かると、その兄弟は私に、彼のために祈らせてほしいと申し出ようと言いました。彼は私たちの申し出を受け入れたため、公の場で彼のいやしのために祈りました。ところが、何も起こりませんでした。私は友人にこう言いました。「彼をいやすほどの力(あるいは信仰)を持っていないから、この男に一ドルをあげよう」その時、持ち合わせていたのはこれだけだったのです。「私はお金は持っていません。しかしあなたをいやすだけの信仰を持ち合わせています」とペテロと同じように言うことができたなら、どんなに良かったことでしょう。しかし、不幸なことに私たちが持ち合わせていたのはお金だけでした。

これは、いやしのために信仰が足らなかったことに関する例の一つに過ぎません。私たちの生活全体の基調はどのようなものでしょうか。私たちが与えなければならないものは、どのようなものでしょうか。奇跡や聖霊の賜物の問題は脇に置いておいて、主と共に進むあなたの歩みはどのようなものでしょうか。個人としてのあなたはどんな人間であり、公の場では何を生み出しているのでしょうか。

私たちはもっと深められる必要があります。私たちの生活の中にもっと神を受け入れる必要があります。神についてもっとはっきりと示すことができるように、今よりも密に主と歩む必要があります。二心なく主のものとなり、主を脇に追いやってはなりません。肉の心を突き通されたいと思えば、聖霊と御言葉によって私たちの存在の核となる部分が突き通される必要があります。私たちの心の奥深くまで主に触れていただければ、今度は信仰を持たない人々の心に触れることができます。

年代を越えてリバイバルで用いられる人々には、ある一つの大きな特徴と言えるものがあります。彼らは、決してうわべだけの人々ではありません。過去のリバイバルに関する次の記述に耳を傾けてください。

「彼らは、何千人もの人々を永久に魅了するように説教をし、働き、生活します。やることや話すことすべてに、熱心というスタンプが押されており、神から遣わされた自分たちが扱っている事柄は『無限の瞬間』からなることを、関わりを持つすべての人に述べ、無関心な態度をとることはなく、一日でも先に延ばすことはせず……。福音伝道を行う牧師として、この目的以外の行動を取ることは決してすまいと感じています。自分の魂すべてをこの戦いに投げ出し、くつろいだり、腕組みをすることは決してすまいと、また闇の君主の軍団に対抗して、生ける神である万軍の主の先頭に立とうと告白したときから、この問題に無関心でいることは決してすまいと心に決めました(注2)」

神の子であるこれらの人々は、一瞬でチンとできあがる「電子レンジミニストリー」も、マクドナルドの店のようにどこにでも現れる神の顕現も知りませんでした。ファーストフードの決まり文句と同じような信仰告白や、束の間の信仰を信用しませんでしたし、自然に分解してしまう「生物分解性」クリスチャンを生み出しもしませんでした。彼らは、永遠の光の中で生き、自分たちの成果が永続することを望んだのです。

いったい彼らは、どのようにして自分自身を新生させ、活力を得たのでしょうか。

「彼らは祈りの人でした。たくさん働き、たくさん訪問し、たくさん勉強したことも確かですが、またたくさんの祈りもしました。祈りの中で、魂は豊かに満たされました。多くの時間を一人で神と向かい合い、生ける泉から流れ出る聖霊で魂を満たされ、その水がまた人々に流れ込んで、生ける水からなる人々の川となるのです[注3]」

敬虔な信仰者であったロバート・マレー・マッチェーンの生活習慣は、次のようなものでした。

「彼の心が満たされると、今度は彼の唇が自分の心の中で感じたことを話しました。ロバートは単に生ける水を分け与えただけではなく、自分自身が飲んだ源泉から汲み出した生ける水を与えました。最初から、彼自身が飲んだものを他の人にも飲ませたのです。彼の教えは、自分の魂が受け継いだ財産を発展させるという方法でした。内的世界から引き出されたものなのです。ロバートは、彼に世話を任された群れを、主なる羊飼いと出会った牧草地から、食べ物を見つけた場所まで導くのが好きでした[注4]」

このような人々が源泉に至り、そこから流れ出るいのちの流れで他の人々が養われたのです。彼らは、神を自分たちの生活深くにまで入り込ませていました。主の取り扱いというものを知っていたのです。

大覚醒時代（訳注・一八世紀中葉 New England 植民地を中心として起こった新教徒の信仰復活運動）に、ギルバート・テネント（訳注・［一七〇三～六四］長老教会牧師として信仰復興運動［大覚醒の初期段階］の指導者となった）の説教を聞いた人々は、彼のメッセージについて話すときによく「探す」という言葉を使いました。神は、まず初めにテネントを探し出しました。

「彼自身の魂が通った辛く深い罪の自覚から、彼は神の主権や霊的権威、聖さや広大さ、そして律法の厳しさに対する生き生きとした展望を得たように思えます。彼の神々しいまでの神聖さ、罪を憎む心、滅ぶべき人々を罰する正義、真実、力が、和解に至っていない罪人の目の中に映り、大上段に振りかざされたとき、テネントの心の中に神の恐ろしさが再びよみがえったように見えました。これを見せられることに耐えられず、彼の説教を避ける人もいましたが、彼の伝道活動による罪の自覚という矢は、人々の心を、そしてどうしようもなく頑迷な罪人の心でさえ深く刺し通し、彼らをキリストの足下に崩れ落とし、深い服従をもたらしたのです(注5)」

私たちは、神に探し出していただくことを心から望んでいるでしょうか。誰にも言えないような秘密を、洋服ダンス奥深くに隠していないでしょうか。新たに弟子たちを生み出す(つまり、私たちの姿と似通った、霊による息子や娘を生みだす)準備が整っているでしょうか。パウロと共に、次のように言うことができるでしょうか。

あなたがたが私から学び、受け、聞き、また見たことを実行しなさい。そうすれば、平和の神があなたがたとともにいてくださいます。(ピリピ 四・9)

私がキリストを見ならっているように、あなたがたも私を見ならってください。(第一コリント十

一・1)

あなたは、私の教え、行動、計画、信仰、寛容、愛、忍耐に、……迫害や苦難にも、よくついて来てくれました。(第二テモテ三・10、11)

迫害や苦難のことを除外したとしても、その他のものに対してはどのように対処しているでしょうか。完全に「従うことのできる」ものとして従っているでしょうか。私たちは、自分自身の心の奥深くにまで喜んで入り込み、そこにある宝を教会や世の中に差し出すことができるでしょうか。もしかしたらあなたは、こう言うかもしれません。「いや、違うのです！　そうじゃないのです。私の心は罪悪の巣であって、貯水槽ではありません。悪臭を放つ腐敗物が一杯で、聖霊に満たされてなんかいないのです。そこは恐怖の館であって、宝が埋まっている場所ではありません。私の内側はぼろぼろで、再生していません。他の人々を新生させるまえに、まず自分自身を何とか新生させる必要があるのです！」と。

責任感とか熱心さ、献身や純粋さ、人格や力という意味において、教会が、ちょうどあなたや私のような信仰者でいっぱいであったなら、その教会はどんな風に見えると思いますか。これを想像したとき、あなたは嬉しい気持ちになるでしょうか。それとも恐ろしい気持ちになるでしょうか。パウロはアグリッパ王に「私が神に願うことは、あなたばかりでなく、きょう私の話を聞いている人がみな、この鎖は別として、私のようになってくださることです。」(使徒二六・29)と言いました。パウロが自分の人生の中からただ一つ除外したのは、他の人々が同じようにはなってほしくないと願ったもの、すなわち足かせでした。自分の信仰と、神との関係については、パウロは正直に「主よ、彼らが私のようになりますように」と祈ることができたのです。

バスケットボールの伝説的人物マイケル・ジョーダンは、「マイクのようになろう」というメッセージをテーマにした様々なコマーシャルに出演し、何百万ドルも稼ぎました。マイケルが履くスニーカーを履き、マイケルが食べるシリアルを食べ、マイケルのように服を着れば、そう、「マイクのようになれます」。しかし、世界中のスニーカーや、シリアルや、かっこいい服をもってしても、マイケルのようにバスケットができるようになるわけではありません。マイケルがマイケルであるのは、彼の運動能力と彼を駆り立てる内的動因のおかげなのです。マイケルが出るコマーシャルでは、マイケルを作り出すことはできません。

しかし神の王国においては、私たちは自分自身に似たものを作り出すことができます。私は、人々にあえて、「マイクのようになろう」（この場合は、私ことマイク・ブラウンです）と言うことができます。そうすれば、人々は主にあって私の実例をまねることができるのです。問題は、あえて私にそう言うことができるかどうか、そしてあなた自身はどうかということです。主の御体の一員として、人にはそれぞれ、その人自身に特別な召命が与えられています。新しく信仰に入った人に対して、あなたが歩む道筋と目的に関する限り、「私のようになりなさい」と言うことができるでしょうか。

最近、何人かの有名なスポーツ選手が「私はモデルなんかではない。単なる運動選手だ」と言って、このような風潮に抵抗し始めました。しかし好きであろうとなかろうと、若者たちの目はその選手たちに注がれています。毎年何百万人もの人々の前で試合を見せ、子供たちすべてが自分たちの動きをまねようとしていることを、彼らはよく知っています。子供たちが髪型をまね、身体的な癖までまねていることもよく知っています。日の下にあるすべてのものを、自分たちのカリスマ性や人気で宣伝しているのです。それなのに身を翻して「私の例にならうな！」です。

しかし、私たちも全く同じことをしていることがあります。特にリーダー的な地位にいる人々は「教えてあげましょう。相談に乗りましょう。元気づけ、一所懸命説明し、楽しませてもあげましょう。私が毎日やることをじっと見ていなさい。でも、私のまねをしてはいけませんよ」と言うのです。

近年、コロラド州の大きな教会が、二人の新しい牧師を招きました。二人は、れっきとした宗教家なのですが、ホモセクシャルだということを公言しています（このようなことは、なかなか書きづらいのですが）。二人は自分たちを異なった性的指向を持っているだけで、普通のよく気のつく牧師だと思っています（私も確かに二人は「良い」資質を持っていると思います）。しかし、誰も、彼らのようになろうとはしないでしょう。

さて、ここでちょっと立ち止まって考えてみましょう。あなたは自分の息子をそこの集会に行かせたいと思いますか。自分の子供たちをそこのカウンセリングに行かせたいと思いますか（もちろん、正しい考えを持った人は誰でも、一分たりともその「教会」へ行きたいとは思わないでしょう。そこの牧師たちは明らかに信仰から逸脱してしまっています。ただし、ここでは人の手本という点で話を進めます）。この「牧師たち」はゲイの生活から抜け出すための手助けをするでしょうか。あるいは彼ら独自の生活習慣が、性的倒錯の鎖につながれた人々をそのまま放置するのを助長しないでしょうか。その答えは明白です。

ぬるま湯に浸かっているとき、私たちは誰に対しても「ここまで上がっておいで」と言うことはできません。霊的にもまた感情的にも落ち込んだままであれば、人々を育てることはできません。かろうじて生きているような状態では、人々をうまく成功に導くことはできません。私たちを見る人々は、私たちのようになるのです。しかも内面生活の質は、目に見えない霊的手段によって伝ります。私たちは聖いでしょうか。熱く燃えているでしょうか。熱心でしょうか。時を逃せば、言葉は陳腐なものになります。本気で神と関わっているでしょうか。

神は、深刻で、頻繁に起こる離反を求めているのでしょうか。私たちは、リバイバルという問題全体についてどれほど真剣に関わっているでしょうか。本当に、心から、真実関わっていると言えるでしょうか。神の栄光を目にしたいという願いが、どのくらい私たちの内側で燃えているでしょうか。私たちの主イエスが讃えられることをどれほど渇望しているでしょうか。様々な苦悩や痛みを実際に受けている人々のために、亡くなった人々、死に瀕している人々のために、どれだけ心を痛めているでしょうか。

一七四〇年代、デイビッド・ブレーナード（訳注・米国の伝道師。大学在学中、教義上の論争をして大学を追われ、インディアンへの布教に努めた）の忍耐強い努力を通して、主がその恵みをアメリカインディアンに注がれたのも、驚くに当たりません。インディアンたちに注がれたあわれみの雨は、おそらく天にあってブレーナードが彼らのために流したバケツ何杯もの涙に相当したからです。この若い伝道者は、長い間世間から離れていましたが、なおもこう語っています。「どれほど多くの学問的な業績も、どんなに巧みで深遠な解説も、どんなに聡明で感動的な言葉も、人間の魂に対する情熱的で思いやりのある深い愛の空席を埋めることはできません(注6)」

私たちは心の底から、人間の魂を愛しているでしょうか。愛しているると言えるなら、私たちからのメッセージは届くでしょう。愛は決して絶えることがない(第一コリント一三章参照)からです。しかし私たちも、主と出会ったことを通して得られたもの以上のことはしてあげられません。主との出会いがあってこそ、私たちは世の中に影響を与えることができ、人々も私たちの言葉に力を感じるようになるのです。文字通り、背後には何かが、そしてあるお方がおられるのです。

信仰がどれほど身についているでしょうか。私たち自身の心が主に捕らえられていれば、心を捕らえる教えを説くことができます。私たちが真実に立ち向かっていれば、真実をもって他の人々に立ち向かうことができます。私たちが打ち砕かれただけ、他の人々の心を打ち砕くことできます。私たちが涙を流せば、涙を呼ぶことができ、真の答えを得ることができます。

「すべてのものは、それ自身から生まれる」というのは、神の王国の変わることのない法則なのです。涙は涙を生み、情熱は情熱を生みます。冷酷さは冷酷さを生み、浅はかさは浅はかさを生みます。実りに問題を見つけたいなら、根っこを調べてみましょう。私たちが生み出しているのは、どんなものでしょうか。

私たちが悔い改めを通して変わっていたのなら、力を持って悔い改めの教えを説くことができます。聖霊が私たちを通して生きておられれば、聖なる生活を求めることができます。神の火が内側で燃えさかっていれば、私たちは燃えるような言葉を話すことができます。そこには偽善の入る余地はありません。眠りこけている番人が、眠れる国を目覚めさせることはできないのです。そして、リバイバルのあるところには覚醒があるのです。他にはどのような道もありません。

おとぎ話のような話は忘れましょう。人々を引きつけるための技巧やその場限りの熱狂はもうたくさんです。私たちは、主を知っているでしょうか。主と共に歩いているでしょうか。本当に主を、他の人々に紹介することができるでしょうか。手応えのあるものを与えることができるでしょうか。それともうわべだけ主に明け渡した人をすくい取っている軽薄な聖徒でしょうか。聖霊の海の中にどっぷりと浸かってみましょう。救い主の贖いの御業の中に浸ってみましょう。飛び込み、もぐり、泳いでみましょう。躊躇することはありません。遠慮することもありません。すべて神の小羊に対する捧げものです。今が深められる時なのです。そして、何度も繰り返し深められていきます。うわべだけの軽薄さはなくなり、浅瀬が現れてきます。今こそ、本物を求める時なのです。

次に引用したのは、意気消沈し、打ちひしがれたエレミアに対する神の言葉です。これは今なお、私たちにとって真実を含んでいます。

「もし、あなたが帰って来るなら、わたしはあなたを帰らせ、わたしの前に立たせよう。もし、あなたが、卑しいことではなく、尊いことを言うなら、あなたはわたしの口のようになる。彼らがあなたのところに帰ることがあっても、あなたは彼らのところに帰ってはならない」(エレミア一五・19)

あなたの他に代弁者はいるでしょうか。世は、今もなお待ち続けています。そして、私たちが聖霊に満たされた器として話しかけるとき、人々はきっと答えてくれるでしょう。人々が聞くのは、神の声だからです。

私はかつて、評判の良い伝道師にはなれないだろうと言われたことがあります。というのも、私は充分に「自分を売り込む」ことをしなかったからです。とんでもないことです。私たちの仕事は、キリストの神を讃美することであり、人格的魅力を振りまくことではありません。福音伝道における人間礼拝の危険を指摘して、ハーバート・ロッキャー博士はこう言っています。「ある人物が、いくらか魅力があり、人を魅了するようなパーソナリティと大多数の人々に影響を与える力に恵まれているのであれば、その人物は、主よりも人々から多くを必要とされている」

(ジェームズ・A・スチュワート『福音伝道』)

エバン・ロバートにとってリバイバルにおける最も厳しい試練の一つは、彼自身が人間礼拝の対象となったことです。すべての栄光が神お一人に帰せられることを願ってロバートは床に転がり、「これをなしにしてくれ」と泣きながら主に訴えていたと、それを目撃した彼の友達が私に語ってくれました。

(I・V・ネプラッシュ、リチャード・オーウェン・ロバートの『栄光は地に満ちる』)

イザヤが見たという幻に記されている、天のセラフィムが示した神への礼拝と崇敬から私は多くのことを学びました。彼らの足と顔が、隠されていたことに気づいたのです。聖なる神の前では、セラフィムは敬意を表して顔を隠していました。敬意を払うことは美しいことです。今、私たちが生きているこのひどい時代では、滅多に敬意を払うことはありません。しかし、ベールを通してたとえ短い間でもイザヤの神の神聖なる顔を見た人は、二度と不敬を働くことはできないのです。心の中には崇敬の念が生まれ、神を見たと自慢する代わりに慎み深く自分の足を覆います。たとえどこにいたとしても、家に帰って自慢する代わりに、おそらく自分の足を覆うのでしょう。

(A・W・トーザー、ジェラルド・B・スミス『トーザーの説教』)

私はただの灯心なのです。しかし私たちの多くは、これを学ぶまでに多くの時間がかかります。灯心は油に浸されたときにだけ、燃えることができます。自分の教会を人々で一杯にするため、また自分の話を多くの人々に聞いてもらうために聖霊の満たしを望んでも、聖霊はあなたを通して働くことはできません。人々が灯心そのものについて話し始めたとき、普通は燃え方がおかしくなっています。

(D・H・ドールマン、ジェームズ・A・スチュワート『福音伝道』から)

第13章 主の用途に合わせること

——神のしもべとしての肖像——

どのリバイバルにおいても、神が特別な方法で用いて下さる人がいます。その人が男であろうと女であろうと、年寄りであろうと若者であろうと、また高学歴であっても無学であっても、あるいは経験豊富であっても未熟であっても、神はこれに関係なく用いて下さいます。このような人々には、皆の注目が集まります。すべての人の目が彼らに注がれるのです。彼らは、天からの祝福を分け与えているように見え、まるで神の宝箱の鍵を持っているかのようです。このような人々は、試練にどのように対処していくのでしょうか。スポットライトの中で、何をするつもりなのでしょうか。人々が笑顔を振りまいてくれる集会の方が、冷笑を浴びせかける群衆より危険なことはないのでしょうか。石つぶてより、耳障りの良い言葉の方に傷つくということはないのでしょうか。神よ、どうか私たちが謙遜でいられるようお助けください。

神のしもべに求められている資質には、次のようなものがあります。

(一) 主のしもべは、スーパースターではありません。

「スーパースターのようなしもべ」ということは、「可愛い悪魔」というのと同じことかもしれません。スーパースターという言葉と、しもべという言葉は相反する言葉です。もちろん、信仰がまだ未熟で、この世の考え方に染まっている人々の中には、神に用いられている道具を偶像視し、讃える人もたくさんいます。これは恥ずべきことですが、それほど驚くことでもありません（たとえすばらしいピアノコンサートの後であっても、常識的には、人々はピアノではなくピアニストを賞賛します）。しかし本当に驚くべきことは、神に用いられている道具としての人間の多くが、このような追従の上に栄えていることです。さらに悪いことには、それを奨励してさえいます。これほどクリスチャンらしくないことがあるでしょうか。

一九七〇年代の初頭に、東海岸のある牧師が教会で聖霊の満たしを受けました。まもなく近隣の町にいるたくさんの人々がその牧師のところへ引き寄せられ、多くの人が救われました。牧師は、二万人以上が入る大きなコロシアムを借りることにし、「地上における天国」集会として宣伝しました。力強く、また際立った姿として描かれたイエスの肖像がコロシアムに高く掲げられ、その下に小さくその牧師の写真が掲げられていました。その集会が始まると、コロシアムは一杯になりました。集会は大成功を収めたのです。

西部出身で指導的立場にいる「聖職者」が、この牧師のうわさを聞いて助言をし始めました。毎日のラジオ放送は、教会の名前ではなく自分の名前で行うとよいなどと、いくつかのすばらしい宣伝上の助言を与えました。この牧師は助言通りに行なったのです。次の年、集会の宣伝ポスターには、コロシアムの上に立つ牧師の大きな写真が載せられ、その下に小さなイエスが立っていました。三年目になると、ポスターのどこにもイエスの姿は見あたりませんでした（考えてみれば、この時点でイエスは意識されているどころか、追い出されてしまったのです！）。

私は冗談を言っているのではありません。すべて自分の目で見てきたことです。この男の「ミニストリー」は、身につけることのできる小さなペンダントまで出しており、ペンダントには「神のしもべ」風のこの男の顔が刻まれています。

誇大広告が入り込んだとき、聖霊さまは出て行かれました。謙遜を身につけた御言葉で説教をする代わりに、今やこの牧師は、タキシードで着飾ったような言葉で説教をします。礼拝の当番をしている女性たちの中には、両脇にちょっと目を引くスリットの入った服を着ている者もいました（律法における服装規定からなんと遠く離れてしまったことでしょう）。そうです。神が共にいようと、あるいはいまいと、こういうことはエスカレートしていきます。実際、懲役判決を受けても止まることはありませんでした。哀れな牧師は、最後は脱税で服役しましたが、釈放されるとまた母教会の講壇に戻っていきました。

ここには、見過ごしにできないものがあります。A・G・ガードナーの言葉に耳を傾けてみましょう。

「預言者が人々に受け入れられ、神格化されたとき、預言のメッセージは失われます。預言者が用いられるのは、人々に悔い改めを呼びかけ、人々の心地良い日常生活をかき乱し、人々から尊敬を集めている偶像を壊し、人々の神聖なしきたりを粉砕することで、社会の厄介者として石を投げられている間だけなのです(注1)」

その牧師は、人々に受け入れられ、賞賛を浴びた途端に切れ味を失いました。どうしてでしょうか。当初、彼には何の「ひも」もついていませんでした。

「これが私のメッセージです。このメッセージを、私は愛と砕かれた魂をもって語りかけます。私の言葉が受け入れられることを望みますが、もし受け入れられなくても、私はともかく神についていきます。私は説教をやめることはできません。少しでも妥協はしたくないからです」

彼が失うものは何もありませんでした。

ところが、この牧師は有名になりました。膨大な数の支持者を得、スタッフを増やし、様々な方面に手を広げ、そして収入も大きく増えました。今や、運営にかける費用は莫大なものとなったのです。そして人々は、牧師に別のことを期待し始めます。「私たち好みの食事を出してください」と要求するのです。すると、神が牧師にこう言います。「メッセージの強調点を変える時だ。君と一緒だと、みんな居心地が良くなってきている。もう君の言葉には誰も耳を傾けない。君のメッセージは迫力がなくなっている。十字架に帰れ！」

そこで彼は聖霊さまに従って人々に試みを与えますが、もはや誰もそんなメーッセージを聞きたいとは思わないのです。テレビ伝道の視聴率は落ち、収入も減り、その牧師の「伝道活動マシン」は軋み始めます。彼の「王国」は崩れ始め、スタッフに賃金も支払えなくなります。今度は、資金を捻出するために多くの時間を割かなければなりません。彼は罠に落ちたのです（これを読んで、「私のことだ！」と思う人がいるかもしれません。そう思ったら、顔を上げて、心の中のものをすべて神にさらけ出し、本来の召命に戻ってください。本当に主を愛するのであれば、他に道はありません。神は、あなたに恵みを与えて下さいます。今すぐ行動を起こせば、これから先あなたに降りかかる恥も誤解もわずかなものですみます。これは、肉に従った安楽な道を取って、父なる神に釈明をすべき日に父なる神の落胆と不興を買うよりはずっと良いことです。牧師の方々、私の言うことに耳を傾けてください。たとえあなたの教会の会員が五〇人であっても、五千人であればなおのこと、同じ罠に陥いることがあり得るのです）。

リバイバルを掲げるミニストリーは、預言者の例と同じく、一般受けしているわけではありません。しかし、自分たちに与えられた一人ひとりの「預言者」を引き立たせれば、ますますたくさんの油注ぎが語り手に注がれ、預言者はますます人々から賞賛されます。そこで、私たちはこの預言者を磨き、荒削りな部分をこそげ落とすのです（バランスが重要です！）。預言のメッセージを心地良く耳に痛い程度にまで落とします（「ああ、なんて的を射た言葉なんだ。こういうのが好きだ」という風に）。それから預言者をテレビ出演させ（テレビ番組の冒頭で、世界各地で行われたすばらしい働きを逐次ハイライトで提供し）、豪華なフルカラー雑誌の広告に載せます（ページを飾るのは「謙遜だが聖霊の油注ぎを受けている」写真です）。

まさか今日の教会にはマスコミをにぎわすカルトなんてない、スーパースターなどいないと言うのではないでしょうね！

実はこういうことなのです。集会に行くと、有名な説教者がこう言うのです。「私ではなくイエスを見なさい」と。ただし愛する兄弟たち、これを実行するのは少々難しいことです。華やかさやきらびやかさやがあまりに多く、ポーズや見せかけが先行すると、主がよく見えなくなります。あなたが大きくなりすぎると、主の姿が隠れてしまいます。

イエスがガリラアにいたとき、エルサレムでは大きな祝祭(仮庵の祭り)が持たれようとしていました。その時、不信仰な兄弟たちはイエスにこう言いました。

「あなたの弟子たちもあなたがしているわざを見ることができるように、ここを去ってユダヤに行きなさい。自分から公の場に出たいと思いながら、隠れた所で事を行なう者はありません。あなたがこれらの事を行なうのなら、自分を世に現わしなさい」(ヨハネ 七・3、4)

兄弟たちは嘲りをもってこう言ったのであり、イエスを挑発しようとしたのです。しかし今日では、これは多くのキリスト教ミニストリーを導く哲学となっています。

ある有名な牧師が、目立つロゴを作り出しました。地球の周りに横断幕がかかっており、地球を取り囲むその幕には男の名前(たとえば、「名無しの権兵衛ミニストリー」)が書かれていました。なんと自惚れていると思われるかもしれません。彼の説明はこうです。人々はすでにイエスについて聞いています。ところが、イエスに興味を持ってはいません。そこで、彼は自分の名前で人々の興味を引き、人々が彼に引きつけられると、今度は人々の興味をイエスの方に向けるのです（なるほどと唸っている声が聞こえるようです）。

押しの強い「牧師」が、花形スポーツ選手やニュースのアンカーマン、洗練された俳優たちや魅力的なスーパーモデルたちと一緒に、何百万ドルもの個人所得で長者番付の仲間入りをするような、マスメディアにどっぷりと浸かったこの時代では、次のパウロの言葉はほとんど信じられないように思えます。使徒パウロが言ったことに耳を傾けてみましょう。

今に至るまで、私たちは飢え、渇き、着る物もなく、虐待され、落ち着く先もありません。また、私たちは苦労して自分の手で働いています。はずかしめられるときにも祝福し、迫害されるときにも耐え忍び、ののしられるときには、慰めのことばをかけます。今でも、私たちはこの世のちり、あらゆるもののかすです。（第一コリント四・11～13）

パウロはこのことを誇っていました。使徒の使徒たる所以（ゆえん）です。しかし今日、私たちは使徒パウロを「成功に満ちたクリスチャンの生き方」セミナーに送り込んで、成功の秘訣を学んでもらい、現代風に矯正してしまうのです。

それはさておき、パウロは私たちに欠けているものを多く持っていました。パウロにとって主イエス・キリストは、親密な心の友でした。すべてを明け渡して主と共に働く同労者でした。イエスは、彼にとってすべてでした。お金のために、主に仕えたのではありませんでした(神があり余るほどのもので祝福して下さったとき、どのようにすれば裕福になれるかを知ったにもかかわらず、常に良い執事であり続けました)。また、名声のためでもありませんでした(名声とは何でしょうか)。支持者を得るためでもありませんでした(人々が主に従うのであれば、話は別ですが)。救い主と神を讃えることが、パウロに与えられた召命でした。なぜ私たちは、パウロのように生きることができないのでしょうか。

スミス・ウィグルスワースは、たくさんの人々を導くのがどのようなことか知っていました。しかし、それと同じくらい、あるいは、それよりももっと喜びを感じたのは、説教が終わった後に、病院や家にいる病人のために祈ることでした。「ボディーガード」を伴う側近たちは必要ありませんでした。人々にとって大きすぎる存在ではなかったのです。ウィグルスワースは、王を導くのと同じように、死に瀕している未亡人を導いたことでしょう。その土地で一番大きな教会での説教の正式要請に応えるのと同じように、悪魔に取り憑かれた男の子のために来て祈ってほしいという一通の手書きの嘆願書に応えたことでしょう。それが神の意志であれば、彼は喜んで行いました。彼の仕事は、主の命令を実行することであり、人の目から見て偉大な人物になるためではありませんでした。

ジェームス・A・スチュワートはこう記しています。

「イギリスにいたドワイト・L・ムーディ(訳注・一八三七―一八九九。アメリカの伝道師で、アメリカ、イギリスを巡回して学校等を設立した)を通して、聖霊が行なったすばらしい御業は、五、六〇

○人ほどの小さな群れで行われたもので、二、三千人の聴衆に対して行われたものではありませんでした。人が群衆を恐れるのは無理のないことです。大勢の人間から守られなければ、神と二人で遠くまで旅することはできません。ですから悲しいことですが、キリストのことを考えるより、大勢の人間のことを考える方が多くなりがちです。しかし、キリストは地上で伝道していた間、都市だけでなく辺鄙なところへも出かけていき、御言葉を宣べ伝えました[注2]」

ドイツの牧師であったヘルミュート・ツィエレキーの言葉を心に留めましょう。「礼拝の成功というのは、概して偶像礼拝の形態をとっており、悪魔が最も地道に育てるものである[注3]」礼拝における「成功」は、スーパースターシンドロームに繋がっていきます。それは、主のしもべにとって最も大きなつまずきの石であり、しかも最も気づきにくい罠なのです。どうか、心してください！

(二) 主のしもべはエンターテイナーではありません。

スコットランド人の伝道師ジェームズ・スチュワートがまだ十代だった頃、自分のメッセージを世に出す絶好の機会が訪れました。当時コロンビア・レコード会社は、「少年ゴスペルシンガー」を発掘しており、すでに少年のゴスペル音楽を世界中に流通させ始めていました。今度はスチュワートのメッセージを録音して、コロンビア・レコードの「少年説教者」にしようと考えたのです。スチュワートが説教を行い、レコード会社がそのメッセージを世に出していたかもしれないのです。もしそうなっていたら、どれだけの人がレコードを手にしたことでしょう。どれだけの収入が得られたことでしょうか。しかし、スチュワートの母親は、彼が自分自身の栄光のためにその申し出を受けることを恐れました。そして、主のスチュワートに対する取り扱いも明白なものでした。

スチュワートが出した結論は、ショッキングなものでした。「サタンが、プロの伝道者を作ろうとしている」[注4]というものです。そうですプロの伝道者とは、現在のアメリカの代名詞でもあります。多くの説教者が、天から降ってくる幸運に躍り上がる中で、この若い説教者がサタンの罠だと気づいたことは大変興味深いことです。神は御言葉を通して、有名になりたい、あるいはお金儲けをしたいという欲望や野望を断ち切られました。神は、スチュワートを真に聖霊の満たしを受けるものとして整えられたのです。

第二次大戦後まもなく、二〇歳になったばかりのスチュワートは、東ヨーロッパでリバイバルが興るのを見ました。彼は、現代的な興奮に酔っただけの集会と、聖霊の本当の臨在との違いに対して非常に敏感になりました。彼の著書である『ハリウッド伝道主義』という薄い本に、この問題が的確に指摘されています。

エンターテイメント志向のキリスト教については、こう書かれています。「これらの集会の雰囲気は、まるでコメディアンや映画スターが壇上に駆け上がるのを待っているようなハリウッドの雰囲気と大変よく似ています」[注5](今日でも私たちは、壇上に駆け上がる映画スターやコメディアンを知っています。そして、確かに彼らは大衆を引きつけています)。スチュワートにとって、これは妥協の余地のない部分です。「私は、地獄に堕ちていく途中の罪人を楽しませることは決してしたくありません。私は毎回、これが最後のチャンスかもしれないと思いながら説教を行いたいのです。私は、人々の魂が火の海の中で私の名前を罵りながら「私は、こことここのゴスペル集会に行きました。けれど、説教者のスチュワートは私を楽しませ、ふざけただけだったのです。彼はキリスト教を茶番にしたのです！」と言うのを聞きたいとは思いません。

「福音伝道における古典的な方法は、人々を泣かせることですが、現代の『ハリウッド』式方法は人々を笑わすことです。すべての人が、陽気で楽しい時間を持たなければなりません。たくさんのジョークであふれていなければ、良い集会とは言えないのです。現代の福音伝道においての、恐ろしいほどの罪の自覚のなさが生じるのは、こういうわけです。浮ついた雰囲気の中では、聖霊さまが働くことはできません」

「厳然とした真実として、『すべては集会の雰囲気による』というを知っている神の民はほとんどいません。たとえば、ジャズ風の雰囲気の中で救われたとします。そこには軽く浮ついた雰囲気があり、ソングリーダーは悪ふざけが多く、説教者はただ自分自身を誉め讃え、肉による努力を使います。こういう中で救われれば、霊的な生活の中には何の深みもない、ジャズ風の浮ついたクリスチャンが作り出されるのです(注6)」

サムエル・チャドウィックは、ずばりこう言っています。「自信過剰に陥ったとき、必ず教会はだめになります。教会が、サーカスと同じような方向に走り出したとき、そこに群衆はいるでしょうが、シェキーナー（神の臨在）は存在しません[注7]」

私たちが求めなければならないのはシェキーナー（神の臨在）であり、私たちのただ中に住まわれる主であり、すぐには消え去ることのない聖霊さまの臨在です。よく言われているように、教会が人々で満たされることではなく、教会にいる人々が神に満たされるようになることによって、神の国は近づくのです。

道化者やスタントまがいの者たちがいる場所は、主イエスの教会ではありません。リングリングブラザーズ、バーナム＆ベイリー（訳注・世界最大のサーカス団）にお金を使う方が、「第一教会サーカス団」の集会でお金を捨てるよりましなことです。

もちろん、真のリバイバルにもたくさんの群衆が集まります。しかし、スチュワート牧師のヨーロッパでの集会に人々が集まって来た時、彼は、これを祝福の証拠だと鵜呑みにはしませんでした。その代わりに、いくつかの自問自答を行なったのです。

「群衆が群衆を呼ぶということはよく知られています。人々が集まってきた理由は、これだけなのでしょうか。人々を引きつける中心にあるのは何なのか、それを知りたいと思います。結局は、自分自身のパーソナリティーなのでしょうか。私が外国人だから珍しいのでしょうか。それとも、ユーモアがあって楽しいからなのでしょうか。さらに私は、人々が引きつけられる中心にキリストがいるかどうかについても知りたいと思います。私は、何千回も回心の告白を受けましたが、もし群衆の中心にキリストがいなければ、この伝道キャンペーンは悪魔の仕かけた偽の業であり、純粋な神の御業とは言えません(注8)」

エンターテイメントは福音伝道とは何の関係もありませんし、アミューズメントも油注ぎとは何の関係もありません。そして、世評とリバイバルも何の関係もないのです。

スチュワートはこう続けています。

「私が少年だった頃、福音伝道師は謙遜で控え目でした。特別集会の宣伝は、次のようなものでした。『近隣の愛すべき友人たちへ。私たちの教会において、継続的に伝道礼拝を持ち始めます。すばらしい救い主がおられることを、あなたに知ってほしいのです』次に、パンフレットは、主イエスに見い出される栄光と美点について語り始めます。近所の人々にとってキリストはすべてですから、私たちは栄光に輝く素晴らしい救い主について宣伝したのです。次に、どこどこの誰々兄弟がこのすばらしい栄光の主イエス・キリストについて説教するとつけ加えました。そうです、人々を引きつける中心には主イエスがおり、大きく取り上げられたのは主ただお一人でした。取るに足らない卑しい神のしもべは、このすばらしい救い主について話をしに来ただけです(注9)」

栄光の主イエスが、力強い聖霊の取り次ぎを通して、私たちの集会の中で讃美されていれば、悪ふざけも、クリスチャンコメディアンも、扇情的なシンガーも、エンターテイナー伝道者も、ゴスペル手品師のような奇跡を呼ぶ牧師も必要ないことは、少し考えればわかることでしょう。トリックも、ゲームもいりません。必要なのは主だけです。

耳を喜ばせないようにしたいものです（偉大な演説家であったホワイトフィールドが「私はあなた方の耳を喜ばせに来たのではありません。あなた方の心に触れるために来たのです(注10)」と言ったことを思い出してください）。どういうメッセージだと、最もたくさんの献金を得られるか計算しないようにしたいものです。音楽担当にどのゲストを呼べば、最もたくさんの人々を呼ぶことができるか見積もらないようにしたいものです。神の御子を讃美すること、明らかな聖霊の臨在を得ること、真実と力をもって御言葉を説教することに、すべての力を注ぎたいものです。これで充分ではありませんか。そして、音楽とメッセージと奇跡の御業をもって主を高く讃美することができたら、それはとてもすばらしいことです。

大きな集会についての広告には、このようなエキサイティングな説教者、魅力的な牧師、家族全員が楽しめる特別アトラクション、王族風に仕立てられた宿泊設備などを大々的に取り上げ、主イエスについては何も書かれていないものがよく見受けられます。一言もないのです。父なる神についても、主イエスについても、聖霊についても全く書かれていません。他の名前は重要でも、御名は重要ではないというのです。ある「使徒」が他のリーダーたちに、自分の集会に出席するよう誘ったときは、こういう調子でした。「油注ぎを受ける牧師が周りを五重に取り囲んでいるときの気分がどんなものか考えてごらんよ」ああ！　私なら、小さな飾り気のない部屋で一人イエスと共にいる方がよいと思います。あなたはいかがですか。
ヘブリディーズ諸島でのリバイバル中に、ある興味深い現象が起こりました。ダンカン・キャンベルがそれについて指摘しています。

「リバイバルにおいては、主に神の厳格さが強調されていましたが、その他に特に目についた点を一つ記したいと思います。八三曲もの讃美歌が回心した人々によって書かれていました。その中には、我々ゲール語の作品と同じくらいすばらしいものがあります。そして一つの例外もなく、讃美歌はすべて「イエスの愛」か「救い主の驚くべき御業」をテーマにしていました」(注11)

もし私たちが愛と慈しみをもって真実を語れば、もし私たちが生ける神と人々とを純粋に接触させることができれば、そこには尽きることのない実りが生まれます。ハリウッドは張りぼてであり、エンターテイメントには中身がありません。私たちにもっと必要なのはイエスなのです。バラエティー番組に似たゴスペル集会や、お涙ちょうだいのミニストリースキャンダルを解決するのは、イエスただお一人です。私たちがへりくだるとき、主は美しいのです。

(三)　主のしもべは、肉に頼るのではなく、聖霊に頼ります。

真に主のしもべであるためには、聖霊さまに頼る以外にどんな道があるでしょうか。聖霊と肉、この二つほど両立しがたいものが他にあるでしょうか。愛する娘が進学資金を稼ごうとしているとき、娘の体をポン引きに売って援助する気前のよい億万長者の父親がどこにいるでしょうか。とんでもないことです。では、崇高なる神から油を注がれ、召命を受けたしもべが、自分のミニストリーにハリウッド式の如才ないプロモーターを雇うでしょうか。王の中の王である神の子が、この世の卑しい財源に頼ることがあり得るでしょうか。

ある国際的にも知られた説教者がテレビで「お金がなければ、何もできません」と言ったことがあります。敬虔なレオナルド・ラヴェンヒルはそれを聞いて、答えました。

「イエスは『私がいなければ、何もできない』と言ったように思いますが」

この二人の姿勢は、なんと異なることでしょう。

神は与えることができますし、実際に与えて下さっています。そしてこれからも与えて下さいます。私たちは這いつくばう必要もありませんし、世と争う必要もありません。私たちの目的は、貧乏になることでも金持ちになることでもないのです。しかし今日、福音という名の下に、キリストの体には肉欲と貪欲さが激しく流れています。

スチュワートは、次のように指摘しています。

「教会の歴史の中で、今日ほどクリスチャンの働き手を『売り込む』ことにたくさんのお金をかけたことはありません（スチュワートはこれを四〇年前に書いています！）。ポールあるいはヨナタン・エドワードが教会の前で、また世界の人々の前でスポットライトを浴び続けるために、広告代理店にお金を支払うということは想像だにできなかったでしょう（注12）」

神の臨在あるいはリバイバルが、市場戦略や市場調査、世論調査、宣伝努力の直接的な成果として生じた例があれば、私に教えてください。次に、深い信仰をもって、熱烈に心を合わせ、たゆむことのない祈りを行なっても、その直接的な成果として神の臨在あるいはリバイバルが起こらなかった例を一つ挙げてみてください。そうです。どうすればよいかはおわかりでしょう。ジョン・ハイドはこう書いています。「弟子たちは、その時（ペンテコステにおいて）黙って祈りました。そして今、神の教会が自身をこれと同じ源にすべてをゆだねた時、何が起こるか語れる人がいるでしょうか（注13）」

もし一二〇人の弟子たちが、主の復活の後の興奮と熱狂の中で、ペンテコステ前に「世界をイエスの下に」キャンペーンを行おうと決心していたら、どうなっていたでしょうか。多分、今日の教会は存在しなかったことでしょう。万が一弟子たちが、「人々の注目を集めて、群衆を引きつけよう。我々が病人のために祈り、説教しよう。きっとすばらしいことになるだろう！」と言っていたらどうでしょうか。神ご自身が二階に引き寄せて下さった大勢の人々を、弟子たちはつかみ損ねたかもしれません。世界中からユダヤ人が（ちょっと考えてみてください！）神の御業によってやって来て、激しい風の音と神を讃美する様々な国の言葉を聞き、そして同時に福音を聞いたのです。このときの説教は、神によって油が注がれました。これ以外の方法で事が行われるのを容認することができるでしょうか。主の本当のしもべなら、このような考えをはねつけます。

賢明で信仰の厚い人々の警告に耳を傾けてみましょう。

「私は、今の世の中では組織を増やすことより、聖霊のバプテスマの方が必要とされていると思います。たくさんの組織がありますが、その組織は、死を内包する世の中を頼りにしがちです。人々を根本から変えるに充分な組織を持たなければなりません。私たちに必要なのは、よりたくさんの計画でも、関連組織でも、集会でもありません。私たちに必要なのは聖霊の息吹、聖霊の炎なのです。聖霊を吹き込まれた組織は、小さくとも一軍の働きをすることができます。私たちは委員会に夢中になりすぎて、二階に集まる時間がありません。あまりに公になりすぎて、隠れた場所を忘れています。組織化に夢中になりすぎて、それを進めて下さる力の存在を見落としています。これは私たちの危機です。危機だと思っていますし、危機を感じてもいます」(注14)

「教会は、何が問題であるかを完璧に知っています。状況の変化にその説明を求めるのが常套手段ですが、状況が変化する前とはいつのことなのでしょう。聖霊なる神を一貫して故意に無視し続けた結果、教会は権威を失い、知恵の秘密を失い、そして上からの力の賜物を失いました。聖霊なる神の臨在とその力をこの世の知恵と資源に置き変えた時、混乱と無力化は避けられなかったのです」

「教会の人的資源は、決してすばらしいものではありませんでした。教会に与えられたチャンスも、決して栄光に満ちてはいませんでした。教会の働きがこれほど急を要したこともありませんでした。大変重大な局面を迎えています。しかし、教会はそのまっただ中で希望を失ってぐらついているのです[注15]」

一世紀における教会には、出版社も教会の建物も、印刷された讃美歌集も、聖書も、伝道委員会も、資金を捻出するコンサルタントも、マスメディアからの接触も、社会における法的身分もなかったと言われています。しかし、彼らが成し遂げたことをご覧なさい。今日のアメリカにはすべて揃っていますが、私たちが成し遂げたのは実り少ないものです。初代教会にあって、私たちに欠けているものとは何でしょう。

すべてを神に捧げた宣教師が、最近「生活が楽になればなるほど、信じることが難しくなる[注16]」と言いました。彼が伝道を行なっていたところでは、人が重病にかかると、三つの選択肢がありました。祈禱師のところへ行くか、イエスのところへ行くか、死ぬかです。私たちには数え切れないほどの選択肢があります。様々な種類の薬や処方箋、様々な医者や専門医、様々なクリニックに病院、様々な食物療法に全身療法です。これら全部に失敗したとしても、イエスが必ずいらっしゃいます。不幸なことに、イエスのところへ行く時点では、体の状態はすでに絶望的であり、信仰は枯れているので、助かる見込みはほとんどありません。

もちろん医者も薬も、世の中にとてつもなく大きな祝福をもたらします。しかし私たちは、医者や薬に絶対的な信頼を置くよう誘われているのかもしれません。すべては、主お一人に属しています。

これはミニストリーにおいても同じことです。私たちはたくさんの選択肢を持っています。肉によるたくさんの仕かけ、たくさんの資源にたくさんの技術革新です。これらが競って私たちの関心を引き、巧妙に私たちをそそのかして、神に頼ることから離れさせます。国中の人々を手に入れるため、私たちの仕事にすばらしい近代技術を利用することと、それに頼るということは別の事柄です。コンピュータはキリストの弟子を作りません。弟子を作るのは弟子たちなのです。神はファックスに答えては下さいません。神は信仰に答えて下さるのです。

ハイテクキリスト教の誘惑に陥らないよう気をつけましょう。「情報ハイウェイ」の上で脱線することは避けましょう。メディア依存の闇の中でも、しっかりと目を見開いていましょう。聖霊さまは充分に満ちておられます。聖霊さまは今までもいらっしゃいましたし、これからもずっといらっしゃいます。それは、G・キャンベル・モーガンが一九〇四年のウェールズリバイバルについて書き記した時以来、全く変わってはいません。

「もし私たちがウェールズの上に立って見下ろすことができれば、そこここで、あそこにもここにも、そして至るところで、何の謀りごとも打ち合わせもなく、聖霊の火が燃え出すのを見ることができるでしょう。神の臨在の中で――厳かにこう言わせてください――神は私たちに語りかけておられます。『あなた方が頼っているものがなくとも、私にできることを見なさい。祈っている人々に対する答えとして、私にできることを見なさい。いつでも召命に応じられる状態で、私だけを全身全霊で頼っている、真に純粋な人を通して、私が行えることを見なさい(注17)』と」

神は今なお、おっしゃっています。「私にできることを見なさい！」と。

(四) 主の僕は、イエスの生涯と死においてイエスと同じです。

インドで生涯に亘り伝道活動を行なったアミー・カーマイケルは、この意味について私たちに教えてくれます。

汝には傷痕はないのか
足に、脇腹に、手に、隠れた傷はないのか
汝が、地上で力強く歌うのが聞こえる
私には、明るく昇っていく汝の星に向かって彼らが呼びかけるのが聞こえる
汝には傷痕はないのか

汝には傷はないのか
だが私は、弓の射手から傷を受けた　弱り果てて
木に寄りかかり、死を待った　食いちぎられたのだ
貪欲な野獣に

それは私の周りを取り囲み、私は気を失った
汝に傷はないのか

傷も、傷痕もないのか
だが主と同じように、しもべはあるべきだ
私に従う両足は刺し貫かれている
だが汝のものは無傷。傷も傷痕も持たない者よ
遠くまでつき従うことができたのか(注18)

この詩が心に染み通るまで、しばらく時間を置きましょう。もう一度、ゆっくりと読んでください。それから自分自身に問いかけてください。私には徴があるだろうか、私には傷跡があるだろうか、私には焼き印があるだろうか、毎日、十字架を背負っているだろうか(ルカ九・23)、パウロと共にどのような意味であれ、「私は、この身に(あるいは人生に)、(主)イエスの徴を帯びている」と言えるだろうか、と。

私たちが深く死ねば死ぬほど、復活の時に私たちが味わう栄光は大きなものになります。私たちが十字架を知れば知るほど、この世に差し出すことのできるいのちが多くなります。

いつでもイエスの死をこの身に帯びていますが、それは、イエスのいのちが私たちの身において明らかに示されるためです。私たち生きている者は、イエスのために絶えず死に渡されていますが、それは、イエスのいのちが私たちの死ぬべき肉体において明らかに示されるためなのです。こうして、死は私たちのうちに働き、いのちはあなたがたのうちに働くのです。（第二コリント四・10～12）

J・H・ジャウエットの言葉に、もう一度耳を傾けてみましょう（この言葉はちょっとショッキングかもしれませんが）。

「カルバリの牧師たちは、血の汗を流して祈らなければなりません。とりなしの祈りはしばしば、苦悶の極致にまで達することがあります。冷たい血のままで祈るのであれば、もはや『十字架』の牧師ではありません。真のとりなしは犠牲であり、血を流す犠牲であり、カルバリを永久に伝えることであり、キリストの苦難で『満たされる』ことなのです」

「修士号を持っている牧師である私の兄弟は、主イエスご自身のとりなしの苦しみを完全に受けたいと望んで苦闘していました。私たちも、彼に続く者になっているでしょうか。私たちは血を流すような祈りをしているでしょうか。手を釘で刺し貫かれた痛々しい友を感じたことがあるでしょうか。私は、よく自分の祈りが恥ずかしくなります。私の祈りは何の犠牲も払っていないし、血を流してもいないのです。しかし、私の薄っぺらな苦しみにもたくさんの実りを与えて下さる主の恵みと謙遜さは驚くほどです」
「私たち自身が血を流すことをやめると、祝福をも止めてしまいます[注19]」

復活の力はすばらしいものです。復活の力は、死によって獲得されるのです。

㈤ 主のしもべは、とても燃えやすいものです。

ものには、燃えるものと燃えないものがあります。乾いた材木は燃えますし、火に水をかければ消えます。これは電気でも同じことです。伝導性の高いものもあれば、伝導性がないものもあります。高圧電線は、かなりの電撃を伝えますが、厚いゴムは伝導路に流れている何ワットもの電流を止めます。これと同じことが聖霊にも言えます。純粋な心には簡単に火がつきます。不信仰な心と罪は、すぐにその炎を消します。聖い生活は、聖霊の力をすぐに伝えますが、肉はその力を鈍らせます。あなたはどうでしょうか。あなたの「霊的組成」はどのようなものでしょうか。

宣教師のアミー・カーマイケルは「私をあなたの燃料、神の炎にしてください」と祈りました。アウカ・インディオによって殉教したジム・エリオットは、この言葉を発展させました。

「神は、ご自身の牧師を炎にされます。私には、火がつきやすいでしょうか。神よ、私を『別のもの』からなる恐ろしいアスベストからお救いください。炎になれるよう、聖霊の油注ぎによって私を浸してください。私をあなたの燃料、神の炎にしてください[注20]」

あなたは燃えやすいですか。

ヘブリディーズ島のバルバス教区におけるリバイバルのためには、数カ月間に亘る祈りが行われました。一つのグループの人々が週に三晩、朝の四時か五時まで祈りました。それでも、ある晩若い執事が立ち上がって詩篇二四篇から読み始めるまで、リバイバルの火はつきませんでした。

「だれが、主の山に登りえようか。だれが、その聖なる所に立ちえようか。手がきよく、心がきよらかな者、そのたましいをむなしいことに向けず、欺き誓わなかった人。その人は主から祝福を受け、その救いの神から義を受ける」（詩篇二四・3〜5）

ダンカン・キャンプベルが次に起こったことを書き記しています。

「彼はもう一度詩篇を読みました。その後、祈りの仲間たちに向かってこう言ったのです。『兄弟たち、私たちは、神を待ち望みながら何週間も祈り続けてきました。ここで私は尋ねたいのです。私たちの手はきれいでしょうか。私たちの心は、純粋でしょうか』

「朝のとても早い時間に、聖霊が一斉に燃え出しました。朝の四時にそこに居合わせていたのなら、三人の男たちが失神して床に横たわっているのが見られたでしょう。その三人は、意識

を失うまで祈っていたのです」[注21]

リバイバルが始まりました。リバイバルの火が燃え始めたのです。燃えたのが確認されたのです。罪は取り除かれました。私たちは今すぐ燃えることができるでしょうか。

先人について言えば、イエスはこう言っています。「彼は燃えて輝くともしびであり、あなたがたはしばらくの間、その光の中で楽しむことを願ったのです。」（ヨハネ五・35）。私たちすべてについて言えば、ウィグルワースはこう宣言しています。「神が道を用意なさっているのなら、私たちはたいまつのようでなければなりません。行く先々の空気を聖めながら、邪悪の中を動き回るのです」[注22]

あなたの人生は聖いものですか。それとも汚れたものですか。光を放っていますか。それとも軽さを表に出していますか。聖霊の働きを深めていますか。それとも聖霊の炎を衰えさせていますか。

神に足らないものはありません。神は、私たちのおよぶ限りの想像をも超えた方法で、私たちを通して働かれます。問題は天の火ではなく、私たちの肉の方なのです。今こそ私たちそれぞれが――特にミニストリーにいる人々が――私たちの生活における何ものも、聖霊の邪魔はさせないという断固たる堅い決心をする時です。今こそ、私たちもまた炎になる時です。今でなくては、いつでしょうか。あなたや私でなくて、誰なのでしょうか。主のしもべは真実を話します。炎はまさに広がろうとしています。その熱さを感じることができますか。

私たちはしばしば、上から二番目のところで（より現実的には、上から一〇〇番目のところで）手を打ちます。高得点を取ったり、「不可能」をねらったりすることを思い留まります。物事は、いつもと同じようにただ続いていると思っています。ただただありふれており、何の変化もありません。しかし、それは新約聖書的な生き方でしょうか。高みを目指しましょう、兄弟たち！　若いロバート・ミューレイ・マッケーンが設定した献身の目標と同じものを自分自身に課してみようではありませんか。

「いつもキリストの血によって洗われた良心を持ち、常に聖霊に満たされ、心と精神と思いにおいて、完璧にまでキリストをまねることによって、今ある最大限の幸せが得られ、神の栄光と人間の幸福のため最大限のことが行なえ、永遠に最大限の報酬が手に入れられるのだと確信しています。これこそ、この世においてキリストに贖われた罪人が得ることのできるものなのです(注23)」

主に似れば似るほど、ますます私たちは輝いていきます。

「そこで私は、私に語りかける声を見ようとして振り向いた。振り向くと、七つの金の燭台が見えた。それらの燭台の真中には、足までたれた衣を着て、胸に金の帯を締めた、人の子のような方が見えた。その頭と髪の毛は、白い羊毛のように、また雪のように白く、その目は、燃える炎のようであった。その足は、炉で精練されて光り輝くしんちゅうのようであり、その声は大水の音のようであった。また、右手に七つの星を持ち、口からは鋭い両刃の剣が出ており、

顔は強く照り輝く太陽のようであった」（黙示録一・12〜16）

神ご自身が、燃える炎なのです。神の御前に住まうものは、神ご自身のようになります。昔の讃美歌の作者はこれを知っていました。

「私のうちにある聖なる火が
今、燃え立とうとしている
卑しい欲望のかすを燃やし尽くせ
そして、山々を流せ（注24）」

これは、初期の救世軍によって作られたものです。

「私の弱い心を強め、勇気を与えるため
聖霊の火を送ってください
死に瀕している世に生きて、これを救うため、聖霊の火を送ってください
見よ、あなたの祭壇の上に横たわる私を
私のいのち、私のすべてを、まさにこの日
捧げものをいただくために、今、私は祈ります

聖霊の火を送ってください[注25]」

信仰深いメソディストの指導者、ジョン・フレッチャーが聖霊による満たしを祈ったときも、同じように火を求めて祈っています。

「主よ、私は油を求めて立っています。私の灯火は、かすかに燃えています。燃え立ち、光り輝くというよりは、まるで亜麻布を燻しているようです。どうか、火を消さないでください。大きな炎に燃え立たせてください！」

「私は『高みからの力』がほしいのです。私は、突き通すような永遠に続く「聖霊の油注ぎ」がほしいのです。私の器を油で一杯に満たしてほしいのです。神々しく照らされる灯火と、私の心の中で昼も夜も燃え続ける神の愛の火がほしいのです。私は、すべての罪を洗い聖めるキリストの血による完全な贖いが、そしてあなたの聖なる御言葉に対する強い信仰が……私はほしいのです」

「あなたは聖霊と火とをもって私にバプテスマを授けることができること、そしてそうなさることを、今信じます。私のうちにある不信仰と戦い、信仰を増し、確かなものとするよう助けてください。主よ、あなたからの聖霊によるバプテスマが必要なのです。このバプテスマが成就するまで、私は苦しめられます[注26]」

主よ、聖霊の炎を送ってください。私たちは、いつでも燃え立つことができます。

カーナーヴォン（ウェールズ）にあるイズゴルディのロバート・エリスは、一八一七年のベッジラートリバイバル中に見た光景を記しています。干し草を収穫していた一群の男たちが次のようなウェールズの讃美歌を歌い始めた途端、持っていた熊手を突然空中に放り投げ、喜びに踊り、飛び跳ねたのです。

神は全く愛すべきお方
　まことに、愛すべきお方
全世界より価値あるお方
　まことに、価値あるお方
さようなら　愚かな偶像
　私の心はイエスさまのもの
イエスさまのお顔は美しく慈愛に満ち
　まことに美しく、慈愛に満ち
大海のような大きな慰め
　まことに大きな慰め

（エミル・ロバーツ、「リバイバルとその実り」）

リバイバルは、他の何よりもまず、神の子、主イエス・キリストの栄光を讃えます。それは、教会の生活の中心にイエスを回復することです……。これによって私たちの讃美歌、私たちの聖歌は、教会の中心であるイエスを讃えるのです。

（D・マーチン・ロイド-ジョーンズ、『リバイバル』）

リバイバルは、イエスを新たに発見することです。

（ジェームズ・S・スチュワート、ダンカン・キャンベルの『ルイスの覚醒』）

何時間も神の御前にひれ伏し、一言の祈りも一言の讃美も口に出すことなく、ただイエスを見つめ、礼拝することがありました。

（A・W・トーザー）

第14章 イエスは、とてつもなく高価な真珠、リバイバルの中心

イエスに対する讃美は、リバイバルの鼓動のようなものです。リバイバルに関する本の中で、一章もイエスに捧げないまま終わるものはないでしょう。今、私には喜びをもってイエスを誇ることのできる特権があります。イエスは私の一番の友達であり、私の救い主であり、主であり、私の頭であり、王であり、キリストであり、油を注がれた方であり、メシアであり、生ける神の子であり、アルファでありオメガであり、始まりであり終わりであり、私たちの信仰の著者であり完成者であり、葡萄の木であり、いのちのパンであり、いのちの水であり、道であり、真理であり、人生であり、ただ一つの門であり、良き羊飼いであり、すばらしい羊飼いであり、羊飼いの長であり、谷間のゆりであり、一万の中で最も公明正大な方であり、神の言葉であり、「私はある」というお方です。主のような方は他にはいらっしゃいません。

イエスは、見えない神の姿であり、すべての被造物の統治者であり、死者からの初子であり、王の中の王であり、主の中の主であり、力ある御言葉によってすべてのものを結び合わせるお方です。私の最も近しい、そして最もすばらしい友はイエスなのです。イエスお一人が讃えるに相応しいお方です。

今日に至るまで、男も女も喜んでイエスのために苦しみを受け、イエスのためにすべてを明け渡し、イエスのために――喜びのうちに――死なれさえしました。なぜなら、イエスにおいて私たちは必要なものすべてを持ち合わせており、イエスにおいて私たちは完全なる愛を見い出し、イエスにおいて私たちは自分自身の魂の求めるものを見い出し、イエスにおいて私たちは神と出会うからです。イエスと生涯を共にするのと引き替えに、人々はなぜ家を、仕事を、地位を、富を、名声を喜んで捨てるのでしょうか。どうしてパウロと共に「**私の主であるキリスト・イエスを知っていることのすばらしさのゆえに、いっさいのことを損と思っています。私はキリストのためにすべてのものを捨てて、それらをちりあくたと思っています**」（ピリピ三・8）と言うことができるのでしょうか。どうして「**キリストのゆえに受けるそしりを、エジプトの宝にまさる大きな富と思い……目に見えない方を見るようにして、忍び通した**」（ヘブル十一・26～27）というモーセの例に習うのでしょうか。

人々を受け入れようと、天の父の右手に立って待っておられるイエスが見えたとき、どうして人々は、ステパノのように――粉々に砕かれた骨と血に染まった体で――光り輝くのでしょうか。

メキシコ・インディアンのために生涯を伝道に捧げたある急進的な宣教師が、次のような話を一九九三年の四月にしてくれました。ある日、一人のインディアンが畑での仕事が終わり、帰宅しました。彼の妻が夕食を差し出したとき、そのインディアンは妻に気分が悪いと告げ、椅子に崩れ落ちると亡くなってしまいました。妻は家から飛び出すと、他の幾人かのクリスチャンを呼んできました。その中には、すでにクリスチャンとなった町の長老の一人も含まれていました。クリスチャンの人々がそのインディアンのために祈ると、彼は息を吹き返したのです。その宣教師は、これまでもたくさんの人々が死から息を吹き返すのを見たことがあり、そのインディアンの体験についても話を聞こうと出かけて行きました。

その小さなインディアンは座って、起こったことについて静かに物語りました。次に、宣教師は彼に「何が見えましたか」と尋ねました。彼は生き返った人すべてに、同じ質問をしているのです。突然、そのインディアンはパッと立ち上がると、上へ下へと飛び上がり始め、何度も何度もこう叫びました。「『私はある』というお方が見えたんだ！『私はある』というお方が見えたんだ！『私はある』というお方が見えたんだ！」神は復活であり、いのちなのです！[注1]

あらゆる栄光と、輝きと、美しさと、力の中におられる「私はある」というお方を見たとき、必ずや今までと同じではあり得ないでしょう。神と親密で個人的な接触を持ち始めたら、きっとあなたは変えられます。神はイエスです。イエスは、あなたの友になることを望んでおられます。イエスは、どんな君主とも異なる君主であり、どんな主人とも異なる主人です。イエスを知る人は、喜んでイエスの御心を行います。イエスのための苦難は恩恵に、イエスのための犠牲は喜びに、イエスのために死ぬことは誉れになると考えています。彼のくびきは負いやすく、彼の重荷は軽いのです。イエスの微笑みは億万ドルよりすばらしく、彼のいたわりは、人間の唇が讃えるあらゆる讃美を合わせたものより価値があります。イエスに迫り、イエスを体験し、イエスを抱きしめてみましょう。主イエスは、あなたのいのちであり、あなたの実体そのものです。

私たちは、馬の前に荷車をつけてしまうことが時々あります。イエスについて説教することを忘れて罪を語ります。聖めについて重点を置きながら、イエスについて少ししか語りません。肉体への死は説教しますが、私たちの魂にいのちを与えるお方の存在を忘れます。二つのメッセージは切り離せないものなのです。事実、主を本当に実感できたときに、悔い改めは自然に訪れ、自己主張はすぐに影を潜め、自発的に犠牲的な行為が生まれます。イエスを探し求めることが喜びとなるのです。

二一歳のロバート・ミューレイ・マッケイは、一八三四年二月二三日付の日記の中で、この入口を見つけました。「早く起きて、神を探し求めた。すると、私の魂を愛する神を見い出した。このような友と会うため、早起きしない人がいるだろうか」(注2)

イエスを見つけることができると知っていたら、あなたも早起きをしますか。イエスの存在、その微笑みなしで生きることができますか。一七世紀のピューリタンであったサムエル・ルーザフォードはできませんでした。

「栄光に輝くキリストの存在から長く離れることは、私にとっては二回死んで二回地獄に行くことと同じです。イエスに会わなければなりません。イエスなしでは、何もすることはできないのです」

このルーザフォードの言葉を理解することができますか。イエスと親しく交わることはあなたにとって大切なことでしょうか、それともイエスなしで、またイエスの存在さえ気づかずに生きていくことができますか。やがてあなたはもっとイエスと親しく会いたくなり、もっとはっきりとイエスが見えるようになります。そうなったとき、あなた自身が変わるのです。

自分の十字架を背負って従って来なさい、とマタイによる福音書一六章でイエスは私たちを呼ばれました。そこへ至る前に、まずマタイ一章から一五章まで通して読んでみましょう。一章から二章において、主は栄光のうちに誕生し、三章では、イエスのバプテスマに際して聖霊が鳩のように降り、父なる神の声が天から聞こえました。四章には、荒野において悪魔を打ち負かしたことが、五章から七章にはイエスの並外れた教えが、八章から一〇章にはイエスのいやし（および弟子たちによるいやし！）が書かれています。イエスは、十一章で「私のところへ来なさい」と私たちを招き、十二章では悪霊を追い出し、一三章では信じられないようなたとえ話を語り、一四章では群衆を食べさせ、水の上を歩き、一五章で宗教的な偽善を論破しました。弟子たちが、「私たちは、何もかも捨てて、あなたに従ってまいりました」と言うことができたのも驚くに当たりません。このような救い主のために、すべてを捨てて従わないものがいるでしょうか。

私たちが生きている限り、決して主の恵みを忘れてはなりません。計り知れないほど高価で完璧な神の御子は、私たちのようにとんでもない罪人であり、道に迷い、死にかけている者たちに、ご自分の命を投げうって下さったのです。そうです。**「私たちがまだ罪人であったとき、キリストが私たちのために死んで下さったことにより、神は私たちに対するご自身の愛を明らかにしておられ」**（ローマ 五・8）るのです。

リチャード・ワムブランドはこう表現しています。

「イエスの教えは、貧しい人々を正しい道のりに向かわせようとするのではなく、貧しい人、不具の人、足の萎えた人、盲人、そして誰からも忌み嫌われている人々を、祝宴を催している家に招き入れることでした（ルカ一四・13参照）。イエスは、あなたを、どうしようもない罪人を、天国に招いておられます[注4]」

罪は私たちを醜くします。イエスは私たちのために、鞭打たれ、軽蔑され、裸にされて、醜い姿になりました。罪は、私たちの外見を変えてしまいます。イエスもまた、外見が変わりました。「その顔だちは、そこなわれて人のようではなく、その姿も人の子らとは違っていた。」（イザヤ五二・14）のです。

罪は、私たちに恥辱をもたらします。イエスもまた、私たちのために恥辱にまみれました。イエスを荒々しく鞭打った後、ローマの兵士は次のような行為を行いました。

そして、イエスの着物を脱がせて、緋色の上着を着せた。それから、いばらで冠を編み、頭にかぶらせ、右手に葦を持たせた。そして、彼らはイエスの前にひざまずいて、からかって言った。「ユダヤ人の王さま。ばんざい。」また彼らはイエスにつばきをかけ、葦を取り上げてイエスの頭をたたいた。こんなふうに、イエスをからかったあげく、その着物を脱がせて、もとの

着物を着せ、十字架につけるために連れ出した。（マタイ二七・28～31）

これらすべてを、イエスは私たちのために受けられたのです！

イエスが十字架に架けられた時、「道を行く人々は、頭を振りながらイエスをののしって、言った。……同じように、祭司長たちも律法学者、長老たちといっしょになって、イエスをあざけって言った。……イエスといっしょに十字架につけられた強盗どもも、同じようにイエスをののしった」（マタイ二七・39、41、44）

しかし、イエスはその見返りとして祝福を受けられました。主こそ、私たちが仕え、私たちが愛するお方です。主は、あなたの命と同じだけ価値あるお方です。あなたのすべてと同じくらい価値あるお方です。主のためにすべてを失っても、良いものは一つも失われません。死はいのちと引き替えられ、罪悪には正義が、束縛には自由が、悪魔のような暴君には天国の父が、罪には救いが与えられます。今日、主イエスに従わずにはいられないでしょう。

共産主義者によってついには拷問死させられたローマのキリスト教牧師は、聖職を授けられたときに次のような祈りを行いました。「主よ、私の心を受け取り、二度と私に返さないでください。私が生まれてきたのは、主を全身全霊をかけて愛するためなのです」

あなたは、そして私も、なぜ生まれてきたのでしょうか。同じように祈ることができるでしょうか。何が失われるというのでしょうか。

ここでちょっと立ち止まって考えてみましょう。祈るために一時間を費やし、断食のために一日を費やし、礼拝のために一晩を費やし、開拓伝道のために一週間を過ごしたことを後悔したことがあるでしょうか。決してそんなことはないでしょう。しかし、祈りではなくおしゃべりに何時間も費やし、断食でなく祝宴のために何日も費やし、礼拝ではなくテレビに幾晩も費やし、霊の追求ではなく肉の楽しみを追って何週間も費やしたとき、私たちは皆本当に後悔します。神に仕えることによってのみ、私たちは満たされます。神に仕えることによってのみ、意味が与えられるのです。

世俗の仕事を持っているのなら、神の栄光のために働きましょう。家族を持っているのなら、神の栄光のために養い育てましょう。芸術方面に、スポーツに、学術に、そしてどのようなものでも賜物が与えられていれば、それを神の栄光のために使いましょう。ただ食べ、飲み、働き、眠り、肉の欲望や心の欲望を充足させるだけの、動物レベルでの生活をしてはなりません。絶対になりません。イエスのために生きましょう。イエスのようになりましょう。他の人々にイエスについて話をしましょう。その人たちがイエスのようになるのを助けましょう。これ以上の召命はありません。

ファニー・クロスビーのような偉大な讃美歌の作者や、ジョージ・ビバリー・シーのように皆から愛されているゴスペルシンガーによる「イエスは、私にとって世界のすべて」とか「この世界が与えてくれる何ものよりもイエスの方が良い」という言葉は、決して誇張ではありません。実際に、ファニーとある紳士との間で交わされた話なのです。ファニーは、少女の時にやぶ医者のへたな処置によって目が見えなくなっており、一方その紳士は目が見えました。彼は、ファニーがなくしたものについて話をしていました。ファニーは夕焼けも、どんな美しい自然も見たことがありません。そして彼女は、こう答えたのです。「ええ、でも私が初めて見るものは、イエスさまのお顔なのです！」ああ、何という光景でしょうか。この会話の後に、古典的な讃美歌「And I Shall See Him Face to Face」（間近にイエスさまの顔が見える）は書かれたのです。

変貌山において、弟子たちは恐ろしい体験をしました。イエスは神々しい姿に変貌され、栄光に満ちた雲が下り、モーセとエリヤが現れ、父なる神の声が聞こえました。弟子たちは、「ひれ伏して非常にこわがった」のです。イエスは、弟子たちに恐れることはないと言い、「彼らが目を上げて見ると、だれもいなくて、ただイエスおひとりだけで」した（マタイ一七・6、8）。山上の体験は、永遠には続きません。奇跡の御業は、毎日起こりません。しかし、すべてが行われ、すべてが語り尽くされても、一つだけ「私たちにはイエスが見えた」ことは残ります。これ以上、何が必要だと言うのでしょうか。これ以上、何を望めると言うのでしょうか。

時々、教会や宣教師の苦難や、信仰のために血を流した殉教者の記事を読むことがあります。私は、「そんな扱いを辛抱できるだろうか。そんな拷問に耐えられるだろうか。福音のためにそこまで喜んで犠牲が払えるだろうか」と不思議に思います。その答えは単純で、「だめです！」というものです。実際、飢えや欠乏状態、非人道的な拷問、罷免、恐ろしい虐待を、毎日毎日、何週間も何カ月も、何年も、そして何十年も勝利のうちに耐えられるとは思われません。しかし、イエスと一緒であれば、不可能は可能になり、耐えられないことも耐えられるようになります。イエスが共にあるとき、あなたはどんなことも乗り越えられるのです。

リチャード・ワムブラントは、二〇年間も独房に入れられたウクライナ人のキリスト教司祭、ビクター・べリクの話をしています。彼の独房には毎晩七時間だけ、わら布団が与えられました。残りの一七時間、彼は毎日毎日サーカスの馬のように独房の周りをずっと歩かされました。

「もし司祭が止まったり倒れたりすると、彼らは何杯ものバケツの水をかけるか、鞭を打って続けさせました。このような毎日が二〇年間続いた後、彼はさらに四年間、氷が溶けることのない北シベリアへ強制労働のために送られました」

「私は彼に『何年にも亘る独房での生活と飢餓食の後に、どうしてこの苦難が耐えられたのですか』と尋ねました。

「彼は、自分で作曲した歌を歌って答えてくれました。『イエスが私の心に灯して下さった、愛の炎でシベリアの氷を溶かそう。ハレルヤ！[注6]』」

イエスと共に刑務所の独房にいる方が、イエスのいない大邸宅に住むよりよいのです。この世のものは何もないけれどイエスがいる方が、この世のすべてのものがあってイエスがいないよりよいのです。あなたの一部分としてイエスを選び取りましょう。イエスと共にあるとき、必要なものすべてを手に入れることができます。

チベットでの恐ろしい投獄と言えば、放浪の聖人サンダー・シンの体験が挙げられます。彼は「キリストの存在は、私の監獄を祝福された天国に変えてくれました。天国そのものはどのようなものでしょう」と言いました。

イエスが来られるとき、不平はやみ、言い訳はなくなり、憂鬱は消え去ります。イエスが注目の的になり、人の自慢はぱったりとやみます。

私たちは、時に人を讃美するのを好みます。肉と血を誇ります。しかし、信仰深い人々は、どうすればよいかを知っています。一八三四年、現代の伝道の父であるウィリアム・ケアリー（訳注・［一七六一―一八三四］英国のバプテスト派の宣教師。インドにおける同派の宣教活動の先駆者）は死の床にいたときに、同僚の宣教師であるアレキサンダー・ダフを枕元に呼んでこう囁きました。

「ダフ。君はずっと、ケアリー博士、ケアリー博士と、私について話してきたね。私が死んだら、もう私のことは話してはいけないよ。ケアリー博士の救い主について話しなさい」

そうです。ウィリアム・ケアリーのような宣教師がいたこと、死ぬまで忠節を守った信仰者たちがいたことを神に感謝します。そして、イエスのために犠牲を払った人々に尊敬を払います。しかし、もし誰を讃え、崇めるべきかをその人たちに尋ねても、声を揃えて次のように答えることでしょう。「神の小羊を讃えよ。その方こそ価値あるお方。すべての部族、言語、国民、国家から私たちを贖うために殺され、祭司たちの王国に入れて下さった方に、栄光を帰せよ」と。私たちも、この声に加わりましょう。

一〇〇年以上も前、ロンドンの日曜の朝に、ある夫婦が有名な説教者の話を聞きに行きました。建物から出ようとするとき、夫が「なんてすばらしい説教者なんだ」と大きな声で言いました。その晩、スポルジョン（訳注・［一八三四―九二］英国のバプテスト派説教者。すぐれた説教で知られる）の説教を聞きに行きました。礼拝から帰ろうとしたとき、夫は「ああ、なんてすばらしい救い主なんだ」(注9)と叫んだのです。私たちの教えと説教、生き方、施し方、仕え方、そして行いにより、人々の目が救い主に向けられますように。

今日、ここで決心しましょう。

「私は、イエスのものになります。私は必ずイエスのものになります。もう遠くからイエスに従うことはしません。イエスを一番近しい友とします」

そうすれば、イエスは永遠にあなたのものとなります。

また、天の御国は、良い真珠を捜している商人のようなものです。すばらしい値うちの真珠を一つ見つけた者は、行って持ち物を全部売り払ってそれを買ってしまいます。（マタイ一三・45～46）

イエスは、すばらしく高価な真珠、リバイバルの中心です。

教会は、私たちを裁く規則として用いられてきたのではありません。なぜなら、そこには常に新しく人並み外れた神の働きがありますし、また、通常とは違う方法で神が働いて来られたのは明らかだからです。神は新しいこと、変わった働きの中に私たちを通され、人間も天使をも驚かすようなやり方で働かれます。そして神が過去にこのように働かれたからこそ、私たちは疑うことなくこれからもなお神は働かれるのだと考えるのです。聖書の中の預言は私たちに、今まで見たこともないようなことを神は成し遂げられるという根拠を与えてくれます。神があらかじめ設けた規則から外れない限りは、今までの日常から外れないこと、つまり決してすばらしくもない状態のままであることは、聖霊の神の働きではないという議論に通じます。しかし聖霊は神の働きの主権者であり、非常に様々な形で働かれることを私たちは知っています。私たちは、神ご自身が定められた規則の範囲内で、聖霊がどれほど多様な形で働かれるかを知ることもできないのです。神ご自身には限界がないのですから、私たちが神を限定してはなりません。

（ジョナサン・エドワード『ジョナサン・エドワード　リバイバルを語る』）

誰も神の働きを厭わないことを願います。なぜなら神の働きの中で道具として用いられたことがないからです。

（ウィリアム・クーパー、ジョナサン・エドワードの『聖霊なる神の働きである徴を見分ける』の序文によせて）

…これは人々より教職者の方に重い責任があるのですが、たとえ時には考えに欠陥があったとしても、神は全霊をかけて神を求める人々を恵みで満たし、祝福します。私たちの神が、それほど良い方であることを私たちは喜ぶべきです。

（J・I・パッカー、J・C・ライルの『ホーリネス』序文から）

第15章　裁くべきか、裁かざるべきか？

　G・キャンベル・モーガンは、もっとも尊敬すべき二〇世紀初頭の聖書教職者です。御言葉に対して非常にたくさんの洞察を得ているため、彼の説教は今日でも高く評価されています。一九〇四年のウェールズリバイバルのことを聞いた時、モーガンはウェールズに行き、熱烈な現地レポートを携えて帰ってきました。ところが、一九〇六年のアズサ通りの聖霊の満たしを聞いたときの彼の意見は異なっていました（ここで注意していただきたいのは、モーガンは実際にウェールズへは行っていますが、アズサ通りのことは話を聞いただけということです）。モーガンは、それを「へどが出るようなサタンの仕業」と評したのです。

　力強い説教者、教職者であり、祈りや聖霊について重要な本を書き、ムーディ聖書協会の初代会長でもあるR・A・トーリーもまた、モーガンと同じように自分の感情を記しています。彼は、この新しいペンテコステの動きを「決して神から出たものではなく、ソドムによって作られたもの」（「チャールズ・パーハムに対する告発」を参照）と言いました。

また、成熟した指導者として高い尊敬を集めているH・A・アイアンサイドにとって、現代のホーリネスとリバイバル運動は、両方とも「嫌悪すべき…錯覚であり狂気」でした。一九一二年の著書で彼は、ペンテコステ集会を「悪の巣であり、大混乱状態、もしくは叫び回るダルウィーシュ（訳注・イスラム教神秘主義教団の修道者で、激しい踊りや祈禱で法悦状態に入る）の集団というにふさわしく」「心神喪失と不信心という多大な被害をもたらしている」と描写しています。

ホーリネスの有名な説教者であり、ホーリネスの人々に広く使われている新約聖書注解を書いたW・B・ゴッドバイは、このアズサ通り集会を自分の目で検証しようと決心しました。メッセージを説教し終わると、彼は人々から「聖霊のバプテスマ」を受けたかどうか尋ねられました。ゴッドバイがいくつかのラテン語の一節を引用すると、熱狂的な信仰者たちは、彼が異言を話しているに違いないと思ったのです。この一件は、熱狂的で無秩序に見えるその場の雰囲気と相まって、決してこの働きは天から出たものではないという充分すぎる確信をゴッドバイに与えました。彼は、アズサ通りの信仰者たちを「サタンの説教者、ペテン師、魔術師、妖術者、手品師、あらゆる類の乞食行者」と呼び、この運動は心霊主義の結果として生まれたものだと主張しました。(注1)

『神の摂理の真実』という興味深い講解書によって、預言の研究家によく知られているクラレンス・ラーキンもまた、現代の異言についての見解を記しています。一九一八年の著書で、彼は次のように記しています。

「もう一つの『時の徴（しるし）』は、いわゆる『異言』の復興です。異言を受け取った者は、『聖霊の神』によって全身が満たされ、『未知の言語』あるいは『外国語』を話す力が与えられると言います。しかし、このように満たされた人々の所作は、床に倒れたり、体をねじ曲げて身もだえしており、その結果服は乱れて、恥ずべき光景となり、聖霊の働きというよりは、むしろ『悪魔の憑依』の特徴を表しています。なぜなら聖霊が、このような下品な振る舞いに手を貸すことはないからです」

「これまで述べたことから、私たちは『危険な時代』に生きていること、私たちの周りは『たぶらかす霊』に満ちており、天の定めた時が近づくにつれて、その霊はますます活発になること、誤った道に引き込まれないためには最大限の注意を払う必要があることがわかります（注2）」

ラーキンはこの本の最後のページを、黙示録一六章一三節から一六節を参照した三匹のかえるを描いた版画で締めくくっています。これは由々しきことです。さらにラーキンは、霊的権限に対して忠実であるためには、「霊を調べて」「どんな霊でも信じるようなことはしてはならない」という警告の言葉を記しています。これらのことすべてから、私たちが学べる事柄はあるのでしょうか。

ラーキン、ゴッドバイ、アイアンサイド、トーレイ、そしてモーガンたちが悪魔によるものだと糾弾したまさにそのリバイバル運動が、全世界を席巻する神の働きの源であり、最終的には何百万の何十倍もの人々を信仰者に変えていることを知ったとしたら、なんと言うでしょうか。世界中に派遣されている膨大な数のペンテコステ宣教団を知ったとしたら、あるいは今世紀に聖霊の力によって行われたすばらしいいやしや奇跡の業を実際に見ることができたなら、なんと言うでしょうか。彼らが重大な判断ミスを犯したことは明らかです!

「だが、ペンテコステのカリスマ的運動を苦しませている肉体的な錯乱状態、教義上の統一性のなさ、そして醜聞などはどうでしょうか」これは、なんということでしょう。このようなことを言う人々には、新たに認識し直してもらい、公式に前言を取り消し、否認してもらう必要があります。しかし、これによってペンテコステの働き全体が損なわれることはありません。今日、長老派の教会では同性愛者に聖職を授け、ルーテル教会では処女降誕を否定し、メソジスト教会ではもはや地獄も魂の勝利も信じていません。これらの教会は、カルヴァンやルター、ウェスレーの評判を落とすことにはならないのでしょうか。

問題は簡単なことなのです。細心の注意を払う必要があるということです。キリストの体のうちに起こった新しい霊的運動を告発しようと早まってはなりません。現場での生の事実を知るまで(先人と同じ轍を踏んではなりません)、成果を目にするまで、教えを明確に理解するまで、事件の双方の当事者と話し合うまで、待たなければなりません。そして謙遜な態度でもって、御言葉と主に近づくべきです。それでも聖霊さまが他の選択肢を与えて下さらない限りは、あまり先走って話をしすぎないよう気をつけなければなりません。そして、この時点で結論を出す必要があるのだろうか、話をすることは益となるだろうか、警告を発する必要があるほど事態は悪いのだろうか、と常に自問自答をすべきです。

敬虔な人々から発せられた前述の言葉は、今では情緒的であさましく聞こえます。このようなことは二度と繰り返してほしくありません。しかし、神の新しい動きに直面するどの世代も、ほとんどこれと同じ間違いを犯しています。カトリックの宗教改革者に対する迫害の炎は、宗教改革者が自分たちと異なる意見の人々を迫害し始めたときも、なお熱く燃えさかっていました。カルヴァンとルターは、再洗礼派の人々が幼児洗礼を否定して、信仰者のみの洗礼を保持したため、暴力による報復で弾圧しました（つまり、この本を読んでいる読者のほとんどが迫害されていたかもしれないということです）。清教徒たちは、英国国教会の抑圧と暴政から逃れましたが、「内なる光」に従うクェーカー教徒を厳しく批判し、クェーカー教徒の中には、死に至った者もいました（「内なる光」について、私たちのほとんども同じような苦しみを受けていたかもしれません）。そうです。私たちは危険な裁き手となり得るのです。

御言葉には、批判的な裁きは重大な罪であると、はっきりと書かれています。また、それは馬鹿げたことでもあります。すべてが明らかにされる日には、私たちの判断の多くがどれだけ馬鹿げて見えるか、ちょっと考えてみてください。

しかし当然ながら、現実には神が私たちに裁くよう命じる事柄もあります。第一コリントの第五章を見てください。兄弟や姉妹と呼ばれる人で、甚だしく大きく、明白で悔い改めることのない罪に生きている者は裁くべきです。

私が書いたことのほんとうの意味は、もし、兄弟と呼ばれる者で、しかも不品行な者、貪欲な

者、偶像を礼拝する者、人をそしる者、酒に酔う者、略奪する者がいたなら、そのような者とはつきあってはいけない、いっしょに食事をしてもいけない、ということです。外部の人たちをさばくことは、私のすべきことでしょうか。あなたがたがさばくべき者は、内部の人たちではありませんか。外部の人たちは、神がおさばきになります。その悪い人をあなたがたの中から除きなさい。(第一コリント五・11〜13)

パウロは、裁きなさいと言っているのです。彼らの責任を問うているのです。信仰者の中には反対の意見を持っている人もいますが、私たちは貪欲さや性的な不道徳や、中傷が何であるか決めることが「でき」ますし、神と一緒にこれを正そうとしない人々を訓練することができます。正そうとしない者がいれば、教会から出て行ってもらうべきです。

「私のほうでは、からだはそこにいなくても心はそこにおり、現にそこにいるのと同じように、そのような行ないをした者を主イエスの御名によってすでにさばきました。」(第一コリント五・3)

この種の裁きは、教会に必要なことです。これによって教会の純粋性は保たれ、他の信仰者は汚れから守られ、イエスの名は高められ、聖霊を悲しませることが避けられ、迷っている聖徒の目を覚ますことができます。現代アメリカの教会はこの点で軟弱であり、その結果、悲劇的な状態になっています。最近では、長期間に亘って不倫状態にあることが暴露された牧師が、邪魔されることなく説教を続けていました。その牧師は、教会の役員会に「自分は悔い改めをした」と語ったというのです。ここには訓練も、信仰から来る裁きも、悔い改めからもたらされる成果も、そして明らかなことに、再生する時間もありません。この指導者は、霊的な癌を取り除くため手術台に乗ったことがないのですから、回復する時間があろうはずもありません。

パウロは率直に、「あなたがたがさばくべき者は、内部の人たちではありませんか。外部の人たちは、神がおさばきになります」と語っています。世の中には、騒々しい者、公然と姦通をするもの、ゆすりを働く者、同性愛者、殺人者、アルコール依存患者があふれています。彼らは、イエスの弟子と呼ばれることはありませんから、彼らに対してはクリスチャン的な行動は期待しませんし、それを要求することもできません。私たちにできるのは、御言葉を語ることであり、自分自身を神の戒めと基準に照らし合わせるよう求めることです。彼らを訓練し、正すのは主にお任せしましょう。

しかし、キリストの体のうちでは話が違います。頑固で明白で悔い改めることのない罪は、ガラテヤ人への手紙六章一節に書かれている聖霊に従って、信仰による裁きで取り扱うべきです。

> **兄弟たちよ。もしだれかがあやまちに陥ったなら、御霊の人であるあなたがたは、柔和な心でその人を正してあげなさい。また、自分自身も誘惑に陥らないように気をつけなさい。**

私たちには、人の心や、罪を犯すに至った動機を裁くことはできません（これは非常に大切なことです）。希望を失うほど非難してはなりませんし、訓練に応えようとするかどうかで裁いてもなりません。しかし、私たちは（この場合、指導者たちは）断固として裁き手としての行動を取るよう要求されます。

このような裁きは、教会にいのちと健全さをもたらします。実際には、旧約聖書で求められているような正義をもって裁きを行うこと、すなわち個々の事件を単に公平に裁定する以上のものが求められます（出エジプト二三・1〜9参照）。これは、虐げられた無力な人々のため、正義をもって戦い、抑圧者から救い出すことを意味します。預言者たちが「父のない子を裁く」（KJV訳）――翻訳に正確さを期したNIV訳では「父のない子の事由を守る」（イザヤ 一・17）と言ったのはこういうわけです。また正直で、神を畏れ、賄賂を拒絶する人が、人々の上に立つ裁き司として任命されたのもこういうわけです（出エジプト一八・21、歴代誌下一九・5〜7）。エルサレムの真の復興が神から約束されるのも、次のような理由からです。

「こうして、おまえのさばきつかさたちを初めのように、おまえの議官たちを昔のようにしよう。そうして後、おまえは正義の町、忠信な都と呼ばれよう。」シオンは公正によって贖われ、その町の悔い改める者は正義によって贖われる。（イザヤ一・26〜27）

神の裁きは、正当であり、公平であり、義しくまた自由を与えるものです。神によらない裁きは、正直でなく、人の目を欺き、損害を与え、破壊的なものです。主は、悪を善、善を悪と呼ぶものたちに「ああ」と悲嘆を表明しておられます（イザヤ五・20）。神は、不正な裁き手、不正な裁きを心から嫌われました（アモス五章を読んでください）。私たちは、悪を憎むのと同じように正義を愛さなければなりません。公正な裁きがいかに重要かを理解したとき、批判的な裁きを避けることができます。

コリント人への第一の手紙を通して、パウロは、裁くのが正しいときと間違っているときを説明しつつ、裁きの問題を扱っています。コリント人への第一の手紙二章一五節で、パウロは「御霊を受けている人は、すべてのことをわきまえます」――つまり、聖霊を受けている人は、すべての事柄の価値について調べ検討します――が、「その人自身はだれからも判断されたりしません」――つまり、霊によらない裁きや救われていない人からの裁きは論外だと言っています。六章の一節から五節では、キリストの体である教会の中で争いや不和が生じたときは、裁き手として働かなければならないと強調されています。天使たちを裁くこともあり得るのです！　なのに、私たちの間で起こった争いを裁定できずに、世俗の裁判所に出て行こうとするとは、なんと恥ずべきことなのでしょうか（この罪――そう、これは罪です！――は私たちの世代にはびこっています）。パウロは、まだ救われていない人々の前に兄弟を連れ出して、イエスの名に傷をつけるよりは、その兄弟からだまし取られる方がましだと言っています。

二つの箇所で、パウロはコリントの人々に「自分で判断する」（第一コリント一〇・15、十一・13）ように言っています。つまり、「この件について自分で決心しても問題が起こることはない」というのです。ですから、主の晩餐を執り行う場合、パウロは信仰者たちに、飲んだり食べたりする前に自分自身を裁く――つまり自分自身の心と生活とを調べて、正直に罪に対処し、主の体と血とを認識する——ことがなければ、今度は自分自身に裁きがもたらされると警告しています。

主の体のことをわきまえずに飲み食いする者は、自分自身に対する裁きを飲み食いしているのです。そのため、あなたがたの間に弱い者や病人がたくさんおり、多くの者が死んだのです。わたしたちは、自分をわきまえていれば、裁かれはしません。裁かれるとすれば、それは、わたしたちが世と共に罪に定められることがないようにするための、主の懲らしめなのです。（第一コリント十一・29～32）

次に、コリント人への第一の手紙一四章二四節から二五節で、預言の賜物が礼拝の中で力強く働いているときに信仰を持たない人が入ってきたら「彼は皆から非を悟らされ、皆から罪を指摘され」ると、パウロは言っています。つまり、その人の罪多い生活が露わにされ、罪責感が表に出るというのです。

しかし、コリント人への第一の手紙の至るところで、パウロは不正な裁きを放置することに対して強く警告しています。

わたしにとっては、あなたがたから裁かれようと、人間の法廷で裁かれようと、少しも問題ではありません。わたしは、自分で自分を裁くことすらしません。自分には何もやましいところはないが、それでわたしが義とされているわけではありません。わたしを裁くのは主なのです。

ですから、主が来られるまでは、先走って何も裁いてはいけません。主は闇の中に隠されている秘密を明るみに出し、人の心の企てをも明らかにされます。そのとき、おのおのは神からおほめにあずかります。（第一コリント四・3〜5）

私たちは、「誰々はただ注目を集めたくてやったんだ」「お金のためにやったんだ」といったような、人の心の中の動機を裁く権利はありません。「誰々は家族から離れすぎている」「子共たちに時間をかけすぎて、祈りに充分な時間を取っていない」というように、他の牧師を裁く席に呼ばれているのではありません。「見ていなさい。私の教義を認めなかったあの説教者から、主は油注ぎを奪い取られるだろう」というように、神を演じることを求められているのではありません。私たちは、知恵と、信仰と、希望と、信頼と、そして愛のうちを歩くよう求められているのです（これは指導者とその配偶者が、まるで自分たちはすべてを知っており、指導者として考え方も偏っておらず、まるで自分の考えすべてが聖霊による啓示であるかのように、教会の会衆を厳しく裁くことの裏返しです。信頼関係のためなのです。自分たちの指導者のスタイルについて正直な疑問を持った人を、悪魔の子供にしないためです）。

パウロは、自分を裁かせる余地を与えませんでしたし（第一コリント九・3〜6）、他人を裁こうとする人を叱責しました。

他人の召し使いを裁くとは、いったいあなたは何者ですか。召し使いが立つのも倒れるのも、その主人によるのです。しかし、召し使いは立ちます。主は、その人を立たせることがおできになるからです」（ローマ 一四・4）（「あなたは何者ですか」という言葉には下線を引いて、強調するべきです。私たちは自分を何者だと思っているでしょうか）

この御言葉は、家の召使いについて話しています。パウロは、私たちではなく、主人の利益を考えています。主人が病気になり、召使いが半年間夜も昼も働かなければならなかったとしたら、そして半年後に主人が一カ月間の休暇を与えてくれ、身も心も楽にして人生を楽しみなさいと言ったとしたらどうでしょうか。残りの半年間のことを知らずに、私たちが休暇中の召使いを見たとしたら、私たちは「あいつは、怠惰な遊び人だ」と思うことでしょう。しかし、彼の主人は「いや、あの召使いは私の命を救ってくれた。今まで使った中で一番良い召使いだ」と言うかもしれません。私たちは、裁きを行うほどのものなのでしょうか。

どうして私たちはすべての人に、私たちと同じように生きることを求める必要があるのでしょうか。主が私たちにより多くを求めるのは、おそらく私たちが他の人々より成熟しているためでしょう。ならどうして成熟している私たちが、主から要求されもしない未熟な人々に何かを要求することができるのでしょうか。あるいは、神が私たちを一定基準に保っておこうとなさるのは、私たちの特定部分にある弱さゆえかもしれません。ならば、その部分に問題を抱えていない強い信仰者たちに、どうして同じ責任を問わなければならないのでしょうか。何の問題もなくバイクに乗れるのに、補助輪つきの子供用自転車を使わせる必要があるでしょうか。

もちろん、私たちの基準や見解とは関係なく、罪なものはあります。一つの実例を挙げてみましょう。あるドイツ人のクリスチャンが、裸の女性たちと一緒に裸でサウナに入りました。彼はそのとき、何の肉欲も感じず、煩悩に支配された考えも浮かばなかった、と私の親友に語りました。たとえそうだったとしても、それは彼の心が強く、また彼の属している社会が倒錯している結果であり、彼の神聖さや聖さの結果ではありません。彼がどう考えようと、それは罪なのです。しかし、これ以外の多くの問題は議論の余地があります。

私の家には、有害ではない選定ビデオを見たいときに使うモニターはあるのですが、テレビはありません。クリスチャンはテレビを排除するのがよいと私は思いますが、テレビを持っているだけで、よその家族が不信仰であると裁く権利は私にはありません。おそらくその家ではテレビをつけないのでしょう。あるいは単発の珍しいニュースドキュメンタリーをコマーシャル抜きで見るだけなのでしょう。あるいは、クリスチャンになったばかりで、不道徳なものや、麻薬やアルコールへの依存、悪口や嘘、子供への暴力、そして喫煙すら避け始めたばかりなのかもしれません。何時間もスポーツを見て時間を無駄にし、昼間のトークショーを見て心を汚すことについて、まだ聖霊さまの取り扱いがないのかもしれません。このままクリスチャンとして成長を続けていけば、聖霊さまが彼らに語り続けられることでしょう。私たちのとりなしの祈りは、告発より大きな効果があるのです。

それなのに、なぜ、あなたは自分の兄弟をさばくのですか。また、自分の兄弟を侮るのですか。私たちはみな、神のさばきの座に立つようになるのです。次のように書かれているからです。

「主は言われる。わたしは生きている。すべてのひざは、わたしの前にひざまずき、すべての舌は、神をほめたたえる。」こういうわけですから、私たちは、おのおの自分のことを神の御前に申し開きすることになります。ですから、私たちは、もはや互いにさばき合うことのないようにしましょう。いや、それ以上に、兄弟にとって妨げになるもの、つまずきになるものを置かないように決心しなさい。（ローマ一四・10〜13）

ジョン・ハイドは、かつてインドにいる牧師のために祈ったことがありました。彼は主に向かって語りかけ、「あなたは彼がどんなに冷たい人間に育ったかご存じです」と、言おうとしました。

「突然、御手が彼の唇に触れたように感じ、彼に向かって厳しく叱責する御声が聞こえました。『おまえは彼に触れ、私の大切な宝に触れた』大きな恐怖が彼を襲いました。彼は、『弟たちの告発者』（黙示録一二・10参照、これこそサタンの働きです）として神の前に罪を犯したのです。自分の兄弟を『裁いて』いたのです。彼は、神の前で叱責され、惨めな気持ちになりました。まず最初に正されなければならないのは彼自身でした。すべての罪を聖めて下さるようキリストの尊い御血に訴えました。そして『父よ、兄弟の生活の中で、愛すべきものは何か、評判の良いものは何か教えてください』と叫びました。電光に打たれたように、彼は兄弟がキリストのためにすべてを投げ出したこと、そして手を切った縁者から受けた大きな苦しみに耐えていることを思い出しました。その兄弟が長年に亘って一所懸命に働いてきたこと、困難な状況を切り抜けてきた才覚、その兄弟がいやした多くの争い、夫の模範であることなどを思い出しました。次から次へと様々なことが彼の目の前に現れ、祈りの期間は、祈りではなく、すべて兄弟のための讃美に費やされたのです」

「彼には一つの訴えも思い浮かばず、あるのは感謝だけでした。神は、しもべの目を、讃美すべき最高の牧師へと見開かせました…。ハイド師が平原に降りていったとき、その兄弟が霊的に非常に大きく高められたのがちょうどその時に当たっていたことを知りました」(注3)

ちょっと考えてみてください。ハイドが密室の祈りでその兄弟に反対したことについて、神がこのように感じたとしたら、もし私たちが、自由に、気軽に、独善的な考えで、自分たちの霊の家族について――神の子供たちであり、イエスの兄弟であり、姉妹である人々について――公然と、人前で反対したとしたら、主はどのように感じられるでしょうか。

ハイド自身は、誤解されることがどのようなものか知っていました。牧師になって日が浅い頃、同僚の牧師の中にはハイドの祈りの生活について批判的な人もいました。膝を屈して祈ってばかりで、魂を救うため外に出る時間が不充分であると言うのです。しかし、その牧師たちは後に、彼が祈れば祈るほど彼の働きは祝され、彼の祈りが少なくなれば、救われる魂も少なくなることに気づきました。ハイドは、この牧師たちの感情について知っていたのでしょうか。彼はこう言いました。

「もちろん、知っていました。だが、彼らは私のことを理解していなかったのです。それだけです。私に対して不親切にしようと思ったのでは決してありません」(注4)

これこそ、愛の中を歩むということです。彼はこれを聖霊の助けを借りて行えたのですから、私たちにもできます。私たちの周囲に発せられる単なる批判的な裁きに関わり合わないことです。ミス・ウィグルスワースは、これをわかりやすく言い換えています。もし私たちに洞察力の賜物が与えられているというのであれば、次の半年間は誰に対しても、何についても、二度と否定的に「洞察」しないようにする練習を自らに課す、というものです。

イエスは、見かけをもとにして裁きを下す人々を、率直に叱責しています。「**うわべによって人をさばかないで、正しいさばきをしなさい**」（ヨハネ七・24）と言っています。物事は、常に見かけと同じとは限らないのです。

悪名高い守銭奴として知られている、裕福で年老いたユダヤ人の男性についての話があります。貧しい人が助けを求めて彼の家に来ると、彼は声荒く貧しい人を追いやり、シナゴーグへ言って助けを求めるよう言います。彼は何年にも亘ってこうしており、その間にひどい評判が立ちました。ところが、彼が亡くなったとき、町の人々はショックを受けました。貧乏人が引き続きシナゴーグへ助けを求めに行くと、シナゴーグにはお金がなくなっていたのです。おわかりのように、この守銭奴は貧乏人を人知れず助けるため、匿名で多額の寄付をしていました。しかし人々を自分の家の戸口から追いやっていたため、そのことに気づいた人は誰もいませんでした。彼は、自分の親切な行いを人の面前で見せるのを嫌い、わざと正反対の印象を与えたのです。彼は、主の面前で行なっていたのです。

誰もが彼はけちだと思っていました。ところが、彼は信仰深かったのです。外側に表れた見せかけに、なんとだまされやすいことでしょうか。イスラエル人は、間違いからギブオンの人々と何代にも亘る盟約を結びました。これは、主に尋ねることをしないで（ヨシュア記、特に一四節参照）、目に見えたもので判断したからです。これとは対照的に、メシアの公正なる判断を見てみましょう。

その上に、主の霊がとどまる。それは知恵と悟りの霊、はかりごとと能力の霊、主を知る知識と主を恐れる霊である。この方は主を恐れることを喜び、その目の見るところによってさばかず、その耳の聞くところによって判決を下さず、正義をもって寄るべのない者をさばき、公正をもって国の貧しい者のために判決を下し、口のむちで国を打ち、くちびるの息で悪者を殺す。正義はその腰の帯となり、真実はその胴の帯となる。（イザヤ十一・2〜5）

もし自分自身に対して心底正直であろうとするなら、ヘアスタイルや服が気に入らないとか、運転している車が上等すぎる（あるいは上等ではない）とか、太りすぎている（あるいは痩せすぎである）とか、牧師の正装をしているとか、気取っているように見える（実際は恥ずかしがり屋だとわかったのですが）という理由で、私も人々を裁いている（少なくとも私の考えでは、たとえそれが一瞬であっても）と認めざるを得ません。もし他の人々も同じように自分のことを裁いていたら、どう思うでしょうか。他の人々の目には、自分はどのように映っているのでしょう。

最近ある牧師が、自分の働きに対して多大な寄付をしようと約束してくれたアメリカ人に対してずっと腹を立てていたという話をしてくれました。二年が過ぎましたが、その男は寄付をよこさなかったのです。そこで牧師は大変腹を立て、彼の住む州を訪ねても電話一本すまいと心に決めたのです。次の年、牧師は自分の取った態度を悔やみ、兄弟であるそのアメリカ人のところへ電話をかけて、罪を告白しました。その時初めて、彼が癌との壮絶な戦いを戦い抜いたこと、友人への約束の贈り物をまさにその年にしようと計画していたことを知りました。癌によって、彼は力がそがれ、あらゆることが遅れ遅れになってしまったのです。それでもなお、彼は自分の約束を果たそうとしました。もしその牧師が事実を知っていれば、咎め立てをする代わりに断食をし、批判する代わりにいやしを行えたかもしれません。

誰か、あるいは何かに対して、問題を作り上げようと思えば作り上げることができます。人が悪く見えるように、文脈を外して引用しようと思えばそうすることもできます。実際、文脈を外して聖書から引用し、聖書を馬鹿馬鹿しく見せようと思えば、それもできます。攻撃的な心では、決して真実は見えません。プライドは目を見えなくします。自分が取り扱われたいと思うように、自分も他人を取り扱えば、たくさんの祝福と栄光がさらに加えられ、流血と争いは大幅に減ることでしょう。

牧師や聖職者、あるいはリバイバル運動について話をするとき、自分が何を話しているかきちんと知っているという確信が持てるでしょうか。復讐の刃を研いでいる人々、また、もともとが批判的で断定的である人々（あるいは、全く何も知らない人々）からの報告を受けただけで、否定的な疑い（「やっぱりそうだったんだ」）が吹き込まれたのではない、と自信を持って言えるでしょうか。人は、簡単にあなたに対しても問題を作り上げることができるのではないでしょうか。あなたのことを目の敵にしていて、耳を傾ける人がいれば誰にでも一方的な立場からの話を喜んでするような人はいませんか。あなたのことをよく知らない人から、すぐに誤解されるようなことはありませんか。人があなたの悪口を言うのを聞いたとき、また、たとえ事実であっても悪意のあるうわさや人を惑わせる当てこすりを話しているのを聞いたとき、怒りを感じることはありませんか。しかし、私たちも同じことをしているのです。

ですから、すべて他人をさばく人よ。あなたに弁解の余地はありません。あなたは、他人をさばくことによって、自分自身を罪に定めています。さばくあなたが、それと同じことを行なっているからです。（ローマ二・1）

オズワルド・チャンバーズは「他人の間違いや、小さな傷を見つけるのは簡単なことです。なぜなら、他人の中に見えるものは、自分自身にも身に覚えがあることだからです」と記しています。私たちが皆、「主よ、他人の人生において私が裁くのと同じように激しく――そして手心を加えずに――自分自身の中にある罪を憎むことができるよう助けてください」と祈るとうまくいくようです。こうすることによって、私たちも真っすぐに正されるのでしょう。

神がどれだけ、邪悪な偽りの報告をする罪を憎んでいるか、ちょっと見てみましょう。

もし、ある人に不正な証言をするために悪意のある証人が立ったときには、相争うこの二組の

者は、主の前に、その時の祭司たちとさばきつかさたちの前に立たなければならない。さばきつかさたちはよく調べたうえで、その証人が偽りの証人であり、自分の同胞に対して偽りの証言をしていたのであれば、あなたがたは、彼がその同胞にしようとたくらんでいたとおりに、彼になし、あなたがたのうちから悪を除き去りなさい。ほかの人々も聞いて恐れ、このような悪を、あなたがたのうちで再び行なわないであろう。あわれみをかけてはならない。いのちにはいのち、目には目、歯には歯、手には手、足には足。（申命記 一九・16～21）

あなたは、自分の兄弟に対する偽りの証人ではないという確信がありますか。これは、十戒の一つに抵触します。裁きを行うときには、どんなに細心の注意を払っても、払いすぎるということはありません。

イエスはこう言っています。

さばいてはいけません。さばかれないためです。あなたがたがさばくとおりに、あなたがたもさばかれ、あなたがたが量るとおりに、あなたがたも量られるからです。また、なぜあなたは、兄弟の目の中のちりに目をつけるが、自分の目の中の梁には気がつかないのですか。兄弟に向かって、「あなたの目のちりを取らせてください。」などとどうして言うのですか。見なさい、自分の目には梁があるではありませんか。偽善者たち。まず自分の目から梁を取りのけなさい。そうすれば、はっきり見えて、兄弟の目からも、ちりを取り除くことができます。（マタイ七・1

〜5）

悲しい事実として、私たちが他人に対して最も厳しく裁く部分は、まさに自分の最も弱いところであることがよくあります。ところが、他人を壁に釘で打ちつけている間も、自分のことは棚上げにします。父親か母親がその子供たちを怒鳴りつけているのを見ると、なんて厳しいんだとか、しつけが悪いとか、自制がきかない親なんだと裁いてしまいます。しかし、いざ自分が子供たちを怒鳴りつけたときには、ただ、今日は最悪の日だったうえに疲れていたし、子共たちは本当に強情だからと考えます。他人は非難しても、自分自身に対しては言い訳をするのです。

魅力的な異性の教会員を物欲しげに見ている場面を目撃したとします。「なんて汚れた恥知らずなんだ」と思います。しかし、自分が同じような目で見たら……、「主よ、あなたは私の心の中をご存じです。私は本当はそんなことをするつもりはありませんでした。あなたは、私が聖くなりたいと願っていることをご存じです」と祈ります。なんと面白いことでしょうか。さらには誰かが道路上で立ち往生したとき、どのように感じるかは言うまでもないでしょう(もちろん、相手に向かって苛立たしげにクラクションを鳴らす権利もあります。そのために殺されることになるかもしれませんが)。しかし、私たちが知らずに隣の車線に迷い込んだ直後に、クラクションを鳴らされたときには、どうしてそんなに怒っているんだろうといぶかり、返ってその相手に腹を立てたりします。

これと同じ振る舞いを教会でしたら、どんなに悲劇的なことになるでしょうか。破壊的で、裁きに満ちた精神によって、キリストの体である教会は絶えず壊され、傷つけられます。「超」信仰深い聖徒でさえ、自分は主の近くにいるから裁くことが許されているのだ、とどういうわけか信じていたり、あるいは、神は直接すべてを自分に話して下さるから、自分は絶対に裁いてはいないと自分自身を欺いたりして、同じような状況に陥ることがあります。「神さまはあなたのことをすべて私に話して下さいました。私は天からの御声を聞いたのです」という人々の罪深い裁きによって、どれだけのいのちが破壊されたことでしょうか。もう一度言わせてください。私たちには細心の注意が必要です！

兄弟たち。互いに悪口を言い合ってはいけません。自分の兄弟の悪口を言い、自分の兄弟をさばく者は、律法の悪口を言い、律法をさばいているのです。あなたが、もし律法をさばくなら、律法を守る者ではなくて、さばく者です。律法を定め、さばきを行なう方は、ただひとりであり、その方は救うことも滅ぼすこともできます。隣人をさばくあなたは、いったい何者ですか」（ヤコブ四・11～12）

再び「あなたは、いったい何者ですか」という言葉が記されています。これこそ、神が私たちに直接語りかけておられる言葉です。中傷してはなりません。裁いてはなりません。兄弟に反論してはなりません。あなたは裁き手ではないのです。あなたも私も、陪審員でも法律でもないのです。生きるうえでの私たちの法は次のようなことです。

自分にしてもらいたいと望むとおり、人にもそのようにしなさい。あなたがたの天の父があわれみ深いように、あなたがたも、あわれみ深くしなさい。さばいてはいけません。そうすれば、自分もさばかれません。人を罪に定めてはいけません。そうすれば、自分も罪に定められません。赦しなさい。そうすれば、自分も赦されます。（ルカ六・31、36～37）

私たちは、恵みと慈愛に満ちあふれた、赦し合いの社会にしなければなりません。痛烈な批判や、自説を曲げない傲慢さは、バレエの中に紛れ込んだ象のように目立ちます。
亡くなられる前に発したいくつかの最後の言葉の中で、イエスは弟子たちにこう言っておられます。

あなたがたに新しい戒めを与えましょう。あなたがたは互いに愛し合いなさい。わたしがあなたがたを愛したように、そのように、あなたがたも互いに愛し合いなさい。もしあなたがたの互いの間に愛があるなら、それによって、あなたがたがわたしの弟子であることを、すべての人が認めるのです。（ヨハネ一三・34～35）

今こそ、主が私たちを愛して下さったように互いに愛し合うことにより、私たちは主をあがめ、イエスの弟子であることを世の中に示す時ではないでしょうか。今こそ、私たちの贖い主の戒めに敬意を払う時ではないでしょうか。そして、神聖なるとりなしの祈りが聞かれるのを、熱望すべきではないでしょうか。最高の祭司としてのイエスの祈りを聞いてみましょう。

わたしは、ただこの人々のためだけでなく、彼らのことばによってわたしを信じる人々のためにもお願いします。それは、父よ、あなたがわたしにおられ、わたしがあなたにいるように、彼らがみな一つとなるためです。また、彼らもわたしたちにおるようになるためです。そのことによって、あなたがわたしを遣わされたことを、世が信じるためなのです。またわたしは、あなたがわたしに下さった栄光を、彼らに与えました。それは、わたしたちが一つであるように、彼らも一つであるためです。わたしは彼らにおり、あなたはわたしにおられます。それは、彼らが全うされて一つとなるためです。それは、あなたがわたしを遣わされたことと、あなたがわたしを愛されたように彼らをも愛されたこととを、この世が知るためです。(ヨハネ一七・20〜23)

主にとって、これはどんなに大切なことでしょうか。このような愛は、世界を変えることができます――そして必ず変えます。愛がなければ、私たちは霊的麻痺状態に陥ってしまいます。

他の人の言葉の中に自分の考えを読み込む、精神分析ゲームはもうたくさんです。中傷に満ちた告発はもうたくさんです。お互いに言い合いをして何か良いことがあるでしょうか。人はそれぞれ違っています。私たちは、成長途上にある人を互いに非難すべきでしょうか。自分と異なる意見を持つ人々を地獄へ葬るべきでしょうか。

天国は、目を大きく見開かせるところであり、口を閉じさせるところだと言った人がいました。実際、あなたが天国にいるのを見て驚く人がいるかもしれないのと同じように、その人が天国にいるのを見てあなたも驚くことでしょう。私たちの未熟さと、愛のなさがどんなに主を傷つけることでしょうか。今こそ、私たちは一段と成長する時です。

さらに、今までに述べたすべてのことがリバイバルの期間に重大になるのはどうしてでしょうか。それは、リバイバルの本質そのものが、争論と分裂を引き起こし、私たちの愛を試し、私たちの謙遜さを試し、イエスに対する献身を試すからです。私たちは、一方では一致のために和解するよう主から促されるのですが、実際のところ、潰し合いに甘んじています。兄弟愛のためといって、主を裏切らないようにしたいものです。また一方では、私たちは、主が用いられている人々を受け入れなかったり、あるいは私たちを受け入れない人々を罵ったりして、人を裁くよう誘惑されてもいます。教会中を覆う、批判的で辛辣な精神ほど、神の働きを遮るものはないでしょう。キリストの体を蝕んでいる、無情に人を裁く態度ほど、聖霊の炎を消すものはないでしょう。

私たちは、愛のうちを歩くか、代価を払うかなのです。私たちが払うべき代価は恐ろしいものです。リバイバルが切り上げられることによる永遠の結末がどのようなものか、予測できる人はいません。その損失を見積もることのできる人がいるでしょうか。私たちの愚かなプライドのために、聖霊さまのご臨在が失われることがあってはなりません。愛のうちに歩むべきです。今こそ、これを始めるに絶好の時でしょう。これを行うに何の後悔があるでしょうか。

陶器師がどのように仕事をするべきかは、粘土の計り知ることではない。もしもいい加減な者が悔い改めへと導かれ、世俗的な者が聖化へと導かれ、汚れた者が聖められるなら、そして古い人がその古い行いと共に脱ぎ捨てられ、神によって造られた義と真の聖さを身にまとった新しい人が生まれるなら、それは神の聖なる霊の働きであり、キリストにある真理の実なのである。そしてこれらの業が私たちや他の人々の中で完成されるまでの経過は神によって決められており、時にその方法は、神の一つひとつの働きが人の手を借りると傷つけられてしまうという、不完全さの中で御手の業を認識することができるかをご自分の民に試すためであったりもするのである。

（ジョン・ボナール著『宗教における信仰復興の本質』）

記録されているほとんどすべてのリバイバルは乱れた宗教活動の雰囲気に囲まれており、同時に弱さと罪の要素に深刻な影響を受けていたのである。その結果、続く世代の教会指導者たちは、自らとその信者たちへの覚醒運動からの感染を防ぐために過去のリバイバルの最も悪い側面を強調したのである。

（リチャード・ラブレース著『精神生活の力学』）

第16章 リバイバルの証(あかし)は人々の生活の中にある

すべてのリバイバルには一つの同じ質問を投げかけることができます。「これは神から来ているのであろうか？」というものです。それはつまり、「これらの人々は惑わされているのだろうか？」「それともこれは聖霊の大いなる働きなのだろうか？」「もしも私が少し距離をおいて様子を見るとすると、何かを受け損じてしまうのだろうか？　それとも、そのただ中に入って混乱してしまうのではないだろうか？」「私は主に逆らいたくはない。しかし人の暗示や悪魔の影響に心を開いたりしたくもないのだ。それではどうすれば確信が持てるのだろう？」「どうすればこのリバイバルが本物かどうかを知ることができるのだろうか？」という意味でもあります。

イエスが帰ってこられるまで、こういった質問は常に浮上してきます。これまでもそうだったのです。イエスが地上で働きをされたとき、ある人々は、これは彼を通して聖霊が働いているのだと言い、またある人々は、これは悪魔の仕業だと主張したのです。ペンテコステ運動では、会衆は異言についての意見の相違で分裂しました。つまり、これらの人々は、神によって語っているのか、それとも酔っぱらっているのかということでした。そして同じように、歴史的に大いなる油注ぎや霊的運動が興るときには大きな分裂も起こったのです。

宗教改革は論争を呼びました。またピューリタンやメソジストのリバイバルも論争を呼び、ジョナサン・エドワーズのリバイバルにも論争は起こったのです。現代ペンテコステの注ぎかけも、フィニー、エヴァン・ロバーツ、スポルジョン、ムーディーのミニストリーも論争を呼んだのです。実際、神の働きのすべてが論争を呼び、この本に取り上げられる神の働き手たちも、イスラエルの預言者たちも、ついには主イエスご自身もそういった論議を醸し出したのです。

神が行なっておられるのか否かという論議は起こるでしょう。しかし、それは私たちを暗闇に置き去りにするようなものではありません。ある人々が神の偉大なる働きに反目し、または それを悪魔の働きと呼ぶに至り、また一方で別の人々が完全に偽の働きに惑わされ、集団自殺に至ったからといって、私たちが同じ過ちを犯す運命にあるなどということはありません。私たちは頑固になったり、馬鹿になったり、批判的になったり、人の言うことをすぐに真に受ける必要はないのです。私たちの心が謙虚であり、神の御前にあって純粋ならば、また、私たちに神が用意して下さったものをすべて受け取りたいと願っているならば、そして御言葉の明確な証に忠実に留まり続け、取り扱っていただくことを願い、主の御手に驚かされることを心に留めているならば、私たちはリバイバルを確認し、受け入れることができ、なおかつもっともらしい偽の働きが浮上するとき、それをはねのけることができるでしょう。それには私たちが用いることのできる原則があります。しかしその前に私たちは正直でなくてはなりません。私たちは自分が思っているほど利口ではないのです。私たちが霊的見分けと呼ぶものは、しばしば罪深い偏見であったりします。また洞察力と呼んでいるものは無知でしかなかったりもするのです。私たちは、自分で思っているよりもずっと自分の生まれ育った背景や環境に強い影響を受けているものなのです。私たちの教会の持つ伝統は(すべての教会はその伝統を有しているのです！)、しばしば私たちを度量の小さい、視野の狭いものにしてしまいます。違っていたり、新しいものは、何であっても間違ったものとして捉える傾向があります。

実際、信徒と霊的変化というものは、私と新しい食事のようなものです。私の母は非常に食にうるさい人だったのですが、私もご多分に漏れずそうなってしまいました。私が食べてみたいと思う食事は非常に少なく(私にとっての宣教旅行とは非常に興味深いものです！)、私は同じものを何年にも亘って食べ続けることができるのです。誰かが何か特別に好きな食べ物はないのかと聞いてくるとき、私はよく「ない」と答えます。すると妻はこう言うのです。「別の言葉で言えば、彼はそれを食べたことがないのよ！」私たちも霊的事柄について言えばこのようなものです。「私はそれを信じない」と私たちが言うとき、それはしばしば「私にはそんな経験はない」とか、「私の教会ではそういうことはない」とか、「御言葉でそんなことを学んだことはない」とかいう意味であるのです。たとえ、その新しい方法によって触れられた人々が、誠実で、神の人としてふさわしく、謙遜で、物静かな、献身した信徒であっても、私たちは何年にも亘ってかたくなに自分の立場を貫こうとします。もし何かが新しくて異質であるなら、それは間違っていると言うのです。

私たちの視野というものはなんと狭いのでしょう。目の前には巨大なキリストの体があり、私たちのお仕えしている神は多様性と驚きに満ちた、実に大きなお方なのです。神の教会の中には文化の違いもあり、神学上強調する点の違いもあります。召しの違いや油注ぎの違い、重荷の違いもあります。ある讃美礼拝のスタイルはこちらの教会ではすばらしいものだと思われていても、もう一つの教会では最悪だと評価されるかもしれません。ノリノリの黒人ペンテコステ教会の礼拝はある人々にとって栄光に満ちたものでしょうが、ある人々にとっては薄気味悪いものになってしまい、長老教会の静かな礼拝はある人々にとって楽しいものであり、またある人々の目には死んだ礼拝と映るでしょう。しかもこれらは皆、神に祝福されているのです。ある一つのグループにとってすばらしいことが、もう一つのグループにとってはひどいものになるのです。

私と妻が最初にインドで礼拝に出た際、私たちはそこの音楽が悪魔的だと思いました。私たちがそれより以前にそういった音楽を耳にしたのはヒンズー教の伝統文化の中だけでした。しかしその歌詞は力強いクリスチャンソングでした。そしてワーシップリーダーは主に油注がれた、本当の神の人でした。私たちはただ、自分の持つ文化的経験によって判断をしてしまったのです。これは私たちがいとも簡単にしてしまうことなのです。

また、私たちの誇りも私たちの認識力をゆがめます。嫉妬や妬みも私たちの見る目を曇らせます。経済的プレッシャーは私たちの考え方をゆがめます。失望と落胆は他の人たちが祝福されているのかどうかを疑う気持ちを起こさせます。私たちは未熟な結論に簡単に飛躍してしまいがちです。というのは私たち人間は意見を持ち、その意見を握り、何があろうともその意見にしがみつこうとするからです。箴言の知恵の言葉を覚えておくといいでしょう。

愚かなものは英知を喜ばない。ただ、自分の意見だけを表す。（箴言一八・2）

愚か者でも黙っていれば、知恵のある者ともわれ、その唇を閉じていれば悟りのある者と思われる。（箴言一七・28）

軽率に話をする人を見ただろう。彼よりも愚かな者の方が、まだ望みがある。（箴言二九・20）

もしも事が生きるか死ぬかの問題になったとき、他の人の意見などどうでもよいのではないでしょうか。神さまはもちろん気にされないことでしょう。神さまはいまだに私に意見を求められたことなどありません（もちろん私は主が私の意見をお求めになるなど考えてもいませんが）。最近、主はあなたに何か相談されたでしょうか。

しかしリバイバルに関する論議は、何も私たちのものの見方に限ったことではありません。たとえば二人の神の働き人が全く異なる意見に至り、そのことを公に公開したとすればどうなるでしょうか。私たちは誰についていけばよいのでしょうか。誰が正しいのかどうすればわかるのでしょうか。

それでは、ある宣教師たちのことを例に挙げてみましょう。一人は中国に、またもう一人は南米にいます。彼らはどちらもペンテコステ教会の礼拝に出席していました。双方とも激しい異言の祈りを目の当たりにしました。そして双方がある結論に達しました。それはことごとく相反していたのです。

以下は中国に宣教師として渡り、同労者が礼拝中に興奮し異言で祈り始めたのを見て、そのことを受け入れようとしたレイモンド・フレームの記述です。

「私は彼が受け取っている祝福を受け取り損ねたりしたくないと思いました。私は頭を空っぽにして、私の外にある、私の完全服従を願っていると思われる力に身を任せようとしました。まず初めに私の足が硬直状態に陥り、足全体に広がり始めました。私はその時、私ももうじき、皆と一緒に力なく床に横たわっているのだろうと思いました。硬直状態が膝にまで来たとき、私は危険を感じました。『これは天からのものではない、この世のものだ。これは間違っている！』私は考え、ためらうことなく叫びました。『主の血潮がこのことから私を守って下さいますように！』

するとあっという間にその硬直は取れ、私は元の状態に戻っていました。

一カ月後、私は同労者の友人に別の場所で再会しました。彼は夢から覚めて、しょんぼりとしているように見えました。『レイ、この前の晩に起こったことは神さまからのものではない。あれは悪魔から来たものだ』と言ったのです。私の友人はその経験によって自分がどれほど霊的に暗いところへ落ち込んでしまったかを説明してくれました(注1)」

そこでフレームはペンテコステの経験は悪魔から来ているものだと結論づけたのです。次のコロンビアにいた宣教師の経験とはなんと違うことでしょう。

「ある日、私は集会で祈っていました。私は異言の問題についてあまりよく知りませんでしたし、疑いも持っていました。しかし一九六七年の五月二〇日、私が教会のある集会で祈っていたときのことです。私が祈りに集中していくと、急に誰かが私に向かって強いサーチライトを当てたように思いました。それは焼けるように熱かったのです。そして私は異言で祈り始めました。私には意識がはっきりありましたが、恍惚としていました(注2)」

一方にとって異言の祈りは身の毛もよだつようなものであり、もう一方の人にとっては栄光に満ちた体験となったのです。個人的な体験というのは異なるものなのです。そしてこの場合、どちらの人も正しいとは言えないのです。

「それでは」と誰かが言うでしょう。「御言葉に立ち返ってみましょう!」と。私もこの意見には心から賛成します。私自身もこの二五年間、聖書の古代言語と歴史的・文化的背景を学び、神学上の論争を理解することを学び、そして何よりも御言葉を目の前にして、聖霊による御言葉の解き明かしと語りかけと導きを求め、従順な心をいただけるよう願い、必死に御言葉を探求してきたのです。しかし、ここで挙げたようなケースについて、この二人のどちらが正しいのかを証明するのは不可能なのです。中国に行った兄弟は、聖霊の働きに心を閉ざしてしまったのかもしれません。コロンビアに渡った兄弟は、悪魔の働きに心を開いてしまったのかもしれません。聖書をガイドとしてこのケースを見るとすると、ここで最終的な結論を出すのは無理なのです。実際、現代の異言体験を全体的に見て、この二〇世紀の異言体験が神から来たものなのか、それとも違うのかを聖書の言葉だけから証明することは不可能なのです。申し訳ありませんが、事はそんなに単純ではないのです（ちなみに、これを書いている筆者自身は熱く異言で祈る者です）。

こう言うと「それでは私は自分の目で見分けよう！」と言う人も出てくるでしょう。しかし、それこそがこの二人の男性の言ったことだったのです。そして彼らは全く違う見分け方をしたのです。あなたが正しくて他の人が間違っているなどという確信はいったいどこから来るのですか。それでは彼らはあなたのことをどう見分けているのでしょうか。

もちろん、私たちの内側におられる聖霊さまと御言葉の基本的な真理が私たちを大きな間違いや明確な惑わしから守ってはくれます。そしてあなたが「説明できないけれど、これは神さまから来ているものではないと思う」と言わなければならない時があるのも本当です。あなたはこの確信に従うべきです。究極的には、ある特定の状況について御言葉が直接的に言及していないときは、聖霊によるうちなる証に、さらには自分の常識にさえも従うべきです。これは多くの場合、私たちを破滅から守ってくれるのです。神さまは私たちにどのように警告すればよいのかをよくご存じですし、知恵ある教師と信頼のおける案内人を伴って私たちの必要を満たす方法をご存じです。

問題はリバイバルというものが非常に感動的で、集中したものであるということなのです。それはものすごい速さで広範囲に渡って興る可能性があります。新しい経験と驚きで一杯になり、競争心とプライドをかき立て、数多くの誤った、または嘘の報告があふれ、実に試練の大きい、落ち着きのない日々になるかもしれません。それはあまりにも不完全な器を通して興るかもしれません(しかし完全な器などいるのでしょうか?)。リバイバルは多くの約束と希望を提供することができます。しかしまた、いろいろな意味で私たちの期待に反し、間違った結論にたどり着くなどは実に簡単なことだとわかるのです。

一方で、私たちは判断するのを急ぎすぎ、実に狭いものの考え方をし、誇り高く、生活面では妥協だらけで、天からの御声には気づきもしません。また、同時に私たちは面白そうで新しいものには飛びつき、実に愚直でだまされやすく、危険な間違いに対して好奇心が一杯で、嘘の洪水に身を投げてしまうのです。

「でも、私は本当に見分けているのです!」とあなたは言うでしょう。しかし皆がそう考えているのです。そこで私たちが判断するときに助けとなる、堅くしっかりとした原則に目を止めてみましょう。誠実な探求者には知恵が提供されているのです。

あまりに頻繁に、教会の中で聖霊が行われる新しい事柄を拒否する私たちは皆、未熟者です。そして私たちの外見や体験について自説に固執しすぎています。そういうわけで、私たちは大覚醒の初期にジョナサン・エドワーズによって展開された以下の原則を注意深く見るべきです。(注3)エドワーズの時代の人々が、どうやってこれを本当のリバイバルだと言うことができたのでしょうか。多くの人生が劇的な変化を遂げたことは言うまでもないのですが、多数の新しい事柄が起こっていたのです。普通ではないことが起こり、人々は非常に感情的になり、事実、過去に鬱病に苦しんでいたある男性は、彼のこの霊的体験による葛藤が原因で自殺をしてしまったのです。この働き全体は神さまからのものでしょうか。悪魔からのものでしょうか。それとも肉からのものなのでしょうか。

まず、エドワーズは明確なリバイバルの徴をいくつか挙げましたが、それによってこれが神からのものでないと判断されることはありませんでした。言い換えれば、これらの起こってきている事柄から「これは天から来ていないという証拠です」とは言えないのです。

原則一、働きが非常に特異で、驚くべき形で行われているというところからは何も結論づけることができない。多くの多様性を生んではいても、御言葉の教えから外れずにいるならば理解されるべきである。

一般的に、何か私たちが慣れていない事柄があるとすると、私たちはそれを嫌います。私たちはある一つのやり方に慣れ、正しかろうが間違っていようが、私たちはその方法に固執する傾向があります。つまり普通の事柄が霊的な事柄と同じものになってしまうのです。しかしリバイバルとは、普通とは何の関係もないものなのです！　エドワーズが言わんとしていることは単純です。何かが普通と違っているから、強烈だからというだけで、それが御言葉の教えを破るものでない限り、神から来ていないという意味にはならないのです。

原則二、働きは人の体に起こる効果（涙や震え、うめき、大きな叫び声、体の硬直、もしくは床に倒れるなどという事柄）によって判断されるべきではない。

このような身体上の現れは、働きが神から来ているかどうかを証明するものでも、反証するものでもありません。聖霊が深く人々の心や思索に働いておられるなら、外側に現れがあっても、解放があっても全くおかしくありません。しかし一方で、ある人々は感情的な熱狂状態に煽(あお)られて同じような現れを示すかもしれません。ですから、こういったものも何の証明にはなりません。また、聖書は私たちが身体上に見る現れというもので何かを判断する権利を与えてはいません。カリスマ派の人たちの中には、床に倒れたり、木の葉のように震えたりすることが、聖霊が力強く働いている証拠だと信じている人がいることも知っていますし、また一方で福音派の人の中には、床に倒れることや震えることが、肉の思いから来るのだと信じていることも知っています。しかし神の御言葉はこういったことだけを根拠にして、急速な判断をしてもいいなどとは言っていないのです。

原則三、宗教に関しての論争を呼ぶからという理由で、人々の思索に行われたことが神の御霊の業ではないとは言えない。

もちろん、リバイバルというものは群衆を集め、人がおしゃべりをするのは避けられません。一般の世の中も触発され、メディアが良い面と悪い面の両方、特にリバイバルの働きの醜い側面を報道します。しかしそれは、これらの事柄の中で神さまが働いておられないということではなく、また主が霊的昂揚を起こされる方ではないということでもありません。静かな、人に知られることのないリバイバルなどあり得ないのです。

原則四、その人々のうちの多くが自らの想像力による強い印象を有しているからと言って、人々の思索に行われた働きが、神の御霊の業でないとはいえない。

何千もの数えきれないほどの聖徒と罪人に影響を与える、押し流すような、急激な注ぎかけがあったとき、その出来事が人々の想像力を感化しないでいられるでしょうか。エドワーズはそれについてすみやかに言及しています。つまり、神はこのような事柄もご自分の目的のために用いられるのだということです（おそらく異端者狩りをする人たちは、ここにおいてもエドワーズのことを攻撃するでしょう。これは想像するというひどい罪に近いではありませんか！）。聖書は、天についての、また地獄についての、そして神さまと私たちとの親しい関係についての情景に満ちています。そしてこれらのイメージは、私たちの想像力を彷彿とさせるものなのです。あなたは今まで詩篇二三篇、もしくは黙示録の二一章から二二章について黙想してみたことがおありでしょうか。エペソ人への手紙六章に書かれている、神の武具のような霊的な真理はあなたにとって鮮やかに写ることはないのでしょうか。これは想像力を含むのではないでしょうか。このどの場合に関しても、エドワーズが次のように言及しているのは正しいかもしれません。「人がその想像力に感化を受けたとしても、その人はそれ以外に何も持ち合わせていないというわけではない」つまり、彼らの想像力が感化を受けたといって、働き全体がただのファンタジーだったわけではないのです。

原則五、リバイバルの時、人々が周囲の真似をしているという理由で、それが神の働きではないという徴(しるし)にはならない。

人々が泣いている、もしくは倒れている、震えているのは、他の人がそうしているからやっているのだと言うことは容易です。しかしエドワースはその働きが神からのものであるなら、目の前に模範があり、そこから学ぶことは合理的であり、しかも聖書的であると言っています。ここでも、何かを証明することはできません。

原則六、多数の人が非常に不注意であったり、彼らの行動に不埒なところがあったとしても、その人々を含む働きが神からのものではないとは言えない。

ここから仕事に入らなくてはなりません。神がリバイバルを興されるのは、人を聖めるためであり、政治家へと変えるためではありません（そうなのです！　これが二五〇年前に彼が書いたことなのです！）。主に触れられた人たちも間違いを犯しますし、時には馬鹿げた行動も取ります。私たちはリバイバルの前も、その真っ最中も、その後も、人間でしかないのです。天からの完全はまだこの地には来ていないのです。ですからエドワーズがこう言ったとき、決して大袈裟ではなかったのです。

「神の器と知って大いに用いられた人に罪、もしくは大きな間違いを発見したとしても、そのリバイバルが神さまから来ていないという証明にはならない」

あなたはコリントの教会について、話を聞いたことがおありですか。この教会は神の力によって強められていたのですが、馬鹿げたことや罪によって責められてもいたのでした。この教会の中での行きすぎたところや問題、不品行などが、この教会で行われていた聖霊さまの働きを悪いものにすることになるのでしょうか。そこで私たちの時代では未熟なリバイバルの器や、その教会であった働きは主から来たものではないと結論づけて、行き詰まってしまった人々もいます。

原則七、裁かれるような多くの失敗があり、サタンの惑わしがあったとしても、その働き全体が、神の御霊から来るものでないとは言えない。

現代に生きる指導者たちは、教会の教理を決定づけるほど使徒的な権威を持ち合わせていません（御言葉に反した彼ら独自の教えのこと）。また、教会全体に対して縛りつけるような預言を発表することはできません。彼らの言葉は地に落ちないものではありません。たとえ大いなる注ぎかけの時においても、彼らはその行いのすべてにおいて完全になることはないのです。ある者たちは行きすぎるでしょう。また、ある者たちはある部分で惑わされるかもしれません。こういったことは起こり得るのですが、そうならないよう注意されるべきです。問題は私たちがこのような事態を目にしたとき、すべてを否定してしまう傾向があるということです。そして、これは過ちを犯すことにもなり得ます。ペンテコステ派の指導者が脱落したということで、ペンテコステのムーブメント全体が悪いものとなるわけではありません。一人の改革派の教師が終末論において惑わされたとしても、改革派のムーブメント全体が間違っているというわけではありません。リバイバルにおいても同じことが言えるのです。私たちは注意しなければなりませんし、新しいものすべてを受け入れるべきではありません。だからといって、そう早急にすべてを投げ捨てるべきではありません。

原則八、もしも指導者たちの何人かが大きな過ちやスキャンダラスなことを行なっていたとしても、働き自体が神からのものではないとは言えない。

イスカリオテのユダのことを覚えていらっしゃいますか。彼の堕落が、イエスの働きを誤ったものであると示すことになるのでしょうか。それとも、残りの十一人の使徒の有効性を問題にするものとなったでしょうか。それでは教会史はどうでしょうか。教会のユダヤ人に対する血塗られ、また隠された迫害は福音の真理を否定し得るものでしょうか。リバイバルについても同じことが言えるのです。リバイバルと呼ばれるものの全体が悪いものであったなら、それは当然真のリバイバルではないのです。しかし、いくつかの悪い実があることは予測されるべきであり、また良い実が悪くなることも驚くことではないのです。

原則九、説教者たちが、神の聖なる律法の恐怖について力説することによって働きを売り込むようなことがあっても、また非常な悲哀と熱心さを込めて説教が行われても、それが神の御霊の働きでないとは言えない。

なんと世の中は変わったことでしょうか。今日、私たちは何人かのリバイバルの説教者たちが、神の律法についてほとんど触れないからと言って論争しなければなりません。しかし、私たちはその働きすべてを否定するわけにはいかないのです。最初の回復の波は、誠実で浅はかな器から来るかもしれません。しかし次の波はさらに深いものとなるのです。また、神が誰か絶望的な信仰の叫びに、もしくは深い霊的な渇きに応えられ、その教理上の流れにもかかわらずご自分の教会を建て上げようとされたのかもしれません。エドワーズの時代に問題となっていたのは、あまりにも地獄の火に焦点を置きすぎた説教だったのですが、今の時代の懸念と言えば、ほとんど地獄の火はないとも言わんばかりの説教なのです。いずれにしても、神は地獄に強調点を置きすぎたところにも、また地獄について必要な教えをしないところにも、ご自分の御霊をお送りになるのです。

むろん、それは私たちが腰を下ろして、物事のなすがままにバランスのとれない状態を黙認してもよいということにはなりません。より聖書的な説教は、より聖書的な信徒たちを生み出しますし、私たちは細心の注意をもって、聖霊さまの「今の」メッセージと共に「神の教えのすべて」を語るべきです。しかし教理的な気難しさは回復の時に至りません。

エドワーズの話に戻りましょう。彼はリバイバルと呼ばれているものの中で、容易には失格の烙印を押すことのできない明確な徴のリストを作っています。その肯定的な徴とは何だったのでしょうか。エドワーズの時代の言語は、現代の私たちには少々不明確なこともありますが、彼の書き残した徴というのは非常に単純で明確なものです。とりわけ神さまの人類に対するご計画は、主に忠実で、ご自分の御子の姿に似せて造られた聖い民に成長させることなのです。もしリバイバルの終わりの結果が敬虔で献身したキリストの花嫁であるなら、その働きは天からのものです。(注4)

一、もしもその働きが処女から生まれ、エルサレムの外で十字架につけられたイエスへの尊敬を高めるものであり、彼が神の一人子であり、救い主であるという、福音の宣言する真理を人々に確認させ、彼らの思索のうちに確証づけるものであるなら、それはもちろん、神の御霊から来るものであるという徴だ。

主の民にとって、イエスさまはより尊い方となったでしょうか。主は彼らの目にさらにあがめられるべき方となったでしょうか。彼らはもっと熱心に主を信じ、もっと深く主を愛し、もっと交わりたいと願っているでしょうか。もしそうなら、聖霊さまはその働きをされたのです。

二、サタンの王国のねらい、すなわち罪の誘惑と罪の定着、この世の欲望を愛することに対して霊的働きが行われているならば、それは聖霊の働きであり、偽の霊のものではないという徴である。

本物の悔い改めはあるでしょうか。人々は罪を放棄して、純粋な思いを持ち、聖い言葉を語り、良い行為を行なっているでしょうか。肉欲と、この世の欲望との継続した分離はあるでしょうか。それは聖霊の働きです。サタンは自分自身に対して働いたりはしないからです。

三、人に対して御言葉への大いなる関心を起こし、彼をその真理と神聖のうちに建て上げる働きがなされているならば、それは確かに聖霊の御業である。

偽りのカルトや、まがいのキリスト教系宗教などは、決してあなたが御言葉の学びに打ち込むことを望みません。彼らは独自の解釈に従うことをあなたに要求し、彼らの作った参考書や教材だけを用いるのです。彼らによれば、御言葉があなたを助けるのではなく、新たに加えられた啓示こそが、あなたの必要としていることだというのです。これが異教であることは、実に単純明解です。しかし真のリバイバルは結局、御言葉をあがめ、聖書が本当に神の御言葉だという信頼を強くさせるのです。そして、もう一つここに考えるべきことがあります。多くのキリスト教主流団体がリベラル化し、聖書の言葉の絶対的権威を否認している間、ペンテコステ・カリスマ派のムーブメントは、御言葉の見解においてきわめて保守的であり続けたのです。この事実は異言や預言、そして知識の言葉が、神の御言葉に対する信仰から離れさせるといった批判に対して何らかの答えとなるでしょうか。

四、もしも人々に行われている霊の働きが真実であり、人々を真理に導き、真実な事柄を確信させるならば、私たちはそれが正しい、真理の霊であると断定することができる。

ヨハネの第一の手紙四章六節には、このことが実に明確に書かれています。真理の霊(聖霊)と偽りの霊(悪魔から来る)が存在するのです。私たちにはその違いがわかるのです。もし誰かがリバイバルの集会で床に倒れたり、金切り声を上げたり、六時間ばかり身動きをしなくなった後に起き上がり、隠していた罪を告白し始めたり、ビジネス上の客に対する罪を賠償し始めたり、自らの生き方の間違いを認めて主に立ち帰り、正直でまっすぐな人に変わるならば、私たちは真理の霊が働いておられることを認めることができます。悪魔はこのようなことを人々に行いはしないのです。

五、人々の間に働いている霊が神と人への愛の霊であるならば、それは聖霊の働きであるという、しっかりとした徴である。

その集会は、私たちが慣れ親しんだものとは異なるかもしれません。説教者は少し攻撃的であるかもしれません。音楽は私たちの好みではなかったかもしれません。しかし、もしその集会が主に対する正真正銘の献身と、人に対する同情心が結果として生じ、その集会から宣教師たちが生み出され、援助の働きが起こされるなら、祈りの会やアウトリーチへの参加者が増えるなら、神の民が互いに対するより大きな愛のうちに歩むならば、たとえいくつかの人間的な欠陥があったとしても聖霊が力強く働かれていたのは明確です。

スタイルの違いや教派上の関係は忘れてください。聖書のどの訳が使われているか、コーラスがあるかどうか、また外面上現れる特定の現象のことは忘れてください。そこには残る実があるでしょうか。聖徒たちはもっとイエスさまに近づいているでしょうか。罪人たちは本当の回心をしたでしょうか。神の民は御言葉をより真剣に受け取るようになったでしょうか。彼らの信仰は回復され、リフレッシュされ、新しくなったでしょうか。もしそうなら、その働きは(概して)主から来ているのです。

それは、私たちが聖霊の用いておられる器を正すことができないという意味ではありませんし、そこで起こっているすべてを受け入れなければならないというものでもありません。起こったことのすべてが正しいわけではないかもしれません。また、そこには厳然とした肉的な行きすぎがあるかもしれません。私たちはいつでも御言葉に立ち返り、主の知恵と導きを求めていく必要があります。また、私たち自身の経験からも学ぶ必要があります。しかし、神さまが本当に臨まれるというのは毎日のことではありません。そして聖霊さまが私たちの思っていた通りに働かれなかったからといって、主の本当の訪れを否定してしまうのは悲しいことです。

チャールズ・フィニーのミニストリーは、彼の教理上の信仰と回心した者たちを公に確認したり、集会の前方列にある「願いの座」という席に彼らを座らせたりする「新しい方法」と呼ばれるもののせいで、聖職者たちの厳しい批判の中にありました。彼はまた率直な語り口で説教しましたし、自分のケースについて、その時代のほとんどの聖職者たちが用いた、高尚な美辞麗句を並べ立てた話し方ではなく、裁判での弁護士のように討論したのです。そのうえ、彼は聖職者用のズボンをはくことを嫌ったのです。そうです。彼には本当に敵対する人たちがいたのです。(注5)
ところで、彼の労苦の結果は何だったのでしょうか。次の文章は、『リーダース・ダイジェスト』一九九四年六月号に掲載された記事「我が国で最も優しい街」の中でジョン・S・トンプキンズが述べたものです。トンプキンズはニューヨーク州にあるロチェスターという街が、一九四〇年と、一九九〇年から一九九二年の二つの離れた時代での投票において、なぜ国で最も寛容で、最も利他的な街に選ばれたのか不思議に思っていました。そして彼は驚くべき答えを発見したのでした。

「フィニーはロチェスターに六カ月を過ごし、弁護士、医師、判事、商人、銀行家、船頭、労働者、熟練した専門職人を新生（ボーン・アゲインした）したクリスチャンに回心させていった。彼は人々の考え方をこき下ろし、この世の利己的な生き方に従わないよう力説した。フィニーは怒りをもって利己主義の悪性を糾弾し、裕福で力を持っている者たちにねらいを定め、慎重にメッセージを語った」

裕福な階層を回心させたフィニーの最後の策は、彼らのそのエネルギーと富を有益な慈善の働きに費やさせるためでした。彼は驚異的な成功を収めました。ロチェスターは教会建設ブームに湧きました。ロチェスターの人々は大学を設立し、チャリティーを行い、自立援助のための機関を設け、公立学校制度を作り上げ、奴隷制度に反対して戦い（この街はUndergroundRailroadという奴隷解放組織の拠点で、カナダに奴隷たちを潜り込ませていた）、労働組合を作り、刑務所のシステムを改良したのです。ロチェスターは、隣人に対する愛というものが、空っぽの言葉だけではない街となったのでした。(注6)

これが実が残るということです！　一六〇年が経過した今でも、このリバイバルの影響は感じられます。こういった証拠はいかがなものでしょうか。

畑で仕事をする人や機織りをする人々で、神の臨在に襲われ、地面にひれ伏すように倒れ込んでしまった人たちに私は会ったことがある。神の御手を感じたある人はこう語っている。「私の足元の草や石たちが『キリストのところへ避難せよ』と叫んでいるように思えました」この超自然的な聖霊の照らしは、ヘブリディーズ諸島におけるリバイバルの際、多くの人々をこのムーブメントと関わりのある集会に接触させることなしにイエス・キリストの救いの知識に導いた。私は、この神に対する意識こそが、今日の教会が切望しているものであると言うことに少しの戸惑いも感じない。「主を恐れることは知識の初めである」とあるが、これは人の努力によってできるものではなく、天から与えられるものである。

（ダンカン・キャンベル『ザ・ルイス・アウェイクニング』）

冷たい、形式的な説教が死人をよみがえらせたことはない。ホワイトフィールドの頃の、罪人たちの、それまるで死の苦しみに遭っているような叫びが度々聞かれるという、そのような神の力の現れのみが、それを行うことができる。一八五〇年のスコットランドリバイバルでは、ジェームス・ターナーという激しい性格の説教者がポントロキーに説教に行った際、罪の確信があまりにも強く人々に臨んだため、多くの商売が神との正しい関係を持とうとして店じまいをしてしまった。多くの酔っぱらいが神の力によって変えられた。集会は一四時間から一八時間にもおよんだ。罪人たちは、自分たちの失われた状態を認識すると卒倒し、またその赦しのゆえに神を讃美して回った。

（オーウェン・マーフィー『神が天より降りてこられたとき』）

第17章　聖なる臨在と火のついた御言葉

リバイバルとは何でしょうか。神はその時、「天から降りて」きて、その腕を私たちに回されるのでしょうか。彼は来られ、働かれ、そして話されるのです。聖なる臨在と火に燃える御言葉は存在するのです。主は世界を揺さぶられておられます。それがリバイバルというものです。それは私たちが訪問するときなのです。

もしたった一つの教会だけに限って興っているのなら、それはリバイバルとは言えません。もしそれがいろいろな集会に限ったことであるなら、それもリバイバルではありません。また、それが人の努力にそって興るなら、それもリバイバルではないのです。もしそれがあらゆる面において社会全体に影響を与えないのなら、それはリバイバルとは呼べないのです。

イエスがこの地上におられたとき、聖霊さまが来られるように自分がここを去った方がよい、と弟子たちに話されました。イエスは一時に一つの場所にしか現れることはできませんでしたが、聖霊さまは偏在することができたのです。イエスは彼の言葉を聞き、彼と会ったことのある人々だけに直接触れることができましたが、聖霊さまはどこにいる人でも、またどんな時にでも、たとえ彼らが抵抗し逃げまどっているときでも、彼らに直接触れることができるのです。聖霊さまは、人間ののどのような力も超越する方なのです。

リバイバルの時には、聖霊さまは深く、また広く、そして超自然的な力を持って働かれます。家庭の中に、学校に、ビジネスの場に、また歓楽街にも働かれて、神の現実性を表されるのです。また、確信を与えられます。リバイバルの時に神から逃れることはできないのです！　エレミヤ書の二三章にある主の言葉と、詩篇一三九にある詩人の言葉は共に真実ですが、これらの言葉はリバイバルの中で感化されたものだったのです。

「私は近くにいれば、神なのか。―主の御告げ。―遠くにいれば、神ではないのか。人が隠れたところに身を隠したら、私は彼を見ることができないのか。―主の御告げ。―天にも地にも、私は満ちているではないか。―主の御告げ。―」（エレミヤ二三・23、24）

「私はあなたの御霊から離れて、どこへ行けましょう。私はあなたの御前を離れて、どこへのがれましょう。たとい、私が天に上っても、そこにあなたはおられ、私がよみに床を設けても、そこにあなたはおられます。私が暁の翼をかって、海の果てに住んでも、そこでも、あなたの御手が私を導き、あなたの右の手が私を捕えます。たとい私が「おお、やみよ。私をおおえ。

私の回りの光よ。夜となれ。」と言っても、あなたにとっては、やみも暗くなく夜は昼のように明るいのです。暗やみも光も同じことです。」（詩篇一三九・7～12）

ウェルシュでのリバイバルの際、信徒の妻を持つ夫たちは、仕事の帰りにバーに行って飲んで来ることが多くなったと報告されています。それは家で妻たちが祈りを捧げており、神の臨在がそこにあったからです。しかし、彼らはバーに行くことで神から逃れることなどできなかったのです。酒を手にしようとすると、見えない手が彼らのその手を止め、彼らは逃げるようにその場を去って家路について、救われてしまったのでした。

聖霊が多くの世俗的な、神を畏れない炭鉱夫たちを回心させたとき、主の臨在は彼らの職場にも共にあり、その一日を祈りと礼拝で始まらせたのです。その頃、教会と同じように、鉱業場でも主の臨在を肌で感じることができたと言われているのです。

ある日、何人かの訪問者たちが、ウェールズのある地域で行われていた集会に行く道を尋ねました。彼らは列車に乗ってどこそこの場所で降りなさい、と言われました。「しかし、私たちはどうすればそれがその場所だと知ることができるのですか?」と彼らは聞きました。「感じるんですよ!」というのが返ってきた返事でした。そして、それは本当だったのです。

聖霊の臨在は地理的に限界のあるものではない、とアーサー・ウォリスは言いました。

「一八五三年、船がアメリカの港へと近づくことは、天の感化の領域のうちに入ることだった。

船という船が、突然やって来る決心、または回心に襲われた。ある船では、船長をはじめクルー全員の三〇人がキリストと海上で出会い、喜びに満たされて入港した。戦艦ノース・カロライナ号の中でも、船室の奥で祈りのために集まっていた四人のクリスチャンを通してリバイバルが興った。ある夜、彼らは聖霊に満たされ、思わず讃美を始めた。彼らをからかおうと船室に降りてきた、神を信じない船員たちは神の力に捕われてしまった。そして蔑みの笑いは、悔い改めの叫びへと変わったのだった。彼らの多くは打ちひしがれ、恵みの御業はその夜から毎晩続き、最後には牧師に使者を送り、助けを乞うまでになった。戦艦はベテルと化したのである(注1)」

ここアメリカで救われていない友人に証し、何年もその人のために祈ったある男性の話を私は聞いたことがあります。ある日、その友人は彼のところに道具を借りにやって来ましたが、誰も家にいませんでした。そこで彼は道具置き場に必要なものを取りに行ったところ、突然、神の臨在に満たされました。彼は自分の罪を認識し、打ち砕かれ、その場でイエスに対する信仰を持ったということです。

彼がそのことをクリスチャンの友人に話したところ、簡単な説明がつけられました。その忠実な信徒は、何年もその道具置き場で彼の救いのために涙をもって祈り、彼の魂のためにとりなし続けていたのです。聖霊はそこにおられたのです!

この情景が町々で、地方で、そして国中で何千回も繰り返されたなら、あなたには栄光に満ちたリバイバルの絵が想像できることでしょう。

ヘブリディーズ諸島での夜の祈り会の後、家が文字通り神の臨在によって揺れたときのことをダンカン・キャンベルはこう述べています。

「翌日、私たちが教会に出かけたとき、集会場は群衆ですでに一杯だった。バスの列が島の四方から集まってきた。誰が礼拝のことを告げたのだろう。私には全くわからない。しかし、神は信仰をもって祈るものがいるとき、ご自分の方法を通して働かれる。ある肉屋のバスは、一七マイルも離れたところから七人の人を乗せてやって来た。

私たちは教会に集まり、私は一時間ばかり説教をした。神の霊がそこに働かれていた。会場のあちこちで、男も女も泣き崩れて憐れみを乞うていた。そして外からは路上で激しく泣き叫ぶ人の声が聞こえた。男も女も恍惚としている人たちを見かけた。何人かはトランス状態に陥っていた。多くが『神さま、私にもあわれみをかけてくださいますか?』と叫んでいた。

講壇の真下にいた若者は『神さま、地獄は私が行くには良すぎるのです』と祈っていた。肉屋が連れてきた七人の人たちはその夜、見事に全員救われた。

今日の伝道の場において、罪の認識は最も必要とされているところである。それこそが人を神の前に導くものである(注2)」

礼拝が終わりに近づき、最後に残った人々が帰り始めた頃、講壇の下にいた若者(彼自身も新しい回心者になっていた)が再度祈り始め、その祈りは四五分間に亘ったそうです。どういうわけか、礼拝が一晩中続くというわさが流れ出しました。そこら中から人々が戻り始め、教会を一杯にしてしまいました。礼拝は朝の四時まで続いたのです！

しかし話はそこで終わりませんでした。午前四時に、キャンベルはある伝言を受け取ります。「キャンベルさん、人々が警察署に集まっています。島の反対側から来た人たちもいます。みんな非常に苦しんでいます。どなたかここにいる人たちの中で、一緒に来て彼らのために祈ってくれる人はいませんか？」(注3)

誰が彼らをそこに呼び集めたのでしょう。誰が彼らを回心させたのでしょう。彼らの多くは、その日が来るまで福音に対して強く反発していた人たちだったのです。いったい何が起こっていたのでしょう。聖霊さまは働いておられたのです！　これこそがリバイバルの真の姿です。

「私たちはその警察署に向かった。その時、目にしたことを忘れることはないだろう。星の瞬く空の下で、月が私たちを照らしていた。天使も見ていたと私は信じているが、そこには栄光の壁の向こうで、深い罪の確信を得た男女が何十人も集まっていた。通りの小さな家屋の横、泥炭の山の向こうでは人々が神に向かってあわれみを乞うていた。そうなのだ。リバイバルはやってきたのだ！

五週間に亘ってこのようなことは続いた。私たちは、一つの教会で夕方の七時から説教を語り、二つ目の教会で一〇時に説教し、十二時には三つ目の教会で語っていた。朝の三時には最初の教会に戻ってもう一度説教し、ようやく五時か六時に家路についていた。私たちは疲れて

いたが、この聖霊さまの働きのただ中にいることが嬉しかった。(注4)

驚いたことにキャンベルの報告によると、最初のリバイバルが興った教区で回心した人々の七五パーセントが、集会にたどり着く以前にすでに新生していたというのです！　この時、若者たちの間にも驚異的なリバイバルが興っていました。この時代、若い人たちは誰一人、公の礼拝に出席していませんでした。しかし一番初めの日の夜には、何の広告もなく、宣伝もしていないにもかかわらず、強い神への認識が真夜中のダンスホールを満たし、若者たちがその場を去り、教会へなだれ込んだのです！　そしてリバイバルは周辺地域を巻き込み、広がっていったのです。(注5)

なぜ、私たちはこのような注ぎかけがあることを信じることができないのでしょうか。なぜリバイバルを軽んじ、不信仰に苦しむ弱々しい私たちのレベルにまで引き下げて、肉的な期待に頼ろうとするのでしょうか。どうして神さまに本物をくださいと願わないのでしょうか。ここにペンテコステ・カリスマ派に考えてほしいことがあります。神の奇跡の力に関する私たちの強調点をもってすれば、もう一つのリバイバルの徴として、本当の、そして頻繁に新約聖書に書かれているいやしが私たちのただ中で行われるはずです。その法則に例外はないのですが、それには基準があります。奇跡は人の手で作られるものではないのです！　しかし、私たちのいやしの伝道者がテレビ、ラジオ、書物を通して何百万もの病を持つ人々に届きながら、比較的乏しい結果しか得られないのであれば、大きなことは言えません。私たちは人々を失望させることのない本当の神の訪れのために祈り求めなければなりません。

一九九二年にスミス・ウィグルスワースは、ニュージーランドのウェリントンでミニストリーを行なっていたとき、特別な祈りのために十一人の指導者たちを呼びました。一人ひとりが祈った後、ウィグルスワースが主を求めて立ち上がると、神の臨在が部屋を満たし始めました。まもなく神の栄光が激しく臨み、光がまぶしいほどになり、部屋は熱すぎるほどになりました。指導者たちはそれ以上我慢ができなくなり、全員部屋を後にしてしまいました。ただウィグルスワースだけがシェーキナー（主の栄光）のただ中で祈り続けることができたのです。

もう一人の牧師がその話を耳にし、次の集まりで主の臨在がどんなに強くとも最後までその場に留まることを決心しました。しかしもう一度同じ光景が繰り返されました。ウィグルスワースが祈り始めると、神の聖なる臨在が部屋を満たし始め、神の栄光は絶えられないほどになりました。この牧師以外の皆が部屋を去りました。彼は主の臨在の現れに飲み込まれたり、動かされないようにしていました。しかし絶えられるものではありませんでした。ウィグルスワースは御霊に捕らえられ、聖なる光で輝いていました。そしてこの固く決心していた牧師でさえ、その濃密さに耐えられなくなりました。それからすぐに彼もその場を去ったのでした。（注6）

これがリバイバルに伴う神の臨在です。耐えられないほど密度の高いものなのです。その光は闇を打ち砕きます。気温を上げてしまうのです！　一部の地域に留めたり、制限したりすることはできないのです。資質上、周囲に影響を与えることは避けられません。そうでないなら、それは本当のリバイバルではないのです。そして完全に世が変わらない間は、急激な影響を与え続けるのです。リバイバルは罪を完全に追い出してしまうのです！

このことを踏まえて、現在アメリカで興っているリバイバルというものについて明確に言及することができます。ホモセクシャルの人たちがしゃあしゃあと通りを歩き、私たちの政府の指導者的立場で働いている以上、中絶病院とポルノ劇場が繁栄している限り、「クリスチャンの」若者が「MTV」を観て、「クリスチャンの」大人が「HBO」を観ている限り、刑務所が定員オーバーし、宣教の地に働き手が足りない限り、金銭欲と物質主義がこの世のほとんどの人と多くの教会を支配している以上、ヒューマニストや、ニューエイジャー、無神論者が私たちの大学に君臨しており、これらすべてのことが私たちの社会の表舞台にある間は、私たちはリバイバルを体験していないのです。全面的なリバイバルとは、社会の大変動を意味するのです。聖なる臨在は、私たちの国の様相を劇的に変化させるのです。

アメリカ全土がリバイバルを体験しないとなると、どういうことになるでしょうか。それはつまり、選ばれた町や都市、州にその強い影響が見られることになります。そのような限界をもってしても遠くに届いてしまうリバイバルの効果が、地域教会の壁を越えて影響をおよぼすのです。神の侵略は、実際ほとんどのアメリカ人にとって新約時代の現実は侵略と同じように突然のことであり、ショッキングなことなのです。人々を震え上がらせることでしょう。

もちろん、多くのご自分の民に主が今、回復の働きをしておられることを讃えます。主の下さる喜びと励ましに私たちは感謝しています。しかし、私たちが床を転げまわって朝の三時まで笑っている間、私たちの周りの世界が変わらないままなら、それはリバイバルではありません。もし私たちが教会の外で聖さのうちに歩み、主と失われた魂に対する犠牲的な愛のある生き方をしないなら、それはリバイバルではないのです。そして、もしリバイバル集会で起こったすべてのことが人間の器の手によるもので、教会の外に超自然的な神の訪れがなく、長期に亘るご臨在もなく、神ご自身が力をもって天から降りて来られたのだという証拠がないならば、それはリバイバルではありません。

多くの聖職者にとって、それはがっかりするものです。私たちは自分たちでやりたいのです！ もしリバイバルというものが天からのものであるなら、私たちはそれを作ったり、生み出したりはできないのです。私たちは完全に神に依存しています。しかしそれが最善なのです！ 主は、私たちがリバイバルを見たいと思う気持ちよりも強くリバイバルを望んでおられます。私たちが受けたいと思うよりも多くの祝福を与えようとされます。私たちなどとは比べられないほど、この死せる世界に多くをつぎ込んでおられるのです。そして私たちに賭けてこられたのです。主の御元にひざまずき、「あなたの民にリバイバルを興してください、主よ！」と、熱い祈りをもって叫ぶ以上に良い場所があるのでしょうか。

主が力をもって来られる時には、主はただ働かれるだけではないのです。彼は語られます。リバイバルは燃える神の言葉で特徴づけられます。それはただ礼拝の間に時間を割いて、説教や教えの時間を持つといったことではないのです。御言葉を正しく取り次ぐということだけではないのです。私たちは、いのちの消えた講壇からのメッセージで「御言葉を敬って」きました。そして、多くの信徒は死んでいくために教えられています。そうではないのです。それは燃えている言葉のことなのです。聖い油注ぎのことであり、危急の時のメッセージを聞くことなのです。

今世紀初頭のウェルシュ・リバイバルの影響は、遠く世界中におよびました。確かに、これらの日々は主に所有されていました。しかしリバイバルは完全ではありませんでした。そして多くの人が、神の御言葉に関する働きがもっと深く、一貫して行われていたなら、さらに長い間、より大きな影響を与えたに違いないと信じているのです。

現れを目にして、その興奮の中でリバイバル熱にかかってしまうことは実に簡単なことです。そして非常に重要なことを忘れがちです。神は私たちの心を求められます。そして御言葉を通して私たちの心を探り、変えられます。興奮はやがて去り、現れは衰えます。しかしラッパが鳴ったなら、覚醒の叫びが起こされたなら、もし主の重荷が人々に与えられたなら、イエスに従えという呼びかけと、過激なまでにイエスに従う者たちが起こされていったなら、その一人ひとりがいかに深く変えられていくかという決定的な証です。

御言葉はリバイバルの未来のためのロードマップです。

ありふれた、何のチャレンジにもならないメッセージは導くことはできません。軽い食べ物ばかり食べてきた人たちは、厳しい時代が来た時につまずいてしまいます。彼らは自分たちが道から外れ、方向を変えてしまったことに気づき、進む道がわからなくなってしまうでしょう。まもなく彼らはリバイバルで崩された壁を再建し、リバイバルがもたらしたものから、もとの習慣に戻って行くでしょう。数年のうちに彼らは思い出に生きるようになり、その思い出を、「終わったけれど」という語りで永久に保存しようとするのです。預言の、刺し通すような、人々を試みる、真実な御言葉の宣言さえあれば！　せめて余興や軽々しさがもう少し控えめであったなら！

マタイは「イエスはガリラヤ全土を巡って、会堂で教え、御国の福音を宣べ伝え、民の中のあらゆる病気、あらゆるわずらいを直された」（マタイ四・23）と記録されています。

私たちは、イエスよりもよく知っているというのでしょうか。彼はいやしと同じように、教えも、説教もされたのです。そして主の教えには妥協がありませんでした（彼の言葉は聞きづらいものでした!）。イエスは権威をもって教えられました。真のリバイバル以上に妥協のない、預言による呼びかけをするのに適した時があるでしょうか。栄光の中でイエスが人々の目に映るリニューアルの時以上に、十字架を語るのに適した時があるでしょうか。

使徒の働きの中に記されているような、集中した注ぎかけの時でさえも、油注がれた御言葉が中心にありました。

「パウロは安息日ごとに会堂で論じ、ユダヤ人とギリシヤ人を承服させようとした。そして、シラスとテモテがマケドニヤから下って来ると、パウロはみことばを教えることに専念し、イエスがキリストであることを、ユダヤ人たちにはっきりと宣言した。そこでパウロは、一年半ここに腰を据えて、彼らの間で神のことばを教え続けた」（使徒一八・4、5、11）

私たちはパウロよりもよく知っているのでしょうか。

ある人はこう言うでしょう。「私たちの最近のリバイバル集会では、いつも御言葉の学びに時を捧げています」つけ加えさせていただけば、特に献金の祈りの前にそうするのでしょう。それはともかくとしても、御言葉が語られる時のその内容は何しょうか。ある有名な説教者が、最近の説教の強調点について聞きました。「それはイエスを引き上げるものですか。それは救われていない魂への真の重荷を生み出すものですか。神の怒りを神の愛と共に語っていますか。人々にチャレンジを与え、決心を促すものですか」と。

神さまはチャールズ・フィニーを一九世紀の前半、豊かに用いられました。しかし彼の言葉は、今も私たちに語りかけます。彼が一八三二年にニューヨークで語った説教は、後になって『宗教における信仰復興についての講話』(原題Lectures on the Revival of Religion)という本として出版されました。そしてこれらのメッセージは、多くの言語に翻訳されて世界中で読まれることになりました。油注がれた言葉を通して、リバイバルは今も生きています。今世紀の変わり目に、ジョナサン・ゴーフォースという中国と満州に赴いていたカナダ人宣教師は、ウェルシュ・リバイバルの報告を受け取り始めました。同じ頃、フィニーのリバイバルの講話を彼は読み始めました。そして彼は、そこで読んだことを実践に移したのです。彼が奉仕した町々を神の働きが襲ったのでした。

大覚醒とメソジスト・リバイバルは二〇〇年以上も前に終わっていますが、エドワーズやウェスレーのメッセージは今も私たちにチャレンジを与えます。彼らはもう死んでいますが、今も語り続けています。その言葉は今も燃えていて、私たちの心に火をつけるのです。

次に、世的で妥協に満ちたアメリカの教会を見てみましょう。私たちは世界中の兄弟姉妹が日々全うしている献身、犠牲、熱心、信仰の歩みのことを全く知りません。福音のための殉教のことなどほとんど何も知らないでいます。十字架についての理解は浅いのです。聖霊さまは私たちに何を語っておられるのでしょうか。私たちに必要なのはくだらない言葉でしょうか。それとも聖霊の炎でしょうか。病人のための神の処方箋とは何でしょうか。私たちは何を必要としているのでしょう。表面上の現れでしょうか。それとも真の働きでしょうか。軽薄さでしょうか。熱心でしょうか。見せかけの派手さでしょうか。それとも主の栄光を待ち望んでいるのでしょうか。くだらないものはもうたくさんです！　私たちが決して忘れてはならないのは、リバイバルは聖霊の超自然的な働きだということです。私はいくつかの説教で、この聖霊さまについて「ワイルド」だの「エキサイティング」だの「クリエイティブ」だのと説明しているのを聞いたことがあります。しかし、この方が「聖い」お方であるということを忘れているのではないでしょうか。この方の現されるご臨在は聖なるものです。そして私たちを聖めるために働かれます。ペテロは私たちが「**父なる神の予知に従い、御霊の聖めによって、イエス・キリストに従うように、またその血の注ぎかけを受けるように選ばれた**」（第一ペテロ一・2）と書いています。

聖霊さまはショーをなさるお方ではないのです。聖霊さまは聖めるお方です。この方は私たちに涙を流させ、笑いを与え、動揺させ、失敗させられます。しかしそのゴールは聖さなのです。その目的は私たちを聖別し、その栄光と輝きの中で輝く一人子のようにすることなのです。

聖さとは何でしょう。サムエル・ローガン・ブレングルは「聖さとは純粋な愛である」と言っています。聖さは美しく、縛ることをせず、退屈なものではなく、すばらしいものです。聖さとは神のようになることです。それは性格において、内なる資質において、心と魂においてです。なんと祝福に満ちたことでしょう。堕落の代わりにキリストの姿を、悪魔的態度の代わりに神の属性を、欲望の代わりに忠節を、むさぼりの代わりに寛容を、酔狂の代わりに献身をもって特徴づけられるのです。聖さとは完全な徳なのです。聖さとはいのちの純粋さです。

ただ、聖さは霊的興奮のみから得られるものではありません。それは象徴的な、不透明な「どこかに」存在している「何か」ではないのです。神さまご自身が、やはり象徴的で「どこかに」存在している「何か」ではないのと同じです。聖さは浮かんだり消えたりするものではありません。聖さとは、確実で具体的な、激しい変化を意味するのです。それは全く新しい生き方のことです。そして御言葉に植えられているものなのです。

聖めへの明確な招きなしでは、リバイバルは見境のないものになってしまいます。もし主の基準がはっきりと掲げられていなければ、人々はすぐさま倒れてしまうでしょう(霊においてという意味ではありません)。彼らの体験が御言葉に根差していないとすれば、彼らは長期に亘って風に吹かれる羽毛のような不安定な状態に陥るでしょう。叫び声が消えた後は、失望感が生まれるでしょう。何人かは、彼らを変えた体験に反するようになるでしょう。なぜでしょう。長続きしなかったのです。確かな基盤がなかったのです! リバイバルは、リバイバルの説教者を排出しました。本当のリバイバルの説教とは、感情的にわめいたり、荒れ狂ってみたり、偽りの霊によるとりとめのない話をするのではなく、中心的な真理にもう一度立ち返ったものです。そうでなければ、私たちはすぐにおかしくなり、さまよい始めてしまうのです。

リバイバルの時に、聖霊さまが共通して行われることが少なくとも六つあります。聖霊さまは聖めの働きをし(ヘブル九・13、14)、誤りを認めさせ(ヨハネ一六・8~11)、イエスの栄光を現し(ヨハネ一六・14）、いやしや解放を与え（使徒一〇・38）、力づけ（使徒一・8）、回復させ（使徒三・20）られます。主はこれらすべてを内なる秘密の働きによって私たちの心に行われるのですが、考えてもみてください。もしこの働きが御声を伴うものであったなら、その効果はなんと大きいことでしょう！

聖霊さまはイエスが福音を語られるとき、捕らわれの身の者を自由にされるとき、共におられました（ルカ四・16～18）。事実、その油注がれた御言葉により、囚われ人は自由になったのです。御霊は御言葉に反したり、競ったり、制限したりすることをなさいません。御言葉を証されるのです（ヘブル一・1～4）。

黙示録の二章と三章では、七回、主イエスがご自分の教会に語られています。ヨハネは七回、主の正確な言葉を記録し、それらは皆「耳のある者は御霊が諸教会に言われることを聞きなさい。」（黙示録参照）という言葉で終わっています。

イエスは、ご自分の民に御霊を通して語られるのです！　私たちは今日、御声を聞いているでしょうか。御霊は神の言葉を語られます。リバイバルの間、これらの言葉が雷のように響きます。メッセージは変わっていないのです。変わったのは私たちです。私たちは御言葉に立ち返らなくてはなりません（もちろん、ほとんどの教会が御言葉に対する自らの忠実さについて自慢するでしょうし、そのうちのいくつかは「御言葉」教会などという名前さえ持っています。それでも御言葉は、これらの教会で耳にすることよりもっと多くを語っているのです）。私たちには、本当に油注がれた聖い講壇と説教者が必要です。この世代は天からの新鮮な言葉を叫び求めています。レナード・レーヴェンヒルはこう言いました。

「伝道説教は、しばしば心のマッサージである。リバイバルの説教は心の手術だ。私たちは様々な伝道説教を聞いてきた。一〇〇万ドル・ゴスペル・クルセード、カリスマティック・ヒーリング伝道などである。今は主のために聖よめの大胆な説教をする時だ。伝道は感情を捕らえるが、リバイバルは意識をつかむのである」

ウェルシュ・リバイバルが説教と教えに強調点を置かなかったにもかかわらず、それは早急な悔い改めと、その場での従順を求める説教から始まりました。そしてこれが御霊の働きの基盤であり続けたのです。アズサ通りの注ぎかけは、そのペンテコステの現れで広く知られていますが、その時の指導者たちの中からは「英国ユダヤ主義」(British Israelitism) のように、奇妙な教理に留まる者たちも出てきました。しかし彼らが記した教理を見ると、何かがはっきりと見えてくるのです。彼らは悔い改めを最初に置き、その次もそのまた次ぎも、聖められ、御霊に満たされた生活のための悔い改めがあるのです。(注8)

これらのことはもう過去の出来事なのでしょうか。そんな説教は私たちの時代には必要ないのでしょうか。悔い改めから聖めへと私たちは前進したのでしょうか。主はようやく別の方向を向いて下さるようになったとでも言うのでしょうか。主は、アメリカの霊に満たされた(前にも言ったように、私には満たされる前の)多くの教会が、この世とほとんど違わないという事実を無視しておられるのでしょうか。

前の時代の、火のバプテスマを受けた説教者たちのこと、ホワイトフィールドやテネンツ、セーボナロラスやフォクシーズ、フィニーやキャンベルまでを考えると、私たちの時代にも妥協のない、新しい指導者たちが出てくることを願わずにはいられません。彼らの胸の張り裂けそうなメーッセージと、神との正しい関係に戻るようにとの試みの呼びかけ、涙をもって説く神のあわれみ、恐れのない十字架の宣言、失われた魂の悲惨な状態の描写、来る栄光のすばらしい約束。私はこれを、今の北アメリカにおけるリバイバル説教というものと比べると、震えが止まりません。

今日の神の民は外科医を必要としているのでしょうか。それともサーカスの団長でしょうか。私たちは挑発されたり、着飾る必要があるでしょうか。私たちの指導者たちが真理を語ることを求めているのでしょうか。それとも冗談を言うことを求めているのでしょうか。

世界は神なしでは自滅していきます。収穫は、かつてないほど実りが熟しています。遠慮なしに前進する時は今なのです。私たちは何を待っているのでしょう。

神の預言的メーセージを携えてくるスポークスマンを、収穫のために遣わして下さるよう主に懇願してください。そして先頭に立って大声で叫ぶ人を送ってくださいと願ってください(イザヤ五八・1)。ご自分の民にはっきりと直接語って下さるように祈るのです。まがいものの働きは私たちの手に負えません。

炎の言葉のために祈り、私たちが御言葉を通して燃やされ、世界に火をつけ、神に栄光をお返ししましょう。時は短いのです。はらはらさせるほどの可能性があります。一生に一度の機会を逃さないようにしましょう。今です。今がその時です。

リバイバルというのは、しばしばその後に続く苦しみのための備えであったりする。そしてその苦しみが、リバイバルが本物であったかどうか、またその質を試みるテストとなったりする。一九〇四年から一九〇五年のウェルシュ・リバイバルに始まり、一〇年間に何千ものリバイバルで回心した若者たちが、第一次世界対戦の泥沼の中で死んでいった。リバイバルに至るまで彼らのうちのどれほどが、永遠のいのちへの希望もなく生きていたかは天のみが知り得ることである。一九三〇年に興った東アフリカでのリバイバルは、その後始まった八年間のイジ・アミンの独裁から教会を守った。この間、五〇万以上の人々が惨殺された。また、一九五〇年代にケニヤに起こったマウマウの恐怖、ルワンダとブルンジでの激しい部族争いから守った。一九五三年、リバイバルはコンゴにも興った。そして一〇年後、シンバの残虐な反逆に対して教会を備えさせた。多くの指導者、教会員、宣教師が惨殺されたのである。

（ブライアン・エドワーズ「リバイバル、神によって満たされた人々」）

わたしは潤いのない地に水を注ぎ、かわいた地に豊かな流れを注ぎ、わたしの霊をあなたのすえに、わたしの祝福をあなたの子孫に注ごう。彼らは、流れのほとりの柳の木のように、青草の間に芽生える。

（イザヤ四四・3、4）

さあ、主に立ち返ろう。主は私たちを引き裂いたが、また、いやし、私たちを打ったが、また、包んでくださるからだ。主は二日の後、私たちを生き返らせ、三日目に私たちを立ち上がらせる。私たちは、御前に生きるのだ。私たちは、知ろう。主を知ることを切に追い求めよう。主は暁の光のように、確かに現われ、大雨のように、私たちのところに来、後の雨のように、地を潤される。

（ホセア六・1〜3）

後の雨のときに、主に雨を求めよ。主はいなびかりを造り、大雨を人々に与え、野の草をすべての人に下さる。

（ゼカリヤ一〇・1）

第18章　警告と約束

六四二年、ユダの王マナセが死にました。彼は五五年に亘って君臨してきました。そして、御言葉にある証言からマナセは、「ユダに罪を犯させ、主の目の前に悪を行なわせて、罪を犯したばかりでなく、罪のない者の血まで多量に流し、それがエルサレムの隅々に満ちるほどであった」のだと言われています（第二列王二一・16）。彼は晩年、悔い改めて多くの改革を行いましたが（第二歴代三三・11〜19参照）、人々に対する彼の罪は非常に重く、ユダとエルサレムには厳しい裁きが来なければなりませんでした。もう選択の余地はなかったのです。

二二歳のマナセの息子アモンが後を引き継ぎ、マナセの悪の行いを続けました。王になって二年経ったとき、アモンの幼い息子ヨシヤが、わずか八歳で彼の代わりに王座に着くことになったのです。

彼は主の目にかなうことを行なって、先祖ダビデの道に歩み、右にも左にもそれなかった。彼の治世の第八年に、彼はまだ若かったが、その先祖ダビデの神に求め始め、第十二年に、ユダとエルサレムをきよめ始めて、高き所、アシェラ像、刻んだ像、および、鋳物の像を除いた。人々は彼の面前で、バアルの祭壇を取りこわした。彼は、その上にあった香の台を切り倒し、アシェラ像と刻んだ像と鋳物の像を打ちこわし、粉々に砕いて、これらのいけにえをささげた者たちの墓の上にまき散らした。彼は、祭司たちの骨を彼らの祭壇の上で焼いて、ユダとエルサレムをきよめた。（第二歴代誌三四・2～5）

神に従うこの幼い王の下で、ユダは国中のリバイバルを体験したのです。偶像は打ち壊され、忘れ去られていた神の言葉が戻ってきたのです。純粋な礼拝が回復されました。聖なる祭りの日は、今一度定められました。事態は劇的に変わりました。

しかし、一つのことだけは変わることがありませんでした。裁きはまだ来ていなかったのです。殺された者たちの血が正義を求めて叫んでいたのです。主は、ご自分の語られた言葉を成就させなければなりませんでした。神の報いは、もう先に延ばされることはなかったのです。それは中止することのできないものでした。そこでヨシアが王座から退くやいなや、彼は馬鹿げた戦争で敵の兵士に斬り殺されました。裁きが始まったのです。一世代後に寺院は破壊されました。ダビデのような王はいませんでしたし、ダビデの王朝もありませんでした。そして数え切れないほどのユダヤの民が、バビロンに捕らわれの身となったのです。

そこで主は、カルデヤ人の略奪隊、アラムの略奪隊、モアブの略奪隊、アモン人の略奪隊を遣わしてエホヤキムを攻められた。ユダを攻めて、これを滅ぼすために彼らを遣わされた。主がそのしもべである預言者たちによって告げられたことばのとおりであった。ユダを主の前から除くということは、実に主の命令によることであって、それは、マナセが犯したすべての罪のためであり、また、マナセが流した罪のない者の血のためであった。マナセはエルサレムを罪のない者の血で満たした。そのため主はその罪を赦そうとはされなかった。（第二列王記二四・2～4）

リバイバルは休息の時を提供し、災害の前に、民が神との正しい関係に立ち帰ることができるように機会を与えたのです。それは正しい者に新たな力を与え、神の更正とあわれみを示したのです。神は、彼らにもう一度機会を与えましたが、ヨシヤが死んでまもなく、人々は自分たちの元の生活に帰っていきました。

アメリカの教会よ、聞きなさい！　ここには私たちへのメッセージが込められているのです。学ぶべきことがあるのです。なぜ神は私たちの土地にリバイバルを送ろうとされるのでしょうか。それはもちろん私たちを愛しておられ、祝福を与えようとされているからに違いないのです。ご自分の民の祈りと請願に応えて下さるからでしょう。ひとり子が人々にあがめられ、栄誉を受けることおられるからでしょう。そして私たちを訓練し、大収穫のために送り出そうとしておられるからでしょう。しかし、もっと何かがあるのです。私たちを厳しい試練の時のために備えておられるとは考えられないでしょうか。後にやって来る災難を忍ぶことができるように、栄光に満ちたリニューアルを送っておられるのかもしれません。

ザイール福音宣教会のベテラン宣教師、ヘラルド・ウォーマーズリーはこう言いました。「一九六〇年に興った嵐は、一九一五年以来のものでした。教会が全滅させられる恐れがありました。牧師、長老、宣教師たちは自動的に惨殺されていきました。教会は燃やされ、礼拝中の信徒たちが切り刻まれて殺されました。血が水のように流されたのでした」

教会はもう終わりのように思えました。しかし地獄の門は、岩の上に立てられた教会の前に立ちはだかることはできませんでした。リバイバルを通して、大いなる教会の頭なる方が、静かにご自分の民を、来る燃える試練に耐え得るよう整えておられたのです。

もちろん教会に火がつき、この世に対することができるなら、多くの人たちは救われますが、多くの者は救われないままでいるでしょう。聖められる者もいれば、傲慢になる者も出てくるのです。傲慢になるのです！　この世は、ようやく神の民を迫害する良い口実を見つけるのです。飛んで火に入る夏の虫なのです。バンス・ハーブナーがこう言っています。「本当の火に燃える説教者は、悪魔にとって苦痛なのです。目覚めた信徒が福音をしっかりと携えて歩むなら、彼を急転落させせようと邪悪な策略が張り巡らされるのです(注2)」

リバイバルは私たちを整えてくれるでしょう。残り続ける喜びと勝利が私たちを、手を引いて閉じこもる代わりに堪え忍ぶことができるようにさせるのです。たとえ暗闇が支配しているところにおいても、私たちの心の炎は燃え続けるのです。迫害のただ中で私たちは喜びにあふれるのです。私たちは勝利するのです！

しかし、私たちが取り組まなければならないのは悪魔の策略に対してだけではありません。私たちのこの国は神によって振るわれます。聖書の最後の書、最終章は神の怒り（この世に対するもので、教会に対してではない）について気絶しそうな描写をしています。怒りのつまった鉢が、山のように天から降ってくるのです！　黙示録は、神の怒りの「杯」「酒ぶね」「七つの金の鉢」そして「神の激しい怒りの葡萄酒の杯」と記しているのです。

イエスについてはこう書いてあります。

「この方の口からは諸国の民を打つために、鋭い剣が出ていた。この方は、鉄の杖をもって彼らを牧される。この方はまた、万物の支配者である神の激しい怒りの酒ぶねを踏まれる」（黙示録一九・15）

私たちはこの悲惨な、アメリカにやって来る裁きを捉えるべきです。神は冗談を言われる方ではありません。裁きを行う方なのです。

日を特定する予言の書、再臨についての推測本のことは忘れてください。私たちが終末論のカレンダーではどのあたりにいるのか見つけようとしたりするのはやめてください（もし書き記すつもりなら、鉛筆で書くことをお勧めします）。黙示録のこれらの箇所が、アメリカについて語っているのだという節も忘れてください。次の三つのことを理解するだけで充分に思います。

一、終わりに近づけば近づくほど（確かに私たちは終わりの時代にいるのですが）、神の怒りの現れは驚異的なものになるでしょう。あわれみや気絶してしまう恵みだけではないのです。

二、聖書の全巻は、神が義なる正しい方であると証しています。手は罪を犯したものに処罰を与えないではおられません。神ご自身が復讐されるのです。私たちのこれから先には裁きが待っており、今現在も裁きは行われるのです。アメリカは裁かれます。

三、また、裁きは神の家から始まります（第一ペテロ四・17）。教会は神の怒りを免れますが（第一テサロ五・9）、神の聖めの裁きは免れません。彼は悪いものを滅ぼす前に、正しい者を探られるのです（詩篇十一・4～6）。

この恐ろしい事実について考えてみてください。もし神が回復の波とリバイバルを今日の教会に送られたとして、私たちがそれをはねのけたり、訪れを当たり前だとしてしまい、今までと同じように生きるのなら、驚異的なあわれみの現れを鼻で笑ってしまうのなら、私たちのこの国に何が起こるでしょうか。イエスの言葉が突き刺さってきます。

エルサレムに近くなったころ、都を見られたイエスは、その都のために泣いて、言われた。「お

まえも、もし、この日のうちに、平和のことを知っていたのなら。しかし今は、そのことがおまえの目から隠されている。やがておまえの敵が、おまえに対して塁を築き、回りを取り巻き、四方から攻め寄せ、そしておまえとその中の子どもたちを地にたたきつけ、おまえの中で、一つの石もほかの石の上に積まれたままでは残されない日が、やって来る。それはおまえが、神の訪れの時を知らなかったからだ。」(ルカ一九・41～44)

私は、神の純粋で力ある働きが、その最もあるべき形で現されることを心から願っているのです。主の訪れを見失うことなど考えられません。それを考えると震えずにいられません。そのようなことが決してありませんように!

しかしもう一つ、私たちの目を覚まさせる事実があります。私たちが神の下さるものをすべて受け取ったとしても、国の端から端までをリバイバルが覆ったとしても、急激な覚醒があったとしても、アメリカが過去に犯した罪は消えません。

私たちの過去に犯した犯罪は見過ごされたりしませんし、国を挙げての過ちの経過は消えたりしないのです。もしリバイバルが裁きを帳消しにしてくれるものだと思っていたなら、彼らは直前まで罪を犯し続けるでしょう。リバイバルが来て、彼らの罪が取り除かれるなら、そんなうまい話はありません。しかしそうではないのです!

たとえば若い母親を殺して逃げた殺人犯がいたとします。逃亡者のまま、彼は福音を聞き救われます。彼の罪は赦され、彼はすばらしく変化を遂げます。彼は自分の過去に苦しみますが、天からの慰めをいただきます。しかし、法は彼が自首して刑期を全うすることを望みます。死刑の宣告を受けることもあるでしょう。彼の罪の汚れは洗われています。しかし彼の行動の結果があるのです。彼の暴力的な犯罪のせいで、妻を殺された夫と母親を失った子供たちがいるのです。同じことがアメリカの将来について言えます。

　あまりに大きな神のあわれみで、手遅れになる前にもう一度罪人たちに立ち帰る機会を与えるために、リバイバルは興されることがあります。神の義は、ずっと前に彼らを一掃することができたのに、長い苦しみと同情心が主ご自身を突き動かし、もう一度恵みを現されるのです。しかしその後に裁きは来るのです！

　一八五七年から一八五八年の間、アメリカに興った力あるリバイバルのわずか一〇年後に、何千もの若者の命を奪った南北戦争が始まったのは偶然でしょうか。私たちの国の奴隷制という忌まわしい罪に処罰が下されるまで、あわれみと無償の行為が注がれたのでした。しかも、戦争中でさえもリバイバルは続いていたのです。北部軍、南部軍の双方において、数多くの主の訪れと注ぎかけがあったのです。[注3]神はそのときでさえ、あわれみ続けて下さったのです！

　ここに直接適応できる聖書の原則「多く任されたものは多く要求されます」があります。（ルカ十二・48）。すでに教会は回復の時を体験し、社会が福音の味を知り、警告がすでに行われた国に言い訳ができるでしょうか。アメリカが支払いをする日とはどのようなものでしょうか。

　もちろん、私にも皆さんにも、将来に何が起こるのかはわかりません。これから起こることを詳しく、何がいつどのようにして起こるかを確実に言うことはできません。しかし、このことは言えるでしょう。「主が私たちにリバイバルを送られるのは、私たちがさらに太り、自己満足に陥るためではないのです。私たちはまだ、より偉大な平安と栄えに入るために新しくされてさえいないのです。私たちはそれが我慢ならなかったのです！　この世の快楽と欲望、物質主義の偶像と娯楽、富と贅沢の惑わしが、私たちの身の破滅の元なのです。栄えのためのリバイバルはいらないのです。人生で成功するためのリニューアルなどいらないのです。私たちには現実が必要なのです！

真理を堅く掲げましょう。この世代のアメリカの信徒たちは、キリストの十字架のことよりもクリスチャン用のクルーズに慣れ親しみ、神への畏れに関する説教よりもテレビガイドに載っている番組の方が好きなのです。信仰のための迫害など古くさいものになり、主の苦しみ、試練は否定的なものと取られるようになりました。従わないものに対する神の怒りについて語ることは、完全に受け入れられなくなりました。「アメリカへの裁き？　そんな思いは捨ててしまいなさい。私たちはもっと霊的にハイになりたいのです」と。

リバイバルの悔い改めと約束のメッセージは、陳腐以外の何ものでもないのです。神のすばらしい霊の働きを拒んだ結果はひどいものでしょう。これほどリバイバルと「神の訪れ」について皆が語っている中で、いったい誰がアメリカに警告を発しているというのでしょうか。これほど多くの教会で注ぎかけがあるというのに、見張り人はどこにいるのでしょうか。預言の声はどこにあるのでしょう（夢を見たり、最近多い個人預言などのことを言っているのではありません。あの方の声です）。どれほどの人たちが、手遅れになる前に悔い改めよ、と男女に向かって語っているでしょうか。どれほどのミニストリーがこのことに焦点を当てているでしょうか。私たちが平静にならずして、我が国に影響を与えることができるでしょうか。

イエスさまの警告によく聞き入ってください。「あなたがたの心が、放蕩や深酒やこの世の煩いのために沈み込んでいるところに、その日がわなのように、突然あなたがたに臨むことのないように、よく気をつけていなさい。」（ルカ二一・34）

教会はパーティーをしている場合ではないのです。聖い目で物事を見据える時が来ているのです。世の中が肉欲と悪魔の惑わしに捕まっている間に、麻薬で意識のない間に、不道徳に縛られて苦みの奴隷になり、娯楽の虜になり、アルコールで麻痺し、恐れで身動きができなくなっている間に、御霊の与える新しい葡萄酒を飲む私たちは、落ち着いていなければならないのです。平和と栄えのみを預言する預言者たちは覚悟すべきです！

「人々が「平和だ。安全だ。」と言っているそのようなときに、突如として滅びが彼らに襲いかかります。ちょうど妊婦に産みの苦しみが臨むようなもので、それをのがれることは決してできません。しかし、兄弟たち。あなたがたは暗やみの中にはいないのですから、その日が、盗人のようにあなたがたを襲うことはありません。あなたがたはみな、光の子ども、昼の子どもだからです。私たちは、夜や暗やみの者ではありません。ですから、ほかの人々のように眠っていないで、目をさまして、慎み深くしていましょう。眠る者は夜眠り、酔う者は夜酔うからです。しかし、私たちは昼の者なので、信仰と愛を胸当てとして着け、救いの望みをかぶととしてかぶって、慎み深くしていましょう。神は、私たちが御怒りに会うようにお定めになった

のではなく、主イエス・キリストにあって救いを得るようにお定めになったからです」（第一テサロニケ五・3～9）

イエスの言葉をもう一度よく聞いてください。ここには預言的原則があるのです。どの世代にも適応できる、日にちも関係なく、季節も、主がいつ戻って来られるかということを考えなくてもわかる真理があるのです。この警告は今も必要なのです。

「人の子の日に起こることは、ちょうど、ノアの日に起こったことと同様です。ノアが箱舟にはいるその日まで、人々は、食べたり、飲んだり、めとったり、とついだりしていたが、洪水が来て、すべての人を滅ぼしてしまいました。」（ルカ一七・26、27）

あなたは主の語っておられることがおわかりですか。主は、罪に満ちた世代の行動についてここで説明しておられるのではないのです。主は破滅のその日まで、いかに人々の生活が普通に送られていたかを話しておられるのです。「ノアが箱船に入るその日まで人々は食べたり、飲んだり、めとったり、嫁いだりしていました」のです。何もかもが普通だったのです。そして裁きの洪水が突然やって来ました。神の人たちよ、もう目を覚ます時が来ているのです！

私たちは、ノアの時代の人々よりもずっと警告を受けてきているのです。災害が、同じ日に洪水と火事の両方の形をとって来たりもしているのです。しかも一度だけのことではないのです。一九九四年には、とても裕福なヒューストンの町を火の川が覆い尽くしたこともあったのです。そのわずか一年前には、南カリフォルニアの美しい住宅街の後ろに炎が立ちのぼっているフルカラーの写真が『USA TODAY』の表紙を飾っていたのです。その時のキャプションは、「何者もこの火を止められない!」というものでした。これらは将来起こることの徴ではないのでしょうか。

今のアメリカと、ヨシヤが死んだ後のユダの国とのどこに違いがあるのでしょう。ユダは特別な契約の与えられた国で、聖書の中で何度も語られています。アメリカは聖書の中で一度も名前の出てこない国です。神は、ご自身がエルサレムの周りを火の壁となって囲むと言われました。そしてエルサレムに触れる者たちは、主の瞳に触れると語られたのです(ゼカリヤ二・5、8)。主はワシントンDCに何の約束もされませんでした! それでも主は、たとえご自分の御名があざ笑われるとわかっていても、エルサレムとユダを崩されました。主の聖さと義がそうさせたのです。ということは、私たちには何が待っているのでしょうか。

回復の時が来て、それが主の火に耐えられるものだけを整えるためだったとしたらどうしますか。神が「後に来る本当にひどい災害の火に耐えるために、真に献身した者たちを探している」と言われたらどうするのですか。私たちは、今、自分たちがどのような時を生きているのかわかっているでしょうか。これはHBO映画ではないのです。任天堂のゲームでもありません。現実なのです! 本当に恐ろしいことがこの国で起こるのです。あなたは振るいのための備えができていますか。リバイバルされたものだけが勝利のうちに耐え抜くことができるのです。

「主よ。だれが、あなたの幕屋に宿るのでしょうか。だれが、あなたの聖なる山に住むのでしょうか。正しく歩み、義を行ない、心の中の真実を語る人。その人は、舌をもってそしらず、友人に悪を行なわず、隣人への非難を口にしない。神に捨てられた人を、その目はさげすみ、主を恐れる者を尊ぶ。損になっても、立てた誓いは変えない。金を貸しても利息を取らず、罪を犯さない人にそむいて、わいろを取らない。このように行なう人は、決してゆるがされない」(詩篇一五章)

「私はいつも、私の前に主を置いた。主が私の右におられるので、私はゆるぐことがない」(詩篇一六・8)

「私のたましいは黙って、ただ神を待ち望む。私の救いは神から来る。神こそ、わが岩。わが救い。わがやぐら。私は決して、ゆるがされない」(詩篇六二・1、2)

神がリバイバルの力をもって来られとき、振るうことのできるものは何でも振るわれます。永遠のもの、神の示されたものだけが残るように、死んだ伝統から日々の罪まで、人間の作った王国から人の知恵まで、すべてを振るわれるのです(ヘブル十二・25～29)。ご自分の民を振るいにかけ、自由にし、主の御元で私たちが安心して、揺れ動くことなく確信を持ち、堅く立つことができるようにされるのです。私たちの信頼は、もう目に見えるものにありません。私たちはリバイバルされたのです！

モーセのように、私たちは見えない方を見て堪え忍ぶのです(ヘブル十一・27)。パウロのように私たちは主を知っているので、自分の持っているものを損と思うようになります（ピリピ三・7、8）。ダニエルのように、王の言うことを恐れたりはしません。私たちの神は自由にして下さる方だからです（ダニエル六章）。私たちは生きており、主に完全に買い取られたからです。リバイバルは本当に有効なものです！

主の御心にかなう限り、裁きが延ばされることを私は祈っています。また、邪悪なものの働きが、霊的に少しでも多く封じられることを見たいと思います。私たちは死と破壊を楽しんで眺めたりはしないからです。愚かに座り込んで国が崩壊するのを見ていたりはしないからです。私たちは自らを偽ってはなりません。今は危急の時なのです！

神が私たちに回復の時を与えておられるのは、手術の前の麻酔のようなものかもしれません。リニューアルの流れがやって来たのは、教会があまりにも病んでいて、怠惰になっており、妥協に満ち、肉的で、あまりりにも叩かれ、青あざだらけで、よそよそしくて、踏みにじられていたからではないでしょうか。そしてこの後、主は本当に仕事にかかられるのです。もし、密度の深い確信が与えられたらどうなるのでしょう。嘆きと叫びが、笑いと喜びの後にやって来たらどうなるのでしょう。今よりも大きな勝利と喜びの解放があった後で、キリストの御体を一掃する裁きが始まったらどうするのでしょうか。

神は私たちを混乱させようとされているのではありません。どっかりと座ってご自分の教会をあざ笑っておられるのではないのです。栄光と私たちのためを思って働いて下さっています。しかし、主はご自分の方法をもってそれを行われ、ご自分でその結果を見られるのです！

ブライアン・エドワーズは私たちにこう語っています。

「深く心探られ、へりくだることのないリバイバルなどない。この厳しい確信こそが、一九五三年のコンゴでのリバイバルで彼らにこの詩を作らせたのだ。

今日、救いを受けなさい
いまは裁きの時だから

宣教師たちは『裁きの時』を憐れみの時に直したがったが、マラキ書の三章二節と三節を突きつけられた。神は精練される者の火としてやってこられるのだ」

リバイバルにおいては、神さまが私たちの近くに来られるのです。あわれみと威厳をもって、喜びと裁きのうちに、力と聖さのうちに来て下さるのです。あなたは主のために備えができていますか。

ムーディーが働きを始めた頃、彼は天からのさらなる、より深い油注ぎが必要だと感じました。聖霊による真のバプテスマが必要だと感じたのです。そして彼は心から主に呼び求め、ひたすら御顔を慕い求めました。はっきりとした応答が来たとき、あまりにも圧倒され、御手を取りのけて下さるように祈らずにはいられませんでした。それは彼が受け取れる以上のものだったのです。その後、ムーディーがどれほど豊かに用いられたか考えてみてください。力のバプテスマはこのような効果をもたらすのです。

皆さん、神に限界はありません。天から配給されるものは底をつくことがないのです。聖霊の海は決して枯れることがありません。行きすぎるほど主の訪れを祈り求めましょう。主の雨が降り続け、川ができ、深さが増して泳ぐことができるようになるまでとりなし続けましょう（エゼキエル四七章）

イエスは偽善者たちを厳しく戒められましたが、それは彼らが器の外側は聖めたけれど、内側は優柔不断と欲で一杯だったからです（マタイ二三・25、26）。私たちの多くは内側は聖めいただきましたが、私たちの器は空っぽなのです！　他の人々はもう一歩先を行っています。彼らは内側を聖くして、内側を満たしました。それはすばらしいことです。しかしもっと上があるのです。主は私たちの内側があふれ出ることを望んでおられるからです。

主に難しすぎることがあるでしょうか。あふれるばかりに私たちに流し込んで下さいます。私たちの上に、内側に、周りに、いくらでも流し込んで下さるのです。

あなたの罪の関係を切り、心の中の妥協を取り除いて下さい。今すぐ思い当たるおかしな行動は捨て去るのです。主への渇きを新たにし、この世の何よりも主を必要としている、あなたのいのちよりも大切な方だと祈るのです。あなたが聞いてはきたが一度も体験したことのない、主の訪れなしには生きてはいけないと願うのです。もし主の御言葉が真実なら、使徒の働きで起きたことをあなたも見なければならないのだと祈ってください。日々、あなたの手をもって、あなたのいのちをもって主に従いたいと願うのです！

「主よ、語ってください！　あなたのしもべたちは聞いています。主よ働いてください！　あなたの子供たちはあなたを待っています。あなたの名誉がかかっているのです！」

聖霊の持っておられるものより少ないもので満足してはなりません。教会の頭として、イエスさまが本当に栄光をお受けになるまでやめてはなりません。世の中が振われるまで投げ出してはいけません。今こそリバイバルを必要としているからです！

私たちは、ほとばしるような元気さや危機感を必要としているのではないのです。大いなる注ぎかけを必要としているのです。注ぎかけでびしょぬれになる必要があるのです。悪魔は暴れ回っています。崩壊した家庭があまりにも増えて、アメリカの都市はまるで崩れた家庭のゴミ箱のようです。噴出している暴力の火山に対する神の答えは何でしょうか。同性愛と中絶の恐怖に主は何をされるのでしょう。それはリバイバルです！

リバイバルがその働きをするのです。

災害のただ中で、主はご自分の教会を建てられます。迫害のただ中で、主はご自分の民を強められます。誘惑の時、私たちは勝利します。恐れの中で私たちの信仰は立ち上がります！　エルサレムの約束は私たちに語りかけます。

「起きよ。光を放て。あなたの光が来て、主の栄光があなたの上に輝いているからだ。見よ。やみが地をおおい、暗やみが諸国の民をおおっている。しかし、あなたの上には主が輝き、その栄光があなたの上に現われる。」（イザヤ六〇・1、2）

アメリカは転落するのでしょうか。それとも回復するのでしょうか。この国は今一度偉大な国になるのでしょうか。五年で終わるのでしょうか。それとも五〇年でしょうか。主だけがすべてをご存知です。隠されたことは主のものだからです。しかし私たちは動き出し、祝福され、リバイバルを受けたいのです。ひとり子に栄光を帰し、花嫁を聖めたいのです。主はご自分の御名を国々に知らしめようとされます。人間の魂を収穫することを望んでおられます。被造物を皆、買い戻したいと願っておられるのです。リバイバルをもたらしたいと願っておられます。ここまできて何か障害があるのでしょうか。

教師の中にはこういう人たちもいました。「気をつけてください。リバイバルなんて言わないでください。過去の栄光にしがみつくのはおやめなさい。どんな神の訪れも必ず問題を抱えていました。どんな神の働きも完璧からは程遠かったのです。懐古主義にならず現実を見てください」もちろん私も彼らに賛成します。しかし、ぜひお願いしたいのです。このことを、現代の私たちの国の教会の悲惨な状況の言い訳にしないでいただきたいのです。「あの時も完全でなかったのだから、今も完全にはなれないのだ」などと言わないでほしいのです。決して違います！

ウォッチマン・ニーはこう言っています。「標準的なクリスチャンが平熱にまで自分の体温を上げると、周囲はこぞって彼は熱にうなされている、と言う」(注6)また、レーヴェンヒルはこう言っています。「教会はあまりにも低いところにいたので、誰かがあるべき状態になると、皆が彼を異常だと思うのだ」(注7)

私たちが熱くなる時が来ています。周囲が、私たちをうなされていると思うまで熱くなる必要があります。エリヤやパウロ、モーセやステパノ、エレミヤやペテロのように、普通になる時が来ているのです。イエスの模範と御霊の約束によって普通になる時が来ているのです。

あなたは一車線の高速道路でノロノロ走るトラックの後ろについてしまったことがありますか。もしくは反対車線で走っていて、そのようなトラックの後ろを数珠つなぎに車が並んでいるのを見たことがありますか。私はそのように指導をしたくはないのです。そのような模範を示したくはないのです。私の生き方が、態度が、他の人々を止め、落ち込ませ、挫折させ、スローダウンさせるようなことがあってはならないのです。今は動き出す時であり、もたもたせず攻撃し、萎縮せず思い切って飛び込む時です。他の人たちに火をつける時であり、周囲を衰えさせてはなりません。本当に信じる時なのです!

福音書と使徒の働きに記されている証を否定してはなりません。そこに書かれていることは本当に起こったのです。私たちを通してそれらはまた起こるのです。テレビで見られる今時のいやしの集会が、イエスや使徒たちの行なった業と同じだと思ってはなりません。もっと多くのことがなされていたのです。そしてこれからもそうです。あなたの幻を見続けるのです!

チャールズ・フィニーとエバン・ロバーツには何か違うものがありました。神さまはジョージ・ホワイトフィールドとダンカン・キャンベルを、驚くべき方法をもって用いられました。街全体が振るわれ、多くの人生が劇的に変えられました。リバイバルは歴史の流れを変えました。

神さまが本当のリバイバルをこの時代に送って下さいますように!

以前、バッファローに説教に行った際、娘のジェニファーとナイアガラの滝を見に行きました。滝に向かって川の岸を歩いていくと、透き通った水筋が引っ張られるようにして落ちているのが見えました。ある思いが私を打ちました。「これは今の教会の姿だ。成長し、前進してはいるがリバイバルはまだ来ていないのだ」

それから滝のそばまで来たとき、あふれる水の流れは恐ろしい速さで落ちていました。水は白いしぶきをあげ、恐ろしくなるほどの引力で落ちていくのです。もう一つの思いがまた心に浮かびました。「これが今の私たちが思っているリバイバルというものだ。普通の状態からはすばらしい変化と前進を遂げる。多くのことが起こるが、これはまだリバイバルではない」

そして、とうとう私たちは滝のすぐ下にまで来ました。それは圧巻でした。子供の時に見たよりもずっとすごい迫力でした。ただ、広大で圧倒的だったのではありません。その滝の流れは見ているものをよろめかすほどのものだったのです。

注

第2章

1. Günter Krallman, ed., Deeper Life in Christ; Guidelines toward Christlikeness and Power for Service, selected and edited from writings of Andrew Murray(Hong Kong: Jensco, 1995), 30.

第3章

1. Charles Finney, Reflections on Revival (Mineapolis: Bethany, 1979), 94
2. Duncan Campbell, The Lewis Awakening: 1949-1953 (Edinburg, Scotland: The faith Mission,n.d.), 30
3. Ibid
4. を参照
5. Charles Finney, Reflections on Revival (Minneapolis: Bethany, 1979),93
6. Smith Wigglesworth, Ever Increasing Faith (rev. ed., Springfield, MO: Gospel Publishing House, 1971), 118.

第4章

1. I.V. Neprash, "The Spirituality of the Welsh Revival, " in Richard Owen Roberts, ed., Glory filled the Land: A Trilogy on the Welsh Revival of 1904-1905 (Wheaton: International Awakening Press, 1989), 193-94.

第5章

1. John G. Lake, Adventures in God (Tulsa: Harrison House,n.d), 53-54.
2. 現代ペンテコステカリスマ派のムーブメントについては次の書を参考
Whatever Happened to the Power of God: Is the Charismatic Church Slain in theSpirit or Down for the Count? (Shippensburg, PA: Destiny Image, 1991).
3. Albert M. Wells, Jr., Inspiring Quotations: Contemporary and Classical (Nashville: Thomas Nelson, 1988), 13, no. 124.
4. James A. Stewart, Invasion of Wales by the Spirit through Evan Roberts (Asheville, NC: Revival Literature, n.d.), 56.

第6章

1. Arthur Wallis, In the Day of Thy Power, (Fort Washington, PA: Christian Literature Crusader, 1988), 26.
2. Brian Edwards, Revival: A People Saturated With God, (Durham, England: Evangelical Press, 1990), 218.

第7章

1. Duncan Campbell, The Price and Power of Revival: Lessons from the Hebrides Awakening (Dixon, MO: Rare Christian Books, n.d.), 23.
2. "The Watchword," no. 48, 1.
3. Günter Krallman, ed., Deeper Life in Christ: Guidelines towards Christlikeness and Power for Service, Selected and Edited from Writings of Andrew Murray(Hong Kong: Jensco, 1995), 17.

第8章

1. 詳細については以下の参考文献を Garth M. Rosell and Richard A.G. Dupuis, eds., The Memoirs of Charles G. Finney (Grand Rapids: Zondervan, 1989), 271-72.
3. Duncan Campbell, The Lewis Awakening: 1949-1953 (Edinburgh, Scotland: The Faith Mission, n.d.), 29, 27-28.
4. William Reid, ed., Authentic Records of Revivals (Wheaton: International Awakening Press, 1980), 119-120.
5. Elfion Evans, The Welsh Revival of 1904 (Wales: Evangelical Press of Wales, 1969), 68.
6. William T. Summers, comp. The Quotable Matthew Henry (Old Tappan, NJ: Fleming Revel, n.d.), 221.
7. "George Whitefield," Christian History, no. 38, 22.
8. Ibid., 23.
9. Harry Verploegh, comp., Oswald Chambers: The Best from All His Books, Vol.1 (Nashville: Oliver Nelson, 1987), 263.
10. Summers, The Quotable Matthew Henry, 129.

11. From the hymn "Arise My Soul, Arise."
12. Reid, Authentic Records, 121.
13. Ibid., 123-124.
14. Ibid.,, 122-123.
15. Colin C. Whitaker, Great Revivals (Springfield, MO: Gospel Publishing House, 1984), 158.
16. Arnold Dallimore, Spurgeon: A New Biography (Carlisle, PA: Banner of Truth, 1988), 17.
17. Ibid., 15.
18. Ibid., 20.
19. Ibid., 14.
20. James A Stewart, William Chalmers Burns and Robert Murray M'Cheyne (N.p.: n.pl, n.d.), 77, available now through Revival Literature, Asheville, NC.

第9章

1. James Edwin Orr, Campus Aflame, ed. Richard Owen Roberts (Wheaton: International Awakening Press, 1994), 220-21.
2. Ibid., 221.
3. 教会が犯したユダヤ人迫害の真実(マルコーシュ・パブリケーション)
4. Albert M. Wells, Jr., Inspiring Quotations: Contemporary and Classical (Nashville: Thomas Nelson, 1988), 103, no. 1347.
5. I.D.E. Thomas, ed., The Golden Treasury of Puritan Quotations (Carlisle, PA: Banner of Truth, 1989), 159.
6. A.W. Tozer, When He is Come (Harrisburg, PA: Christian Publications, 1968), 15.

7. Thomas, Golden Treasury, 159.
8. Ibid., 158.

第10章

1. Emyr Roberts and R. Geraint Gruffyd, Revival and Its Fruit (Wales: Evangelical Library of Wales, 1981), 35.
2. Leonard Ravenhill, Why Revival Tarries (Minneapolis: Bethany, 1962), 83.
3. The Works of John Wesley (Grand Rapids: Baker, 1986), 1:210 (this is the journal entry from 7 July 1739).
4. Arthur Wallis, In the Day of Thy Power (Fort Washington, PA: Christian Literature Crusade, 1988), 75.
5. Duncan Campbell, Revival in the Hebrides (Springfield, MO: Gospel Publishing House, n.d., Tract No. 4673), 6.
6. Brian Edwards, Revival: A People Saturated with God (Durham, England: Evangelical Press, 1990), back cover.
7. Ibid.; Campbell, Revival in the Hebrides, 6-8.
8. Wallis, In the Day of Thy Power, 78.
9. Michael L. Brown, The End of the American Gospel Enterprise (Shippensburg,PA: Destiny Image, 1989), 63-69.
10. Britton, Quotes from the Past... (taken from History of Tennessee, Springfield, MO: Goodspeed Publishing Co., n.d., 645-65), 5; for a brief summary of some of the Cane Ridge manifestations, see Mark A. Noll, A history of Christianity in the United States and Canada (Grand Rapids: Eerdmans, 1992), 167.
11. Roberts, Revival and Its Fruit, 7.

12. Ibid., 21-22.
13. Ibid., 9.
14. The article was entitled, "Holy Knickers Baptized 138. Remarkable Scenes at Terminal Yesterday."
15. Roberts, Revival and Its Fruit, 8.
16. Ibid., 20-21.
17. ロサンゼルスタイムズ 1906年9月6日号より
18. 新聞記事 "Rolling on Floor in Smale's Church," より
19. Oswald Chambers, My Utmost for His Highest (reprinted in many editions and by various publishers), August 1.
20. Gordon Lindsay, ed., Spiritual Hunger and Other Sermons (Dallas: Christ for the Nations, 1987), 80.

第11章

1. ジャッドソンの１生に関しては Courtney A. Anderson, To the Golden Shore: The Life of Adoniram Judson (Valley Forge: Judson Press, 1987).
2. John Holt Rice and Benjamin Holt Rice, Memoir of James Brainerd Taylor (London: Frederick Westley and A.H. Davis, 1834), 207.
3. Jonathan Edwards, Jonathan Edwards on Revival (Carlisle, PA: Bannerof Truth, 1987), 12-13.
4. Arthur Wallis, In the Day of Thy Power (Fort Washington, PA: Christian Literature Crusade, 1988), 63.
5. H.A. Baker, Visions Beyond the Veil (Springdale, PA: Whitaker, 1979), 88-89.
6. James A. Stewart, I Must Tell (N.p.: n.p., n.d.), 34, available now through Revival Literature, Asheville, NC.
7. Ibid., 85.

8．Ibid., 85-86.
9．See K.P. Yohannan, Living in the Light of Eternity (Longwood, FL:LongwoodCommunications, 1993), 99-102.

第12章

1．For discussion of the Hebrew expression used here (pi shenayim), see T.R. Hobbs, 2 Kings, Word Biblical Commentary (Waco, TX: Word, 1985), 21: "The phrase indicates twice as much as any other heir, not double the amount Elijah had."
2．John Gillies, Historical Collections of Accounts of Revivals (Carlisle, PA: Banner of Truth, 1981), vi.
3．Ibid., ix-x.
4．James A. Stewart, William Chalmers Burns and Robert Murray M'Cheyne (N.p.:n.p., n.d.), 22.
5．Gillies, Historical Collections, 351.
6．Albert M. Wells, Jr., Inspiring Quotations: Contemporary and Classical (Nashville: Thomas Nelson, 1988), 63-64, no. 788.

第13章

1．Arthur Wallis, In the Day of Thy Power (Fort Washington, PA: Christian Literature Crusade, 1988), 81.
2．James A. Stewart, Evangelism (4th ed.; Asheville, NC: Revival Literature, n.d.; this edition was first published in 1955), 11-12.
3．Lyle W. Dorsett, Billy Sunday and the Redemption of Urban America (Grand Rapids: Eerdmans, 1991), 88.
4．James A. Stewart, I Must Tell, (N.p.; n.p., n.d.), 68-69.

5. James A. Stewart, Evangelism, 15-16.
6. Ibid.
7. Samuel Chadwick, The Way to Pentecost (Fort Washington, PA: Christian Literature Crusade, 1976), 13.
8. James A. Stewart, Evangelism, 12.
9. Ibid., 14.
10. "George Whitefield," Christian History, no. 38, 22.
11. Duncan Campbell, Revival in the Hebrides (Springfield, MO: Gospel Publishing House, n.d., Tract No. 4673), 15, "arranged from an address given by Duncan Campbell as Keswick Convention in 1952."
12. James A. Stewart, Evangelism, 13.
13. Basil Miller, Praying Hyde (Grand Rapids: Zondervan, 1943), 44.
14. Edward and Lillian Harvey, Missionaries and Revival, vol. 3 of How they Prayed (Hampton, TN: Harvey & Tait, 1987), back cover.
15. Samuel Chadwick, The Way to Pentecost (Fort Washington, PA: Christian Literature Crusade, 1976), 12-13.
16. David Hogan, founder and president of Freedom Ministries, working specially among the impoverished native Indians of Mexico and Central and South Americas.
17. Richard Owen Roberts, ed., Glory Filled the Land: A Trilogy on the Welsh Revival of 1904-1905 (Wheaton: International Awakening Press, 1989), 174.
18. Albert Wells, Jr., Inspiring Quotations: Contemporary and Classical (Nashville: Thomas Nelson, 1988), 177-78, no. 2340.
19. James A Stewart, Evangelism, 18; for the final line, see Wells, Inspiring Quotations, 178, no. 2350.

20. Wells, Ibid., Inspiring Quotations, 178, no. 2347.
21. Campbell, Revival in the Hebrides, 3-4.
22. Smith Wigglesworth, Ever Increasing Faith, rev. ed., (Springfield, MO: Gospel Publishing House, 1971), 100.
23. James A. Stewart, William Chalmers Burns and Robert Murray M'Cheyne (N.p.: n.p., n.d.), 7.
24. Leonard Ravenhill, Why Revival Tarries (Minneapolis: Bethany, 1962),112.
25. Ibid., 113.
26. Jack Hywel-Davies, The Life of Smith Wigglesworth (Ann Arbor: VinePublications, 1988), 161-62.

第14章

1. この宣教師はディビッド・ホーガン（第十三章の注を参照）.
2. Andrew Bonar, ed., The Memoirs and Remains of R.M. M'Cheyne (Carlisle, PA:Banner of Truth, 1987), 23.
3. Andrew Bonar, ed., The Letters of Samuel Rutherford (Carlisle, PA: Banner of Truth, 1984), page number not cited.
4. "The Voice of the Martyrs."より（ニュースレター）
5. Richard Wurmbrand, The Overcomers (Tunbridge Wells: Monarch, 1993), 97. The Romanian pastor was Bishop Vladimir Ghica.
6. Ibid., 18-19.
7. Cyril J. Davey Sadhu Sundar Singh (Waynesboro, GA: STL Books, 1980), 101-02.
8. "William Carey," Christian History, no. 36, 34.James A. Stewart, Evangelism 4th ed. (Asheville, NC: Revival Literature, n.d.; This edition was first published in 1955), 14-15.

第15章

1．Vinson Synan, The Holiness Pentecostal Movement in the United States (repr., Grand Rapids: Eerdmans, 1983).
2．Clarence Larkin, Dispensational Truth (Philadelphia: Larkin, 1920), 102.
3．R. M'Cheyne Patterson, in Captain E. G. Carre, ed., Praying Hyde (S. Plainfield, NJ: Bridge Publishing, 1982), 136-37.
4．Ibid., 70.
5．Harry Verploegh, comp., Oswald Chambers: The Best from All His Books, vol.1 (Nashville: Oliver Nelson, 1987), 191.

第16章

1．Robert Glen Gromacki, The Modern Tongues Movement, 2nd ed. (Nutley, NJ: Presbyterian and Reformed, 1972), 151.
2．Donald C. Palmer, Explosion of People Evangelism: An Analysis of Pentecostal Church Growth in Colombia (Chicago: Moody, 1974), 123.
3．Jonathan Edwards, Jonathan Edwards on Revival (Carlisle, PA: Banner of Truth, 1987), 89-108.
4．ibid., 109-20.
5．Keith J. Hardman, Charles G. Finney, Revivalist and Reformer (Syracuse: Syracuse University Press, 1987).
6．John S. Tompkins, "Our Kindest City," Readers Digest, July 1994): 55.

第17章

1. Arthur Wallis, In the Day of Thy Power (Fort Washington, PA: Christian Literature Crusade, 1988), 68.
2. Duncan Campbell, Revival in the Hebrides (Springfield, MO: Gospel Publishing House, n.d.), 7-8.
3. Ibid., 8.
4. Ibid., 8-9.
5. キャンベル自身の録音したカセットテープより
6. George Stormont, Smith Wigglesworth: A Man Who Walked With God (Tulsa: Harrison House, 1989), 69-70.
7. 本書の第八章に対する答えとして、私に個人的に送られた手紙より(一九九四年八月消印)。これがレーヴェンヒルの最後の文章となった。
8. W.J. Hollenweger, The Pentecostals, trans. R.A. Wilson (Peabody, MA: Hendrickson, 1988), 513.

第18章

1. Colin C. Whitaker, Great Revivals (Springfield, MO: Gospel Publishing House, 1984), 135.
2. Albert M. Wells, Jr., Inspiring Quotations: Contemporary and Classical (Nashville: Thomas Nelson, 1988), 56, no. 686.
3. 南部連邦軍に興った覚醒については次の文献を参考 W.W. Bennet, A Narrative of the Great Revival which Prevailed in the Southern Armies (Harrisonburg, VA: Sprinkle Publications, 1989).
4. How Saved Are We? (Shippensburg, PA: Destiny Image, 1990); Whatever Happened to the Power of God: Is the Charismatic Church Slain in the Spirit or Down for the Count? (Shippensburg, PA: Destiny Image, 1991); It's Time to Rock the Boat: A Call to God's People to Rise up and Preach a Confrontational

Gospel (Shippensburg, PA: Destiny Image, 1993).

5．Brian Edwards, Revival: A People Saturated With God (Durham, England:Evangelical Press, 1990), 116.

6．Wells, Inspiring Quotations, 27, no. 298.

7．この言葉はレーヴェンヒルの口から直接聞いたことだが、彼の文章には頻繁に記されていることである。

■著者紹介

マイケル・ブラウン博士

ICNミニストリーズの創始者。悔い改めのメッセージ、教会のリバイバル、国々のリバイバルと、イスラエルのリバイバルを説く。米国国内だけではなく、数々の国々においてメッセージを語っている。また、その著書は10カ国以上の言語に翻訳されている。中近東語学博士。現在はペンサコーラにあるブラウンズビル教会の教師。邦訳の著書に『教会が犯したユダヤ人迫害の真実』がある。

聖霊の炎

1999年5月25日　発行

著　者　マイケル・ブラウン

訳　者　滝澤めぐみ、ラッセル・グドール、
糸賀夕紀子、花谷めぐむ、クラーク嘉代

発行所　マルコーシュ・パブリケーション
〒190-0011　東京都立川市高松町2-9-21-10F
TEL 042-540-7787　FAX 042-548-8755

定価（本体1900円＋税）

ISBN4-87207-180-8　C0016　印刷・製本　東信社